全国机械行业职业教育优质规划教材（高职高专）
经全国机械职业教育教学指导委员会审定

运输管理实务

全国机械职业教育工业经济与管理类专业教学指导委员会（高职） 组 编
朱 颢 编 著

机 械 工 业 出 版 社

本书以铁路货运员、公路货运员、航空货代操作员及海运货代操作员等岗位的主要工作任务为基础，以运输认知——运输合同及单据填制——运输费用计算——运输流程操作为主线，构建每种运输方式下的项目化学习任务。

本书共分为四个单元，分别介绍了铁路运输组织、公路运输组织、航空运输组织、水路运输组织。每个单元均以入门认知为起点，介绍我国目前该运输方式的发展现状，该运输方式的定义、分类、特点及适用范围，以及相关的其他认知性知识；然后介绍该运输方式中存在的合同及单据的填制方法；再次，介绍该运输方式下的运输费用的计算方法；最后，对该运输方式进行流程的模拟操作。

本书可作为高职高专物流管理相关专业的教材，也可作为物流运输企业、货运代理企业从业人员的培训教材。

本书配电子课件，用书老师可联系出版社获取，详见前言。

图书在版编目（CIP）数据

运输管理实务/朱颢编著. —北京：机械工业出版社，2016.6（2025.6 重印）

全国机械行业职业教育优质规划教材（高职高专）经全国机械职业教育教学指导委员会审定

ISBN 978-7-111-54241-4

Ⅰ. ①运… Ⅱ. ①朱… Ⅲ. ①物流—货物运输—交通运输管理—高等职业教育—教材 Ⅳ. ①F252

中国版本图书馆 CIP 数据核字（2016）第 156904 号

机械工业出版社（北京市百万庄大街 22 号　邮政编码 100037）

策划编辑：张　亮　　责任编辑：张　亮

责任校对：孙丽萍　　封面设计：鞠　杨

责任印制：常天培

河北虎彩印刷有限公司印刷

2025 年 6 月第 1 版第 6 次印刷

184mm×260mm • 16.25 印张 • 379 千字

标准书号：ISBN 978-7-111-54241-4

定价：45.00 元

电话服务　　网络服务

客服电话：010-88361066　　机　工　官　网：www.cmpbook.com

010-88379833　　机　工　官　博：weibo.com/cmp1952

010-68326294　　金　书　网：www.golden-book.com

封底无防伪标均为盗版　　机工教育服务网：www.cmpedu.com

前　言

近些年来，随着我国物流产业的迅猛发展，物流产业对人才的需求一直居高不下，符合企业需求的物流技术技能型人才的培养显得日益迫切，运输行业作为物流行业中一个重要的分支，其对人才的素质和技能要求越来越高，因此，有必要编写一套更好地符合企业真实需求的教材。

当前，传统的学科体系教材已不能满足高职高专教学改革的要求，基于能力本位的任务式教学是高职高专教学改革的主要方向。本书本着能力本位的人才培养理念，以任务式教学为出发点，重点培养读者在四种运输方式中的各项业务操作技能。在体例和内容上主要特色如下。

第一，任务驱动。为了编写本书，笔者前期走访了相关的第三方物流企业、货运代理企业、快递企业及铁路运输企业等，在企业需求调研的基础上，梳理了目前我国典型的四种运输方式中涉及的工作岗位，并确立了职业岗位所应具备的专项能力，并将其转化为教学任务，形成具体的教学内容。

第二，流程化。本书以运输认知——运输合同及单据填制—— 运输费用计算—— 运输流程操作为主线，构建每种运输方式下的项目化学习任务。以工作流程为主线安排本书的框架和内容，体现出知识与工作岗位一体化的特点。

第三，实用性。本书中的许多单据、运价表、操作流程等均来自于真实的企业资料，通过模拟企业情境，把企业的岗位引进课堂、融入教材，使学生既能了解四种典型运输方式的入门知识，又能掌握每种运输方式相关的操作技能。在拓展提高部分提供了多样的深入学习内容，思考问题环节设计了多种形式的训练项目，课外阅读部分提供了最新的新闻案例，可以满足不同类型读者的需要。

全书由湖州职业技术学院朱颢独自编写。本书在编写过程中得到了相关企业人员的大力支持和帮助，这些企业人员为本书的编写提供了相关的素材；同时还参考了大量专家的相关著作、教材和案例，在此一并表示衷心的感谢。

为方便教学，本书配备电子课件等教学资源。凡选用本书作为教材的教师均可索取，咨询电话：010-88379375，QQ：945379158。

由于编者水平有限，书中难免有疏漏与不妥之处，敬请广大读者批评指正。

朱　颢

目　录

单元一　铁路运输组织

学习目标

通过本单元的学习，你将了解我国目前铁路运输的现状；了解铁路运输的概念、特点及分类；了解铁路运输中的书面合同、托运单、货票等单据；了解铁路运输费用的计算步骤；了解铁路运输运到期限的计算方法；熟悉铁路运输作业流程。

能够：

- ➯ 根据相关铁路运输规则正确判断某一种类、数量的货物适合零担运输还是整车运输。
- ➯ 根据托运人的需求，拟制一份托运人与承运人之间的整车书面合同。
- ➯ 熟练地填制铁路局托运单和货票。
- ➯ 正确计算铁路零担、铁路整车、铁路集装箱的运输费用。
- ➯ 正确计算铁路运到期限，并分析铁路运输是否逾期。
- ➯ 正确模拟托运单和货票的不同联的流转过程，并模拟操作铁路运输托运、受理、装车、途中作业、送达等完整的运输流程。

工作任务

铁路运输货运员根据客户托运需求，审核货物是否符合《铁路货物运输规程》的相关要求，根据货物属性、数量等特性为托运人安排铁路运输形式，与托运人签订运输合同，根据《铁路货物运价规则》核收运杂费，科学组织发送作业、途中作业和到达作业，将客户的货物安全、及时、准确地送达目的地。

本单元主要包括铁路运输认知、铁路运输合同及单据填制、铁路运输费用及运到期限计算、铁路运输的流程操作。

任务一　铁路运输认知

知识点：铁路运输的定义、特点；办理铁路零担运输的条件；整车分卸、途中装卸作业和站界内搬运三者之间的区别；铁路集装箱货物运输条件；铁路集装箱运输的“一口价”。

能力点：根据客户需求信息和我国《铁路货物运输规程》的相关规定，为客户选择最合适的铁路运输类型；能对周边铁路货运行业市场进行调研分析，撰写调研报告。

任务情境

小李的工作体验

小李是2014年某高职院校应届毕业生，经过自己的努力，应聘到广州火车站货运员岗位，主要负责受理客户的托运申请。小李每天面对不同客户的运输需求（有的是大件物品，有的是个人行李，有的是水产品，有的是大批量的钢材），有点不知所措，该为每一个客户安排什么样的运输呢？由于小李刚参加工作，没有经验，面对这么多的客户需求，心里顿时没了底，心里直嘀咕：“我刚到公司上班没几天，业务还不熟呢，也没有工作经验，该怎么操作啊？头都大了！”

任务分析

该任务是从事铁路货运行业工作需要的知识储备工作。完成此任务需要了解铁路运输的定义、特点；熟悉办理铁路零担运输的条件；了解整车分卸、途中装卸作业和站界内搬运三者之间的区别；熟悉办理危险货物、鲜活易腐货物及超限货物的整车运输的条件；熟悉铁路集装箱货物运输条件；了解铁路集装箱运输的“一口价”的含义。能根据客户需求信息和我国《铁路货物运输规程》的相关规定，为客户选择最合适的铁路运输类型；能对周边铁路货运行业市场进行调研分析，撰写调研报告。

任务实施的相关专业知识

一、我国铁路运输现状

自 2013 年以来，我国铁路管理体制政企分开改革有序推进，铁路部门以改革为动力，深入推进安全风险管理、运输组织改革、铁路基本建设，维护铁路安全稳定，各方面工作都取得了新成绩。截至 2014 年年末，我国铁路营业里程达到 11.2 万公里，比 2013 年年末增长 8.4%。其中，高铁营业里程达到 1.6 万公里，西部地区营业里程 4.4 万公里，增长 10.2%。路网密度 116.48 公里/万平方公里，提高 9.04 公里/万平方公里。其中，复线（即有两条以上正线的铁路，也称为双线铁路）里程 5.7 万公里、增长 17.7%，复线率 50.8%、提高 4.0 个百分点；电气化里程 6.5 万公里、增长 16.9%，电气化率 58.3%、提高 4.2 个百分点。2010—2014 年全国铁路营业里程比较如图 1-1 所示。

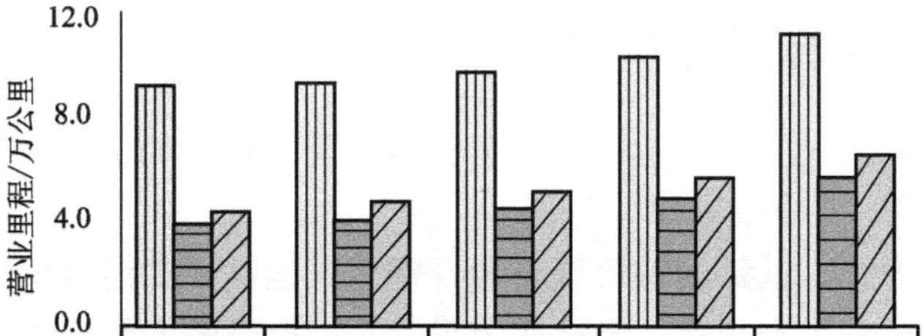

	2010年	2011年	2012年	2013年	2014年
营业里程	9.1	9.3	9.8	10.3	11.2
复线里程	3.7	3.9	4.4	4.8	5.7
电气化里程	4.2	4.6	5.1	5.6	6.5

图 1-1　2010—2014 年全国铁路营业里程比较

2014 年全国铁路货运总发送量完成 38.13 亿吨，比 2013 年减少 1.54 亿吨、下降 3.9%。其中，国家铁路 30.69 亿吨，下降 4.7%。全国铁路货运总周转量完成 27 530.19 亿吨·公里，比 2013 年减少 1 643.70 亿吨·公里、下降 5.6%。其中，国家铁路 25 103.42 亿吨·公里，下降 6.5%。2010—2014 年全国铁路货运总量比较如图 1-2 所示。

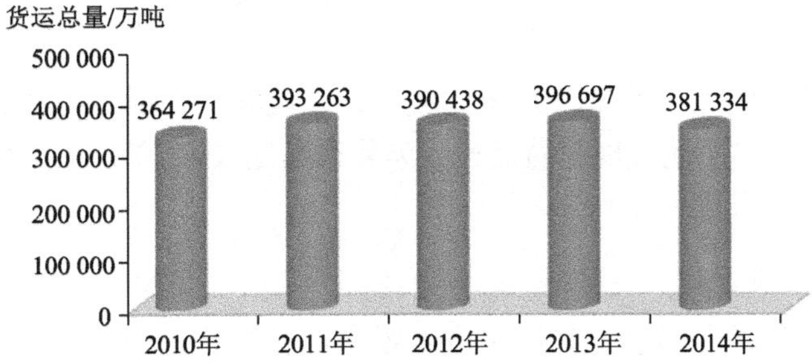

图 1-2　2010—2014 年全国铁路货运总量比较

全国铁路总换算周转量完成 39 134.94 亿吨·公里，比 2013 年减少 634.57 亿吨·公里、下降 1.6%。其中，国家铁路 36 659.78 亿吨·公里，比 2013 年下降 2.0%。2010—2014 年全国铁路货运总周转量比较如图 1-3 所示。

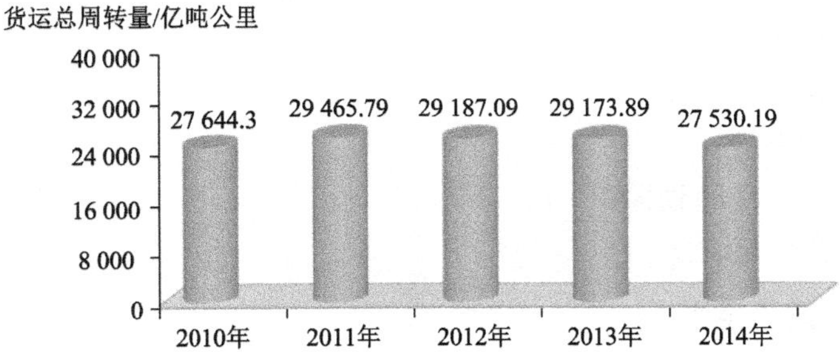

图 1-3　2010—2014 年全国铁路货运总周转量比较

截至 2014 年年末，全国铁路机车拥有量 2.11 万台，比 2013 年年末增加 261 台。其中，电力机车占 55.0%；内燃机车占 45.0%。全国铁路客车拥有量为 6.06 万辆，比 2013 年年末增加 0.18 万辆；其中，空调车 5.21 万辆，占 85.9%，提高 3.3 个百分点；“和谐号”动车组 1 411 组、13 696 辆，增加 103 组、3 232 辆。全国铁路货车拥有量为 71.01 万辆。

二、铁路运输的定义及分类

铁路运输是指利用在轨道上运行的列车载运旅客和货物的运输方式。它是一种现代陆地运输方式。

按托运办理的方式，铁路运输可以分为铁路整车运输、铁路零担运输、铁路集装箱运输三种。整车适用于运输大宗货物；零担适用于运输小批量的零星货物；集装箱适用于运输精密、贵重、易损的货物。

三、铁路运输的特点及适用范围

1．铁路运输的优点

（1）运输能力大，这使它适合于大批量低价值商品的长距离运输。

（2）单车装载量大，加上有多种类型的车辆，使它几乎能承运任何商品，几乎可以不受重量和容积限制。

（3）车速较高，平均车速与其他运输方式相比，仅次于航空运输，并且今后平均车速有进一步提高的趋势。

（4）铁路运输受气候和自然条件影响比较小，在运输的准时性方面占有优势。

（5）铁路运输可以方便地实现驼背运输、集装箱运输及多式联运，全国铁路网四通八达，可以满足远距离运输的需要。

2．铁路运输的缺点

（1）由于铁路线路是专用的，其固定成本很高，原始投资较大，建设周期长。

（2）铁路按列车组织运行，在运输过程中需要有列车的编组、解体和中转改编等环节，占用时间较长，因而增加了货物的在途时间。

（3）铁路运输的货损率较高，而且由于装卸次数多，货物损毁或丢失事故通常比其他运输方式多。

（4）不能实现“门到门”运输，通常依靠其他运输方式配合，才能完成运输任务，除非托运人和收货人均有铁路支线。

（5）短距离运输，运费昂贵。

（6）运费没有伸缩性。

（7）车站固定，不能随处停车。

（8）不适宜紧急运输。

3．铁路运输的适用范围

（1）适用于大宗货物的中、长距离运输，如散装货物（煤炭、金属、矿石、谷物等）、灌装货物（化工产品、石油产品等）。

（2）大批量旅客的中、长途运输。
（3）都市与卫星城区及郊区间的通勤、通学运输。

四、铁路零担运输

1．铁路零担运输的定义

铁路零担运输是指托运人托运的货物数量较少，需要与其他托运人的货物拼装在一个车皮里面的铁路运输方式。

2．办理铁路零担运输的条件

根据铁路货物运输规程的相关规定，凡是按照零担托运的货物，一件货物的体积需大于或等于 0.02 立方米（若一件货物重量在 10 千克以上时，不受该货物体积的限制）。另外，零担货物每批件数不得超过 300 件。

根据铁路货物运输规程的相关规定，下列货物不得按零担运输的方式办理：

（1）需要冷藏加温的货物。
（2）规定限按整车办理的货物。
（3）易于污染其他货物的污秽品（经处理不至于污秽其他货物的除外）。
（4）蜜蜂。
（5）不易计算件数的货物。
（6）未装容器的活动物。
（7）一件重量超过 2 吨、体积超过 3 立方米或长度超过 9 米的货物（不至于影响中转站或到站卸车作业的除外）。

五、铁路整车运输

1．铁路整车运输的定义

凡一批货物的重量、性质、体积、形状需要一辆或一辆以上列车车皮装运的，均按整车条件运输。

2．整车分卸、途中装卸作业、站界内搬运

按照具体作业方式，除一般意义上的整车运输之外，还包括三种特殊的整车运输形式，分别为整车分卸、途中装卸作业、站界内搬运。

整车分卸是指托运人托运同一到站的货物数量不足一车而又不能按零担办理时，要求将同一线路上两个或最多不超过三个到站的货物拼装成一车。

途中装卸作业是指货车装车或卸车地点不在公共装卸场所，而在相邻的两个车站站界间的铁路沿线。

站界内搬运是指不装车和卸车地点不跨及两个车站或不越过装车地点车站的站界。

整车分卸和途中装卸作业只限按整车托运的货物。危险货物不办理站界内搬运和途中装

卸作业。托运人要求途中装卸作业和站界内搬运时，须在月度要车计划（铁路运输服务订单）上注明，经铁路管理部门批准后方可办理。

3. 危险货物的整车运输

具有燃烧、爆炸、腐蚀、毒害、放射线等性质，在运输过程中容易引起人身伤害和财产毁损而需要特殊防护的物品称为危险货物。危险货物的品名、包装、标志、运输限制、托运手续、装卸车要求，在《铁路危险货物运输规则》中均有具体规定。

4. 鲜活、易腐货物的整车运输

鲜活货物包括易腐货物（如肉、鱼、蛋、水果、蔬菜、鲜活植物等）和活动物（如禽、畜、兽、蜂、活鱼、鱼苗）两大类。

易腐货物，按其热状态又有冻结货物、冷却货物和未冷却货物之分。易腐货物与非易腐货物不得按一批运输，不同热状态的易腐货物不得按一批运输。托运人托运冻结状态或冷却状态的易腐货物应使用冷藏车运输。使用冷藏车运输易腐货物时，货物运单上须注明“途中制冷”“加冰”或“不加冰”字样。

托运鲜活植物、活动物沿途需要上水时，托运人需派人押运并在货物运单上注明上水站站名，承运人免费供水，上水用具由托运人或押运人自备。

蜜蜂在运输途中不办理放蜂，不办理变更到站。

5. 超限货物的整车运输

装车后，在直线线路上停留时，货物的任何部位，在高度或宽度超过铁路机车、车厢的限界或经由特定区段超过装载限制时称为超限货物。在直线线路停留时虽不超限，但运行中通过半径为 300 米的曲线线路上计算内侧或外侧宽度仍然超限的也称为超限货物。根据超限程度，分为一级、二级和超级超限。

托运人托运超限货物，向车站递交货物运单的同时，还须提出货物的装载三视图（端视、侧视、顶视），准确注明货物重心位置，各部位尺寸，以确定装载方案和超限等级。

六、铁路集装箱运输

1. 铁路集装箱运输的定义

铁路集装箱运输是指铁路使用集装箱进行的货物运输。它是铁路货物运输的方式之一。

1853 年美国铁路企业开始办理集装箱运输，但由于各部门使用的箱型不同，管理分散，未得到发展。第二次世界大战时期，美国为了安全、迅速而简便地输送军用物资，大量采用集装箱运输。第二次世界大战后，各国相继发展了铁路集装箱运输。当前，我国铁路集装箱运输重点是解决铁路零担货物运输，主要采用 20 英尺[⊖]和 40 英尺通用集装箱。

随着拖车式集装箱运输的发展，铁路集装箱运输组织工作也获得新的发展，编开了集装箱定期直达列车和集装箱专用列车。

2. 铁路集装箱箱型

铁路集装箱按箱型分为 1 吨箱、5 吨箱、10 吨箱、20 英尺箱、40 英尺箱。

⊖ 1 英尺=0.3048 米。

铁路集装箱按类型可分为通用集装箱和专用集装箱。通用箱适用于多种普通件杂货的运输，专用箱适用于某种状态或性质特殊的货物的运输。

铁路集装箱按所有人可分为铁路集装箱和自备集装箱。

3. 铁路集装箱适用货物

通用集装箱以装运贵重、易碎和怕湿货物为主，如家电、仪器、仪表、小型机械、玻璃陶瓷、建材、工艺品、文化体育用品、医药、卷烟、酒、食品、日用品、化工产品、针纺织品、小五金和其他适合集装箱运输的货物。下列货物不能使用集装箱运输：易于污染和腐蚀箱体的货物；易于损坏箱体的货物；鲜活货物；危险货物。

专用集装箱分别用于特殊性质的液体、汽车或需要通风、冷藏等货物运输。

4. 铁路集装箱货物运输条件

托运人托运集装箱货物，应按批提出货物运单和铁路货物运输服务订单，集装箱总重之和不得超过容许载重，铁路集装箱与自备集装箱不得按一批办理。

集装箱装箱由托运人负责，使用前须检查箱体状态，箱体不良时，应要求承运人更换。装箱后，由托运人施封。集装箱掏箱由收货人负责，装掏箱作业，托运人、收货人也可委托承运人担当。集装箱掏空后应清扫干净、关闭箱门，有污染的须进行洗刷。

使用自备集装箱时，收货人将自备集装箱与货物同时领取。要向发站回送的，收货人在领取同时填写特价证明书，经到站签认在 30 日内向原发站回送。承运人核收回送运费，承运人利用回送的自备集装箱运货物至回送的到站时，免收回送运费。

5. 铁路集装箱运输的“一口价”

集装箱运输“一口价”是指集装箱自进入发站货场时起至搬出到站货场时止，运输全过程的各项价格总和，一次收取，一票结清的一种运费结算办法。

“一口价”包括铁路基本运价、建设基金、新路新价均摊、电气化附加费、特殊运价、杂费等所有符合国家规定的运价和杂费，但不包括下列费用：保价费；快运费；委托铁路装掏箱的装掏箱综合作业费；专用线装卸作业的费用；集装箱在到站超过免费暂存期间产生的费用；由于托运人、收货人的责任发生的费用。

下列货物不适用于集装箱运输“一口价”，仍按一般计费规定计费：集装箱国际铁路联运；集装箱危险品运输（可按普通货物条件运输的除外）；冷藏、罐式、板架等专用集装箱运输。

车站应在集装箱营业场所公布集装箱运输“一口价”实施办法和集装箱运输“一口价”表。实行“一口价”的集装箱暂不办理在货物中途站或到站提出的运输变更。

任务实施

一、任务实施的环境

在铁路托运部工作的货运员小李，需要尽快熟悉铁路货物运输的相关规定，了解铁路运输规则中对于铁路零担运输、整车运输和集装箱运输的相关规定，为日后的工作打下坚实的基础。

二、任务实施的步骤

铁路运输认知训练可参考下面的步骤：

第一步：对学生进行分组，并选出组长。

第二步：组长就问题进行分析，并说明原因，其他组员补充。

三、技能训练及相关实践知识

铁路运输认知训练

【训练任务 1-1】2014 年 7 月 1 日，小李接到多个客户的运输需求信息。第一个客户的货物为两大包皮鞋，每箱规格为 0.5 立方米、100 千克；第二个客户的货物为 20 吨钢材；第三个客户的货物为一只未装容器的藏獒；第四个客户的货物为 15 吨大蒜；第五个客户的货物为 50 台计算机。请帮助小李判断上述货物应该采用哪一类铁路运输。

【训练建议 1-1】让学生 3～4 人为一组，选取组长。学生自行讨论，然后让组长在全班进行汇报并分析原因。

【评价建议 1-1】可用铁路运输认知技能训练评价表（见表 1-1）对学生的操作技能进行评价。

表 1-1　铁路运输认知技能训练评价表

学生姓名					
测评日期		测评地点			
测评内容	铁路运输认知				
考评标准	内　容	分值/分	自　评	互　评	师　评
	声音洪亮，叙述清楚	20			
	分析结果正确	30			
	分析理由正确，无错误	30			
	小组人人参与，并有其他组员补充	20			
合　计		100			
最终得分（自评 30%+互评 30%+师评 40%）					

说明：测评满分为 100 分，60～74 分为及格，75～84 分为良好，85 分以上为优秀。60 分以下的学生，需重新进行知识学习、任务训练，直到任务完成达到合格为止。

关于铁路货运行业现状的调研报告

【训练任务 1-2】请通过实地调研，了解所在城市铁路货运行业的发展现状（包括基础设施、物流潜在需求、现有物流量等方面的情况），分析当前存在的问题，并提出相应的对策。

【训练建议 1-2】让学生 3～4 人为一组，选取组长。学生进行调研，可以走访当地火车站行李房、中铁快运及相关存在铁路托运需求的工商企业，完成一份 5 000 字左右的调研报告，最后分小组制作 PPT 进行汇报。

【评价建议 1-2】可用关于铁路货运行业现状的调研报告技能训练评价表（见表 1-2）对学生操作技能进行评价。

表 1-2　关于铁路货运行业现状的调研报告技能训练评价表

学生姓名					
测评日期		测评地点			
测评内容	关于铁路货运行业现状的调研报告				
考评标准	内　　容	分值/分	自　评	互　评	师　评
	调研报告内容丰富、结构合理	70			
	汇报声音洪亮，叙述清楚	10			
	小组人人参与，并有其他组员补充	20			
合　　计		100			
最终得分（自评 30%+互评 30%+师评 40%）					

说明：测评满分为 100 分，60～74 分为及格，75～84 分为良好，85 分以上为优秀。60 分以下的学生，需重新进行知识学习、任务训练，直到任务完成达到合格为止。

归纳总结

铁路运输是我国现有运输的主要方式之一，在我国国民经济发展中起着至关重要的作用。通过本任务内容的学习，作为物流管理专业学生的你应该对铁路运输的特点、类型有了一定的了解。要从事铁路运输的相关工作，需要首先了解我国铁路运输的几种类型，以及《铁路货物运输规程》中对于铁路整车运输、铁路零担运输、铁路集装箱运输的办理条件，然后才能为下一步的托运受理环节中的合同制作打下坚实的基础。下面提供一组思考问题，请客观地作答，并结合本任务内容，对自己的学习工作进行反思。

思考问题

一、问答题

1. 铁路运输的适用范围有哪些？
2. 办理铁路零担运输的条件有哪些？
3. 铁路集装箱运输的“一口价”的含义是什么？

二、名词解释

1. 铁路整车运输
2. 铁路零担运输
3. 铁路集装箱运输

三、单选题

1. 下列哪项属于铁路运输的缺点（　　）。

   A. 运输能力大　　B. 受自然条件影响比较小

   C. 不能实现“门到门”运输　　D. 环境污染程度大

2. 铁路货物运输中，一批零担货物的件数不得超过（　　）。

   A. 200 件　　B. 250 件　　C. 300 件　　D. 400 件

3. 铁路运输中，必须按整车托运的货物是（　　）。

A. 电视机　　B. 服装　　C. 汽车　　D. 煤炭

4. 铁路零担货物一件体积最小不得小于（　　）立方米（一件重量在10千克以上的除外）。

A. 0.01　　B. 0.02　　C. 0.03　　D. 0.05

5. 不适合于铁路集装箱运输的货物有（　　）。

A. 汽车零配件　　B. 服装　　C. 玻璃制品　　D. 钢锭、钢坯

四、案例分析题

中铁快运股份有限公司（简称中铁快运）是铁道部直属大型国有专业运输企业。在国家工商行政管理总局注册，注册资金26.08亿元，公司设有18个分公司，拥有8个控股子公司。在全国670余个大中城市设有2 030个营业机构，门到门配送业务达到近900个城市，形成了国内覆盖范围最广、规模最大的专业快运经营网络。

请上网查询并详细了解中铁快运的营运模式及服务产品，说说中铁快运提供的快运服务和各地铁路局火车站托运部提供的服务有哪些区别？

拓展提高

中国铁路首开货运快递班列

2014年8月2日，由山东临沂开往东莞大朗镇的快速货物班列缓缓驶出临沂站，这标志着济南铁路局首列货运快运班列迈开了坚实的步伐。

此次由临沂开往大朗的首列货运班列采取一站式直达，途中不进行任何甩挂作业，节省了货物的途中运输时间，本次开行的货运班列可谓是济南铁路局的首创之举。

作为我国最大的铁路运输企业，中国铁路总公司担负着国民经济大动脉的作用，其凭借着完善的路网优势和诸多的货运政策，占领货运市场相当一部分份额应该是情理之中的，但是，现实情况是，中国铁路总公司的市场所占份额却逐年呈下降趋势。

随着物流市场的迅猛发展，物流企业之间争抢货源也成为目前我国物流快递行业的主要趋势，传统公路物流虽然具有蚂蚁啃大象的韧性，但毕竟运载能力小，在长距离运输方面并不占优势。据有关资料统计，目前国内物流市场的业务量接近130亿件，营业收入达到1 441.7亿元，首次超过美国成为全球第一快递大国，但是作为运输行业的龙头，铁路运输在快递行业里面所占比重仅为3%，远远落后于公路运输和航空运输。

如何让“铁路运输围着市场转”，实现既定的目标，对商机的把握才是铁路快运今后发展的主题。济南铁路局的货运快速班列、上海铁路局的电商班列可以说是很好的尝试，铁路运输在安全、快捷、环保及价格上的优势也能得到充分的发挥，而航空运输虽然具有速度优势，但是运量小、运价高、无法实现“门到门”的运输仍是航空运输最大的劣势。公路运输虽然便利，但是速度慢、运量有限，同时，受气候环境的制约。对于铁路快运来说，高精尖、专业性和附加值高的货物将是首要争取的对象，只要铁路运输企业充分发挥快捷、价格、服务和品牌的优势，注定会找回曾经失去的市场。

随着货运班列的试行，一站直达式的货物运输方式也必将随着市场的需求而成为常态，当

前国内物流快运市场的格局也必将因铁路货运班列的加入而发生改变，尽管铁路货运班列目前才刚开始起步，规模较小，但是随着进一步的开展，必将对传统快递行业形成一定的冲击。可以说铁路货运班列的开行，对于促进社会经济发展、加快国内物流市场发展意义注定深远。

（资料来源：红网 www.rednet.cn）

课外阅读

中泰高铁项目获批

2014 年 8 月 4 日，据有关媒体报道称，泰国相关政府部门批准了两条连接中国和泰国的高速铁路项目，总成本约为 233 亿美元（约合人民币 1 430 亿元）。8 月 3 日，中国工程院院士、中铁隧道集团公司副总工程师王梦恕证实了这一条消息，他表示中泰间高铁项目系泛亚铁路的一部分，起点和终点分别为中国的昆明和新加坡（如图 1-4）。

此前曾有消息称，中国计划修建铁路从大理出发到缅甸，但因诸多因素未能成行，此次泰方批准铁路线路后，泛亚铁路的首条跨国线路将改线，将从昆明出发一路向南，由昆明到老挝万象，由万象通往泰国曼谷，从泰国曼谷通向马来西亚吉隆坡，最后抵达新加坡。线路全长将超过 3 000 公里。

图 1-4　中泰高铁路线图

（资料来源：2014 年 08 月 04 日　京华时报）

任务二　铁路运输合同及单据填制

知识点： 铁路运输合同的主要条款、铁路整车货物运输服务订单、铁路货物运单的填制方法、货票各联的作用及流转程序。

能力点： 能根据客户需求信息制作适用于整车运输的铁路运输合同；能制作适用于整车运输的铁路整车货物运输服务订单；能根据客户需求信息制作铁路货物运单及货票。

任务情境

不同客户的运输业务

2014 年 7 月 1 日，小李接到多个客户的运输需求信息。第一个客户的货物为两大包皮鞋，每箱规格为 0.5 立方米、100 千克；第二个客户的货物为 20 吨钢材；第三个客户的货物为一只未装容器的藏獒；第四个客户的货物为 15 吨大蒜；第五个客户的货物为 50 台计算机。请根据第二个客户的运输需求信息制作铁路整车运输合同，根据第一个客户的运输需求信息制作适用于铁路零担的铁路货物运单。

任务分析

该任务是铁路运输中托运受理阶段的主要工作之一。完成此任务需要熟悉铁路运输合同的主要条款；了解铁路整车货物运输服务订单的内容；掌握铁路货物运单的填写方法；熟悉货票各联的作用及流转程序；能根据客户需求信息制作适用于整车运输的铁路运输合同；能根据客户需求信息制作铁路货物运单及货票。

任务实施的相关专业知识

一、铁路运输合同的概念

铁路运输合同是明确铁路运输企业与旅客、托运人之间权利义务关系的协议，承运人将旅客或货物从起运点运输到约定地点，旅客、托运人或收货人支付票款或运输费用。

铁路货物运输中，属于大宗物资的运输，有条件的可按年度、半年度或季度签订货物运输合同，也可以签订更长期限的运输合同；其他整车货物运输，可以按月签订运输合同。按月度签订的运输合同，可以用“铁路货物运输服务订单”代替。整车货物交运货物时，还须向承运人递交铁路货物运单。

零担货物和集装箱货物，以铁路货物运单作为运输合同。

二、铁路运输合同

按年度、半年度、季度或月度签订的货物运输合同，应载明下列基本内容：托运人和收货人名称、发站和到站、货物名称、货物重量、车种和车数、装卸责任确定、所需证明文件、违约责任、双方约定的其他事项。运输合同条款可以包括如下几条：甲方（托运人）的责任及义务、乙方（承运人）的责任及义务、具体操作方式、铁路货运事故的处理及保险、费用及结算方式、违约保证金的收取及违约责任、合同期限等。

三、铁路整车货物运输服务订单

铁路整车货物运输服务订单（以下简称订单，见表 1-3）是托运人和承运人双方关于铁路货物运输的要约和承诺。它主要包括货物运输的时限、发站、到站、托运人、收货人、品名、车种、车数、吨数等，以及相关的服务内容。订单取代了传统的要车计划表，使承、托运人双方的权利、义务和责任更加明确，使用更加方便。

整车货物订单一式两份，由托运人正确填写，内容完整，字迹清楚，不得涂改。铁路货运计划人员受理，并经审定合格后加盖人名章，返还托运人一份，留存一份。与铁路联网的托运人，可通过网络直接向铁路提报订单。

表 1-3　铁路整车货物运输服务订单

××铁路局　　　　　　　　编号：

<table>
<tr><td colspan="6">托运人：
地址：
电话：　　　　　邮编：</td><td colspan="6">收货人：
地址：
电话：　　　　　邮编：</td></tr>
<tr><td colspan="4">发站</td><td colspan="2">到站（局）</td><td colspan="3">车种/车数</td><td colspan="3">箱型/箱数</td></tr>
<tr><td colspan="6">装货地点</td><td colspan="6">卸货地点</td></tr>
<tr><td colspan="2">货物品名</td><td colspan="2">品名代码</td><td colspan="2">货物价值</td><td colspan="2">件数</td><td colspan="2">货物重量</td><td colspan="2">体积</td></tr>
<tr><td colspan="2"></td><td colspan="2"></td><td colspan="2"></td><td colspan="2"></td><td colspan="2"></td><td colspan="2"></td></tr>
<tr><td colspan="9">要求发站装车期限　月　日前或班列车次　日期：　月　日</td><td colspan="3">付款方式</td></tr>
<tr><td colspan="12">供用户自愿选择的服务项目（由用户填写，需要的项目打√）
1．发送综合服务　　□5．清运、消纳垃圾
2．到达综合服务　　□6．代购、代加工装载加固材料
3．仓储保管　　□7．代对货物进行包装
4．篷布服务　　□8．代办一关三检手续</td></tr>
<tr><td colspan="12">说明或其他要求事项</td></tr>
<tr><td colspan="12">承运人报价（包括运费、杂费、服务费）　　元，具体项目、金额列后：</td></tr>
<tr><td>序号</td><td>项目名称</td><td>单位</td><td>数量</td><td>收费标准</td><td>金额/元</td><td>序号</td><td>项目名称</td><td>单位</td><td>数量</td><td>收费标准</td><td>金额/元</td></tr>
<tr><td></td><td></td><td></td><td></td><td></td><td></td><td></td><td></td><td></td><td></td><td></td><td></td></tr>
<tr><td></td><td></td><td></td><td></td><td></td><td></td><td></td><td></td><td></td><td></td><td></td><td></td></tr>
<tr><td></td><td></td><td></td><td></td><td></td><td></td><td></td><td></td><td></td><td></td><td></td><td></td></tr>
<tr><td></td><td></td><td></td><td></td><td></td><td></td><td></td><td></td><td></td><td></td><td></td><td></td></tr>
<tr><td></td><td></td><td></td><td></td><td></td><td></td><td></td><td></td><td></td><td></td><td></td><td></td></tr>
<tr><td colspan="4">申请人签章
年　月　日</td><td colspan="4">承运人签章
年　月　日</td><td colspan="4">车站指定装车日期及货位</td></tr>
</table>

说明：（1）涉及承运人与托运人、收货人的责任和权利，按《铁路货物运输规程》办理。

（2）实施货物运输，托运人还应递交货物运单，承运人应按报价核收费用，装卸等需发生后确定的费用，应先列出费目，金额按实际发生核收。

（3）用户发现超出国家计委、铁道部、省级物价部门公告的铁路货运价格及收费项目、标准收费的行为和强制服务、强行收费的行为，有权举报。

举报电话：物价部门　　　　铁路部门

四、铁路货物运单

托运人向承运人提出货物运单是一种签订合同的要约行为，即表示其签订运输合同的意愿。托运人按货物运单填记的内容向承运人交运货物，承运人按货物运单记载接收货物，核收运输费用，并在运单上盖章后，运输合同即告成立。

货物运单按运输种类分为一般货物运单和专用货物运单，其中专用货物运单包括集装箱货物专用运单、快运用的货物运单、危险货物中使用剧毒品专用货物运单。货物运单由两部分组成，左边为货物运单，右边为领货凭证。铁路货物运单正面见表 1-4，背面见表 1-5。

托运人托运货物时，应向承运人按批提出《铁路货物运输规程》规定格式的货物运单一张。使用机械冷藏列车运输的货物，同一到站、同一收货人可以数批合提一份运单；整车分卸的货物，对每一分卸站应增加两份运单（到站、收货人各一份）。

运单内填写各栏有更改时，在更改处，属于托运人填记事项，应由托运人盖章证明；属于承运人记载事项，应由车站加盖站名戳记。

表 1-4　铁路货物运单（正面）

货物指定于　月　日　　　　　　×××铁路局
货位　　　　　　　　　　　　　货物运单
计划号码或运输号码：
运到期限　　日　　　　托运人→发运人→到站→收货人　　　货票第　　号

承运人/托运人　装车
承运人/托运人　装车

托运人					承运人						
发　站		到站（局）			车种、车号			货车标重			
到站所属省（市）、自治区					施封号码						
托运人	名　称				经　由			铁路货车篷布号码			
	住　址		电话								
收货人	名　称				运价里程			集装箱号码			
	住　址		电话								
货物名称	件数	包装	货物价格	托运人确定重量/千克	承运人确定重量/千克	计费重量	运价类型	运价号	运价率	现付	
										费别	金额
合　计											
托运人记载事项			保　险		承运人记载事项						

注：本单不作为收款凭证，托运人须知见背面。

托运人盖章或签字
年　月　日

到站交付
日期戳

发站承运
日期戳

领货凭证

车种、车号
票第　　号
到期限　　日

发站		
托运人		
收货人		
货物名称	规格	重量
托运人盖章或签字		
发站承运日期戳		

注：收货人须知见背面。

表 1-5 铁路货物运单（背面）

领货凭证（背面）	货物运单（背面）
收货人领货须知： 1．收货人接到托运人寄交的领货凭证后，应及时向到站联系领取货物。 2．收货人领取货物已超过免费暂存期限时，应按规定支付货物暂存费。 3．收货人在到站领取货物，如遇货物未到时，应要求到站在本证背面加盖车站戳证明货物未到。	托运人须知： 1．托运人持本货物运单向铁路托运货物，证明并确认和愿意遵守铁路货物运输的有关规定。 2．货物运单所记载的货物名称、重量与货物的实际完全相符，托运人对其真实性负责。 3．货物的内容、品质和价值是托运人提供的，承运人在接收和承运货物时并未全部核对。 4．托运人应及时将领货凭证寄交收货人，凭以联系到站领取货物。

1．托运人填写部分

（1）“发站”栏和“到站（局）”栏，应分别按“铁路货物运价里程表”规定的站名完整填记，不得简称。到站（局）名，填写到达站主管铁路局名的第一个字，如“哈”“上”“广”等，但到达北京铁路局的，则填写“京”字。“到站所属省（市）、自治区”栏，填写到站所在地的省（市）、自治区名称。

（2）托运人填写的到站、到达局和到站所属省（市）、自治区名称，三者必须相符。

（3）“托运人名称”和“收货人名称”栏应填写托运单位和收货单位的完整名称，如托运人或收货人为个人时，则应填记托运人或收货人姓名。

（4）“托运人地址”和“收货人地址”栏，应详细填写托运人和收货人所在省、市、自治区城镇街道和门牌号码或乡、村名称。托运人或收货人装有电话时，应记明电话号码。如托运人要求到站于货物到达后用电话通知收货人时，必须将收货人电话号码填写清楚。

（5）“货物名称”栏应按《铁路货物运价规则》中的附表一《铁路货物运输品名分类与代码表》或国家产品目录，危险货物则按《危险货物运输规则》所列的货物名称完全、正确填写。托运危险货物应在品名之后用括号注明危险货物编号。“货物运价分类表”或“危险货物品名索引表”内未经列载的货物，应填写生产或贸易上通用的具体名称。但须用《铁路货物运价规则》附件一相应类项的品名加括号注明。

按一批托运的货物，不能逐一将品名在运单内填写时，须另填物品清单一式三份，一份由发站存查，一份随同运输票据递交到站，一份退还托运人。

需要说明货物规格、用途、性质的，在品名之后用括号加以注明。

对危险货物、鲜活货物或使用集装箱运输的货物，除填记货物的完整名称外，并应按货物性质，在运单右上角用红色墨水书写或用加盖红色戳记的方法，注明“爆炸品”“氧化剂”“毒害品”“腐蚀物品”“易腐货物”“×吨集装箱”等字样。

（6）“件数”栏，应按货物名称及包装种类，分别记明件数，“合计件数”栏填写该批货物的总件数。

承运人只按重量承运的货物，则在本栏填记“堆”“散”“罐”字样。

（7）“包装”栏记明包装种类，如“木箱”“纸箱”“麻袋”“条筐”“铁桶”“绳捆”等。按件承运的货物无包装时，填记“无”字。使用集装箱运输的货物或只按重量承运的货物，本栏可以省略不填。

（8）“货物价格”栏应填写该项货物的实际价格，全批货物的实际价格为确定货物保价运输保价金额或货物保险运输保险金额的依据。

（9）“托运人确定重量”栏，应按货物名称及包装种类分别将货物实际重量（包括包装重量）用千克记明，“合计重量”栏，填记该批货物的总重量。

（10）“托运人记载事项”栏填记需要由托运人声明的事项，例如：

1）货物状态有缺陷，但不致影响货物安全运输，应将其缺陷具体注明。

2）需要凭证明文件运输的货物，应将证明文件名称、号码及填发日期注明。

3）托运人派有押运人的货物，注明押运人姓名和证件名称。

4）托运易腐货物或“短寿命”放射性货物时，应记明容许运输期限；需要加冰运输的易腐货物，途中不需要加冰时，应记明“途中不需要加冰”。

5）整车货物应注明要求使用的车种、吨位、是否需要苫盖篷布。整车货物在专用线卸车的，应记明“在××专用线卸车”。

6）其他按规定需要由托运人在运单内记明的事项。委托承运人代封的货车或集装箱，应标明“委托承运人代封”。

7）使用自备货车或租用铁路货车在营业线上运输货物时，应记明“××单位自备车”或“××单位租用车”。使用托运人或收货人自备篷布时，应记明“自备篷布×块”。

8）国外进口危险货物，按原包装托运时，应注明“进口原包装”。

9）笨重货件或规格相同的零担货物，应注明货件的长、宽、高度，规格不同的零担货物应注明全批货物的体积。

（11）“托运人盖章或签字”栏，托运人于运单填记完毕，并确认无误后，在此栏盖章或签字。

（12）领货凭证各栏，托运人填写时（包括印章加盖与签字）应与运单相应各栏记载内容保持一致。

（13）货物在承运后，变更到站或收货人时，由处理站根据托运人或收货人提出的“货物变更要求书”，代为分别更正“到站（局）”“收货人”和“收货人地址”栏填记的内容，并加盖站名戳记。

2．承运人填写部分

（1）发站对托运人提出的运单经检查填写正确、齐全，到站营业办理范围符合规定后，应在“货物指定×月×日搬入”栏内，填写指定搬入日期，零担货物并应填记运输号码，由经办人签字或盖章，交还托运人凭以将货物搬入车站，办理托运手续。

（2）“运到期限××日”栏，填写按规定计算的货物运到期限日数。“货票第××号”栏，根据该批货物所填发的货票号码填写。

（3）运单和领货凭证的“车种、车号”和“货车标重”栏，按整车办理的货物必须填写。运输过程中，货物发生换装时，换装站应将货物运单和货票丁联原记的车种、车号画线抹消（使它仍可辨认），并将换装后的车种、车号填记清楚，并在改正处加盖车站戳记，换装后的货车标记载重量有变动时，并应更正货车标重。

（4）“铁路货车篷布号码”栏，填写该批货物所苫盖的铁路货车篷布号码。使用托运人自备篷布时，应将本栏画“×”号。“集装箱号码”栏，填写装运该批货物的集装箱的箱号。

（5）“施封号码”栏，填写施封环或封饼上的施封号码，封饼不带施封号码时，则填写封饼个数。

（6）“承运人／托运人装车”栏，规定由承运人组织装车的，将“托运人”三字划消，规定由托运人组织装车的，将“承运人”三字划消。

（7）“经由”栏，货物运价里程按最短径路计算时，本栏可不填；按绕路经由计算运费时，应填记绕路经由的接算站名或线名。

（8）“运价里程”栏，填写发站至到站间最短径路的里程，但绕路运输时，应填写绕路经由的里程。

（9）“承运人确定重量”栏，货物重量由承运人确定的，应将检斤后的货物重量，按货物名称及包装种类分别用千克填记。“合计重量”栏填记该批货物总重量。

（10）“计费重量”栏，整车货物填记货车标记载重量或规定的计费重量；零担货物和集装箱货物，填记按规定处理尾数后的重量或起码重量。

（11）“运价类型”栏，按照整车、零担、集装箱的类型进行填写。

（12）“运价号”栏按“货物运价分类表”规定的各该货物运价号填写。

（13）“运价率”栏，按该批货物确定的运价号和运价里程，从“货物运价率表”中找出该批（项）货物适用的运价率填写。运价率规定有加成或减成时，应记明加成或减成的百分比。

（14）实行核算、制票合并作业的车站，对运单内“经由”“运价里程”“计费重量”“运价号”“运价率”和“运费”栏，可不填写，而将有关内容直接填记于货票各该栏内。

（15）“承运人记载事项”栏，填记需要由承运人记明的事项，例如：

1）货车代用，记明批准的代用命令。

2）轻重配装，记明有关计费事项。

3）货物运输变更，记明有关变更事项。

4）途中装卸的货物，记明计算运费的起讫站名。

5）需要限速运行的货物和自有动力行驶的机车，记明铁路分局承认命令。

6）需要由承运人记明的其他事项。

（16）“发站承运日期”和“到站交付日期”栏，分别由发站和到站加盖承运或交付当日的车站日期戳。

（17）货票各联根据货物运单记载的内容填写，金额不得涂改，填写错误时按作废处理。

（18）运单上所附的领货凭证，由发站加盖承运日期戳后，连同货票丙联一并交给托运人。

（19）货票丁联“收货人盖章或签字”栏，由收货人在领取货物时，盖章或签字。

（20）货票丁联“卸货时间”由到站按卸车完毕的日期填写；“到货通知时间”，按发出到货催领通知的时间填写。

五、货票

铁路货票是铁路运营的主要票据之一，是铁路部门运输统计、财务管理、货流货物分析的原始信息，也是运输高度指挥作业不可缺少的基础依据。铁路货票式样见表 1-6。在车站，货票具有货物运输合同运单副本的性质，是处理货运事故向收货人支付运到逾期违约金和补退运杂费的依据；在运输过程中货票又是货物运输凭证。它跟随货物一直到达目的站。

货票一式四联。甲联为发站存查联；乙联为报告联，由发站每日按顺序订好，定期上报发局；丙联为承运证，交托运人凭以报销；丁联为运输凭证，随货物递交到站存查。除丁联下部外，货票各联正面内容完全相同。

表 1-6　××铁路局货票

××铁路局

计划号码或运输号码　　货票

运输运到期限　　　　　日

发站			到站（局）		车种车号		货车标重		承运人/托运人　装车		
托运人	名称				施封号码				承运人/托运人　施封		
	住址		电话		铁路货车篷布号码						
收货人	名称				集装箱号码						
	住址		电话		经由			运价里程			
货物名称	件数	包装	货物重量/千克		计费重量	运价率	运价里程	现付			
			托运人确定	承运人确定				费别	金额	费别	金额
								运费		建设基金	
								装费		京九分流费	
								取送车费		电气化附加费	
								过秤费		建设基金	
								印花税			
合计								合计			
卸货时间 月　日　时 催领通知方法 催领通知时间 月　日　时 到站收费收据号码			收货人盖章或签字 收货人身份证件号码			到站交付日期戳 经办人章			发站承运日期戳 经办人章		

任务实施

一、任务实施的环境

小李在接到客户的运输需求信息并判定了每一位客户的货物适合整车运输还是零担运输之后，需要签订铁路运输合同（或货物运单），现在请你以小李的身份制作铁路运输合同、货物运单和货票。

二、任务实施的步骤

铁路运输合同及单据制作工作任务的完成可参考下面的步骤：

第一步：对于适用于整车运输的铁路运输合同，先以一篇范文为例介绍合同中应该包含的条款和内容，然后让学生根据训练任务制作铁路运输合同。

第二步：对于适用于零担运输的货物运单，提供格式单据（见表 1-4～表 1-6），让学生制作货物运单和货票。

三、技能训练及相关实践知识

铁路运输合同制作技能训练

【训练任务 1-3】2014 年 7 月 1 日，小李接到一位客户的运输需求信息。详细情况如下：发货人为广州恒达钢铁公司，地址为广州天河区新华路 100 号，委托人为张三，联系电话 1380571××××；收货人为郑州恒基新材有限公司，地址为郑州市高新区中山路 101 号，联系人为赵四，联系电话 1380722××××；货物为 20 吨钢材；发货方要求本月 30 之前必须送抵收货方。请根据第二个客户的运输需求信息制作铁路整车运输合同。

【训练建议 1-3】个人独立完成。学生可通过上网查询相关范例，自己设计一份铁路运输合同，要求合同条款尽可能全面。

【评价建议 1-3】可用铁路运输合同制作技能训练评价表（见表 1-7）对学生操作技能进行评价。

表 1-7　铁路运输合同制作技能训练评价表

学生姓名					
测评日期		测评地点			
测评内容	铁路运输合同制作				
考评标准	内　　容	分值/分	自　　评	互　　评	师　　评
	合同格式正确	20			
	合同条款全面	40			
	合同内容表述正确	40			
合　　计		100			
最终得分（自评 30%+互评 30%+师评 40%）					

说明：测评满分为 100 分，60～74 分为及格，75～84 分为良好，85 分以上为优秀。60 分以下的学生，需重新进行知识学习、任务训练，直到任务完成达到合格为止。

【训练任务 1-4】2014 年 7 月 1 日，小李接到一位客户的运输需求信息。详细情况如下：发货人为广州美达制鞋厂，地址为广州黄埔开发区第一大街 100 号，委托人为王五，联系电话 1380571××××；收货人为武汉市江夏区新世界百货，地址为武汉市江夏区虹口路 101 号，联系人为赵六，联系电话 1350716××××；货物为两大包皮鞋，每箱尺寸为 1 米×1 米×0.5 米、每箱毛重 100 千克，每箱价格 10 000 元，要求保价。请根据这位客户的运输需求信息制作铁路货物运单和货票（关于费用部分和运到期限部分可先不填，待任务三学习之后再补填）。

【训练建议 1-4】个人独立完成。货运单及货票参考样式见前面表格（见表 1-4 和表 1-6）。

【评价建议 1-4】可用铁路货运单及货票制作技能训练评价表（见表 1-8）对学生操作技能进行评价。

表 1-8 铁路货运单及货票制作技能训练评价表

学生姓名					
测评日期		测评地点			
测评内容	铁路货运单及货票制作				
考评标准	内容	分值/分	自评	互评	师评
	运单设计格式正确、项目完整	30			
	单据填写清晰、无涂改	20			
	运单填写正确、无错误	20			
	运单填写完整、无遗漏项目	30			
合计		100			
最终得分（自评 30%+互评 30%+师评 40%）					
说明：测评满分为 100 分，60～74 分为及格，75～84 分为良好，85 分以上为优秀。60 分以下的学生，需重新进行知识学习、任务训练，直到任务完成达到合格为止。					

归纳总结

铁路货物运输合同是铁路运输承运人与个人、工商企业等托运人之间为了实现特定的货物运输任务明确相互权利义务关系而订立的合同。

对于铁路整车运输，可以根据情况按照年度、半年度、季度签订货物运输合同，也可以按月签订运输合同。对于按月度签订的运输合同，可以用“铁路货物运输服务订单”代替。整车货物交运货物时，还须向承运人递交铁路货物运单；对于铁路零担运输和铁路集装箱运输，必须填制铁路货物运单，以此作为运输合同。

通过本任务内容的学习，作为铁路货运员的你应该对铁路运输合同、铁路货物运单和货票有了一定的了解。下面提供一组思考问题，请客观地作答，并结合本任务内容，对自己的学习成果进行反思。

思考问题

一、问答题

1. 铁路运输合同一般包含哪些内容？
2. 铁路货物运单和领货凭证是如何流转的？
3. 货票的作用是什么？其四联分别是如何流转的？

二、名词解释

1. 铁路运输合同

2. 货物运单

3. 货票

三、单选题

1. 货运合同的当事人有（　　）。

A. 承运方、代理方、收货方　　B. 承运方、托运方、收货方

C. 承运方、托运方、装卸公司　　D. 承运方、代理方、装卸公司

2. 铁路零担货物和以零担形式运输的集装箱货物使用（　　）作为货运合同。

A. 铁路货物运输服务订单　　B. 订单

C. 货票　　D. 运单

3. 铁路整车货物使用（　　）作为的货运合同。

A. 经审定的订单和运单　　B. 订单

C. 货票　　D. 运单

4. 将铁路货物“领货凭证”及时交给收货人并通知有关收货单位或人员到站领取货物义务方是（　　）。

A. 承运方　　B. 托运方　　C. 装卸公司　　D. 代理公司

5. 货票的甲联为（　　）。

A. 发站存查联　　B. 报告联　　C. 承运证　　D. 运输凭证

四、单据制作

1. 新疆天山种子站2014年3月18日和乌鲁木齐火车站签订了一份运输合同，将120吨玉米种子交给乌鲁木齐火车站运往郑州北站，收货人为河南省沈丘县种子公司。乌鲁木齐火车站2014年3月18日承运，调拨车号为P3041493、重量是60吨、编织袋包装计1 200件、每件50千克，货物价格5万元。装车后发站施封二枚，封号为00977、00978，天山种子站当即支付全部运杂费用。要求填制铁路货物运单，关于运费部分可以先不填。（相关单据见表1-4）。

2. 2014年4月19日，托运人广东省物资储运公司由广州火车东站托运甘油，收货人是上海宏隆实业有限公司。货物运单记载，货物是甘油，共240件，价格6万元，铁桶包装。货物装入P632697号60吨棚车，由托运人自装自锁，施封号码0276号，托运人确定重量60吨。要求填写运单，关于运费部分可以先不填。（相关单据见表1-4）。

拓展提高

“渝新欧”班列开创了亚欧大陆桥运输的七个先例

2011年3月19日，被称为第三欧亚大陆桥的“渝新欧”国际铁路联运大通道正式运行，列车载着某公司生产的电子产品，从重庆出发顺利抵达德国的杜伊斯堡，途中共运行时间16天，比传统的通过长江水运上海再海运至欧洲节省时间近30天，比重庆至深圳的铁海联运至欧洲节约近20天。本次国际铁路联运成本也较空运大大降低，仅为空运的1/5。该国际铁路联运大通道的运行，打破了中国传统以东部沿海城市为重点的对外贸易格局，更是开创了

亚欧大陆桥运输中的七个先例。

“渝新欧”班列在亚欧大陆桥运输中，开创了历史上七个先河：

1. 全程使用卫星定位对货物进行监控确保货物安全

“渝新欧”班列使用集装箱卫星定位跟踪系统，对货物进行监控确保货物途中的安全，其优点在于：①实时监测车门开、关状态，保障了货物运输途中的安全；②对列车进行实时定位监控，完整地记录列车运行途中的方位、海拔、车内温度、速度等信息，以便及时反馈班列信息。

2. 途中各国海关不进行重复查验

2012 年 8 月 1 日，由我国海关总署牵头举办的“渝新欧”海关便捷通关研讨会在重庆召开，来自中国、俄罗斯、德国等八国海关代表出席会议，各方对进一步简化通关流程，实行监管互助达成共识。“渝新欧”班列在重庆进行一次报关及查验工作，沿途各国海关不再查验，货物在沿途各口岸的滞留时间仅占全程运输时间的 17%，远低于传统亚欧大陆桥 30%～50%的货物滞留时间占比。

3. 多国合资为铁路运输搭建服务平台

2011 年 6 月、9 月，原中国铁道部联合哈萨克斯坦、俄罗斯、白俄罗斯、德国等几个国家的政府部门及重庆市政府先后在哈萨克斯坦和重庆举行了两次国际铁路联席会议，确立了“渝新欧”班列分段承运人职责分工，优化线路及换轨流程，并共同商议成立渝新欧平台公司，将“渝新欧”打造成为全球知名的货运班列。

4. 使用统一的国际铁路联运运单

在亚欧大陆桥上的运输，通常有两大铁路联运组织，即铁路合作组织和国际铁路联盟，其中铁路合作组织以中国、俄罗斯及中亚、东欧部分国家为主，国际铁路联盟以欧盟部分国家为主。由于两个铁路组织的铁路联运规则、运输单据均不统一，货物不能直通运输，亚欧大陆桥国际班列在进入欧盟时，必须更换铁路运单，增加了操作环节。“渝新欧”班列分别于 2012 年 10 月 31 日和 11 月 2 日进行了两次统一运单的尝试，开创了我国在大运量、长距离的亚欧大陆铁路直通运输中使用统一运单的先例，使得运行效率得以提高。

5. 长江下游生产制造的产品经上游中转发运至欧洲

“渝新欧”国际铁路联运大通道的正式运行，改变了以往通过长江水运上海、宁波、深圳等东南沿海港口，再通过海运至欧洲各国的传统运输方式。甚至部分由长江中下游地区生产的产品，也可以经过重庆中转，由“渝新欧”国际铁路联运大通道发往欧洲，使重庆变成了国际物流的枢纽。

6. 欧洲商品经阿拉山口入境中国

2013 年 2 月 28 日，“渝新欧”回程班列实现了零的突破，满载着某汽车企业零配件的 41 个 40 英尺集装箱从德国起程运往重庆。该趟班列不仅是“渝新欧”的首趟回程班列，还是亚欧大陆桥上第一次欧洲货物经阿拉山口入境中国的班列。

7. 保温技术首次应用于国际铁路联运

“渝新欧”全程一万多公里，路上温差极端时可达 70℃，对于电子产品来说，其质量和性能会受到影响。为此，重庆市组织了相关科研机构，加强了对运输途中相关保温设施的研发，出台了多套保温方案，为冬季运输打下了坚实的基础。

（资料来源：人民网，作者：刘政宁）

课外阅读

高铁货运颠覆现有货运模式运行效率提高 5 倍

（2014 年 8 月）近年来，我国利用高速铁路开展货运的模式得到不断的完善，这一模式，将对我国的货物运输产生积极的影响。相比于公路运输、水路运输来说，高铁货运具有无法替代的优势，其成本低、速度快、准时，特别是不受自然天气因素的影响，能大大地提高货物的流通速度。

近年来，中国铁路总公司加快了其改革步伐，正逐步赢得社会的认可和赞誉。例如 2014 年 7—8 月份推出的京沪广深“电商专列”，解决了鲜活易腐货物的“运输难”“运输慢”等难题。

据有关渠道透露，目前开通试运营的电商专列，时速分为 120 公里/小时和 160 公里/小时两种，从广州到北京的途中时间仅为 18 小时，与广西百色市到北京的荔枝专列 90 小时运行时间相比，仅为后者的 1/5。

据悉，随着 200 公里/小时的高速货运列车的即将投入使用，今后从广州、南宁到达北京的时间有望缩短至 12 小时左右，从乌鲁木齐到北京、上海、广州的时间有望缩短至 20 小时以内，从哈尔滨到广州的时间有望缩短至 20 小时以内。

随着高速铁路货运模式的不断完善，将对我国货物运输现状带来深远的影响，特别是对鲜活易腐农产品的流通来说，具有重要的意义。由于我国农产品市场化、组织化程度不高，农产品流通体系不完善，流通基础设施特别是应用于农产品物流的冷链物流设施建设落后，导致鲜活农产品的流通效率低、流通成本高、损耗大等，成为长期困扰农产品生产者和消费者的主要问题。据调查，目前我国鲜活农产品的物流成本占总成本的 60%左右，水果、蔬菜等在采摘、储藏、运输等环节的损耗率高达 25%～30%。特别是荔枝等保鲜技术仍未成熟的农产品，目前仍通过未成熟就收割、运输等方式，严重影响水果的口感和营养，销售规模也受到极大的限制。通过高速铁路货运运输鲜活农产品，将大幅降低流通成本和流通损耗，有效解决我国冷链运输体系建设滞后、保鲜技术不成熟等问题。

（资料来源：国际金融报）

任务三　铁路运输费用及运到期限的计算

知识点： 铁路货物运价的种类；铁路货物计费重量的计算方法；铁路运费和附加费的计算程序；运到期限的计算步骤。

能力点： 能正确核算整车、零担、集装箱中货物的计费重量；能根据步骤正确地计算铁路货物的运费和各种附加费及其他杂费；能正确地计算铁路货物的运到期限，并判定运输过程中是否存在逾期。

任务情境

杭州美达制鞋厂的运输需求

2014年7月1日，小李接到一位客户的运输需求信息。详细情况如下：发货人为广州美达制鞋厂，地址为广州黄埔开发区第一大街100号，委托人为王五，联系电话1380571××××；收货人为武汉市江夏区新世界百货，地址为武汉市江夏区虹口路101号，联系人为赵六，联系电话1350716××××；货物为两大包皮鞋，每箱尺寸为1米×1米×0.5米、每箱毛重100千克，每箱价格10 000元，要求保价（保价率为0.3%），请帮助小李考虑如下几个问题：影响铁路运输费用的因素有哪些？货物的计费重量是多少？该如何计算货物的运费和附加费？货物的运到期限是多少？

任务分析

本任务是铁路运输受理阶段需要做的主要工作之一。费用的正确核算关系到发货人和承运人的经济利益，因此至关重要。完成此任务需要了解铁路货物运价的种类，熟悉计费重量的计算步骤、熟练掌握铁路运输运费的计算步骤，能根据各附表准确地查到相应的里程、运价号、发到基价和运行基价、运价率、附加费费率等。

任务实施的相关专业知识

一、铁路运输费用计算

（一）铁路货物运价

铁路货物运价是运输价值的货币表现，是国家规定的货物运输的计划价格。由于铁路运输产品不具有实物形态，其价值被追加到被运输的货物的价值上去。因此，铁路运输货物要按照国家规定的运输价格收取运输费用，以补偿运输生产所消耗的社会劳动量，这个价格就是铁路货物运价。

1. 铁路货物运价的种类

铁路货物运价可按适用范围和货物运输种类的不同进行划分。

（1）按适用范围划分。铁路货物运价按其适用范围可以分为普通运价、优待运价、国际联运运价、地方运价等。

1）普通运价。凡在路网上办理正式营业的铁路运输线上都适用统一运价（优待运价、国际联运运价及地方运价等除外）。现行铁路的整车货物、零担货物、集装箱货物、保温车货物运价都属于普通运价。普通运价是计算运费的基本依据。

2）优待运价。优待运价是对一定机关或企业运输的一切货物或对于不同的托运人运送给一定机关或企业的货物而规定的低于普通运价的一种运价。

3）国际联运运价。国际联运运价是指经铁路国际联运的货物所规定的运价，凡国际铁路联运货物国内段的运输费用按《铁路货物运价规则》的规定办理。过境运输运价根据国际联运有关规定计算。

4）地方运价。地方运价是地方铁路局经国家发改委批准对某些管内支线或地方铁路所规定的运价。

（2）按货物运输种类划分。

1）整车货物运价。整车货物运价是《铁路货物运价规则》中规定的按整车运送的货物的运价，由按货种别的每吨的发到基价和每吨·公里或每轴·公里的运行基价组成。

2）零担货物运价。零担货物运价是铁路主管部门对按零担运送的货物所规定的运价，由按货种别的每10千克的发到基价和每10千克·公里的运行基价组成。

3）集装箱货物运价。集装箱货物运价是铁路主管部门对按集装箱运送的货物所规定的运价，由每箱的发到基价和每箱公里的运行基价组成。

我国现行铁路货物运价是将运价设立为若干个运价号，即实行的是分号运价制。整车货物运价为 9 个号（1 号—9 号）；保温车货物运价按冰保车和机保车两类来确定，相当于 2 个运价号；零担货物运价分为 2 个号（21 号—22 号）；集装箱货物按箱型不同进行确定。

2．铁路货物运价核收依据

铁路货物运输费用根据《铁路货物运价规则》（以下简称《价规》）核收。

（1）《价规》的适用范围。《价规》是计算铁路货物运输费用的依据，承运人和托运人、收货人必须遵守《价规》的规定。

铁路营业线的货物运输，除军事运输、水陆联运、国际铁路联运、过境运输及其他另有规定者外，均按《价规》计算货物的运输费用。《价规》以外的货物运输费用，按地方铁路局的有关规定计算核收。

（2）《价规》的基本内容。《价规》规定了在各种不同情况下计算货物运输费用的基本条件，各种货物运费、杂费和其他费用的计算方法及国际铁路联运货物国内段的运输费用的计算方法等。

（3）《价规》附件及作用。《价规》包含有四个附件，其作用分别如下：

1）附件一为“铁路货物运输品名分类与代码表”（简称“分类表”）用来判定货物的类别代码和确定运价号的工具。

分类表由代码、货物品类、运价号（整车、零担）、说明等项组成，见表 1-9 表和 1-10。

根据货物所属的类项，便可确定货物的运价号。代码由 4 位阿拉伯数字组成，是类别码（前 2 位表示货物品类的大类，第 3 位表示中类，第 4 位表示小类），对应运价号。铁路运输的货物共分 26 类，每一类都是按大类、中类、小类的顺序排列。

表 1-9　铁路货物大类表

品类代码	品类名称	品类代码	品类名称	品类代码	品类名称	品类代码	品类名称
01	煤	08	矿物性建筑材料	15	化工品	22	饮食品及烟草制品
02	石油	09	水泥	16	金属制品	23	纺织品和皮毛及其制品
03	焦炭	10	木材	17	工业机械	24	纸及文教用品
04	金属矿石	11	粮食	18	电子、电气机械	25	医药品
05	钢铁及有色金属	12	棉花	19	农业机具	99	其他货物
06	非金属矿石	13	化肥及农药	20	鲜活货物		
07	磷矿石	14	盐	21	农副产品		

表 1-10　煤的代码示例表

代　码			货 物 品 类	运　价　号		说　明
				整车	零担	
01			煤	4	21	含未经入洗、筛选的无烟煤、炼焦烟煤、一般烟煤、褐煤
01	1	0	原煤	4	21	含冶炼用炼焦精煤及其他洗精煤
01	2	0	洗精煤	4	21	含各种粒度的洗块煤和筛选块煤
01	3	0	块煤	4	21	洗精煤、洗块煤以外的其他洗煤（含洗混煤、洗中煤、洗末煤、洗粉煤、洗原煤、煤泥），以及筛选块煤以外的其他筛选煤（含筛选混煤、筛选末煤、筛选粉煤）
…	…	…	…	…	…	…

表 1-10 中“01”是煤这一类货品的一级代码，煤是相应的一级品名。“0110”“0120”“0130”是对煤进行更进一步划分而产生的二级代码，原煤、洗精煤、块煤便是相对应的二级品名。

2）附件二为“铁路货物运价率表”，用来查找不同运价号对应的货物运价率。表 1-11 为 2014 年铁路货物运价率表。

表 1-11　2014 年铁路货物运价率表

类　别	运　价　号	发 到 基 价		运 行 基 价	
		单位	标准	单位	标准
整车	1	元/吨	8.5	元/（吨・公里）	0.071
	2	元/吨	9.1	元/（吨・公里）	0.080
	3	元/吨	11.80	元/（吨・公里）	0.084
	4	元/吨	15.50	元/（吨・公里）	0.089
	5	元/吨	17.30	元/（吨・公里）	0.096
	6	元/吨	24.20	元/（吨・公里）	0.129
	7			元/（吨・公里）	0.483
	机械冷藏车	元/吨	18.7	元/（吨・公里）	0.045 5
零担	21	元/10 千克	0.188	元/（10 千克・公里）	0.001 0
	22	元/10 千克	0.263	元/（10 千克・公里）	0.001 4
集装箱	20 英尺箱	元/箱	449.00	元/（箱・公里）	1.98
	40 英尺箱	元/箱	610.00	元/（箱・公里）	2.70

（资料来源：http: //zfxxgk.ndrc.gov.cn/PublicItemView.aspx? ItemID ={ca380f2a-449a-47fc-8c41-f546d426bd44}）

3）附件三是“铁路货物运输品名检查表”（简称“检查表”），也是用来判定货物的类别代码和确定运价号的工具。

4）附件四为“货物运价里程表”（分上、下两册）。

使用货物运价里程表（上、下册）可以很快查到需要找的站名、有关事项，确定运输里程。查找车站有关事项的方法如下：

先从里程表上册“站名首字汉语拼音素引表”或“站名首字笔画素引表”查出车站在“站名索引表”中的页数。再翻到“站名索引表”的该页数，就可以查到该车站的“电报略码”、所在的铁路局、省（市、自治区）的简称、“最大起重能力”“营业办理限制”等有关事项。

（4）《价规》附录。《价规》有三个附录。附录一为《铁路电气化附加费核收办法》，附录二为《新路新价均摊运费核收办法》，附录三为《铁路建设基金计算核收办法》。

（二）计费重量的计算

1. 整车货物计费重量

整车货物的计费重量，以“吨”为单位，吨以下四舍五入。除下列情况外，均按货车标记载重量作为计费重量，货物重量超过标重时，按货物重量计费（以下规则均以铁路货物运价规则“铁运[2005] 46 号”为依据）。

（1）使用矿石车、平车、砂石车进行装运的货物，若属于“铁路货物运输品名分类与代码表”中的“01”“0310”“04”“06”“081”和“14”等几类货物时，按 40 吨计费，超过 40 吨时按货物实际重量计费。

（2）表 1-12 中所列货车装运货物时，计费重量按表 1-12 中规定计算，货物重量超过规定计费重量的，按货物实际重量计费。

（3）米轨、准轨间换装运输的货物，均按发站的原计费重量计费。

表 1-12　整车货物规定计费重量表

车 种 车 型	计费重量/吨
B_6 B_{6N} B_{6A} B_7（加冰冷藏车）	38
BSY（冷板冷藏车）	40
B_{18}（机械冷藏车）	32
B_{19}（机械冷藏车）	38
B_{20} B_{21}（机械冷藏车）	42
B_{10}（机械冷藏车）	44
B_{22} B_{23}（机械冷藏车）	48
B15E（冷藏车改造车）	56
SQ_1（小汽车专用平车）	80
QD_3（凹底平车）	70
GY_{95S} GY_{95} GH_{40} GY_{40} $GH_{95/22}$ $GY_{95/22}$（石油液化气罐车）	65
GY_{100S} GY_{100} GY_{100-I} GY_{100-II}（石油液化气罐车）	70

【例 1-1】兰州西站发银川站播种机一台重 24 吨，用 50 吨货车一辆装运，请计算其计费重量。

解：根据铁路货物运价规则的相关规定，本运输属于整车运输，在货物实际重量和货车标记载重量之间取大值，因此，该货物的计费重量为50吨。

2．零担货物计费重量

根据铁路货物运价规则，零担货物以10千克为单位，不足10千克的需要进整为10千克；在确定零担货物的计费重量时，首先需要明确货物是否为轻泡货物（即密度小于500千克/立方米的货物），若不属于轻泡货物，则按货物的实际重量计算；反之，则按每1立方米折合重量500千克计算。当然，表1-13所列货物需特殊对待：

（1）表1-13中所列出的货物按照表中规定的计费重量进行计算。

（2）“铁路货物运输品名分类与代码表”中所列“童车”“室内健身车”“209其他鲜活货物”“9914 搬家货物、行李”“9960 特定集装化运输用具”等货物在进行裸装运输时直接按货物实际重量计费。

表1-13　零担货物规定计费重量表

序　号	货 物 名 称	计 费 单 位	规定计费重量/千克
1	组成的摩托车： 双轮 三轮（包括正、侧带斗的，不包括三轮汽车）	 每辆 每辆	 750 1 500
2	组成的机动车辆、拖斗车（单轴的拖斗车除外）： 车身长度不满3米 车身长度3米以上，不满5米 车身长度5米以上，不满7米 车身长度7米以上	 每辆 每辆 每辆 每辆	 4 500 15 000 20 000 25 000
3	组成的自行车	每辆	100
4	轮椅，折叠式疗养车	每（辆）件	60
5	牛、马、骡、驴、骆驼	每头	500
6	未装容器的猪、羊、狗	每头	100
7	灵柩、尸体	每具（个）	1 000

【例1-2】从杭州站发往北京站10台微波炉，体积共1.51立方米，重量共400千克，请计算其计费重量。

解：首先明确货物是否属于轻泡货物：

密度=400千克 /1.51立方米=264千克/立方米<500 千克/立方米

货物属于轻泡货物，其计费重量为

计费重量=500千克/立方米×1.51立方米=755千克≈760千克

3．集装箱货物计费重量

集装箱货物以箱为单位。

铁路货物运价规则“铁运[2005] 46号”中对于特种集装箱的运价率有特别的规定。例如，对罐式集装箱、其他铁路专用集装箱，按照“铁路货物运价率表”中规定的运价率分别加30%、20%计算；对装运一级毒害品的集装箱，按加成100%计算；装运爆炸品、压缩气体和液化气体，易燃气体和固体、放射性物品的集装箱，按加成50%计算。对于自备集装箱空箱的情况，其运价率按重箱运价率的40%计算。

（三）铁路货物运费的计算

1. 计算程序

（1）按“货物运价里程表”（见表1-14）计算出发站至到站的运价里程。

（2）根据货物运单上填写的货物名称查找“铁路货物运输品名分类与代码表”“铁路货物运输品名检查表”，确定适用的运价号。

（3）整车、零担货物按货物适用的运价号，集装箱货物根据箱型、冷藏车货物根据车种分别在“铁路货物运价率表”中查出适用的运价率（即发到基价和运行基价，以下同）。

（4）货物适用的发到基价加上运行基价与货物的运价里程相乘之积后，再与按本规则确定的计费重量（集装箱为箱数）相乘，计算出运费。

（5）计算其他费用。

2. 整车货物的运费计算

运费=（发到基价+运行基价×运价里程）×计费重量

【例1-3】兰州西站发银川站播种机一台重24吨，用50吨货车一辆装运，计算其运费。

解：首先根据铁路货物运输规程，该批货物适用于整车运输。根据整车货物计费重量的规则，可知该货物计费重量为50吨；然后查找“货物运价里程表”（见表1-14），得知从兰州西站至银川站运价里程为468公里。再查找货物检查表，机器的运价号为4号。再查运价率表，运价号为4号，发到基价为15.5元/吨，运行基价为0.089元/吨·公里。

运费=（15.5元/吨+0.089元/（吨·公里）×468公里）×50吨=2 857.6元

3. 零担货物的运费计算

运费=（发到基价+运行基价×运价里程）×计费重量/10

【例1-4】广州站发呼和浩特站电饭锅4件，总重46千克，货物每件长0.4米，宽0.3米，高0.3米，试计算运费。

解：首先根据铁路货物运输规程，该批货物适用于零担运输。

该批货物的计费重量为

体积=4件×0.4米×0.3米×0.3米=0.144立方米，密度=319.44千克/立方米，为轻泡货物。

计费重量=0.144立方米×500千克/立方米=72千克≈80千克

从广州到呼和浩特2 962公里。查货物检查表，电饭锅的运价号为24号。再查运价率表，运价号为22号，发到基价为0.263元/10千克，运行基价为0.001 4元/（10千克·公里）。

运费=（0.263元/10千克+0.001 4元/（10千克·公里）×2 962公里）×80千克/10=35.3元

4. 集装箱货物的运费

运费=（发到基价+运行基价×运价里程）×箱数

【例1-5】广州站发北京站2个40英尺集装箱，试计算运费。

解：从广州到北京2 289公里。查运价率表，40英尺集装箱发到基价为610元/箱，运行基价为2.7元/箱公里。

运费=（610元/箱+2.7元/（箱·公里）×2 289公里）×2箱=13 580.6元

表 1-14　全国铁路主要站间货物运价里程表（单位：公里）

北京	北京																											
天津	137	天津																										
沈阳	741	707	沈阳																									
长春	1 046	1 012	305	长春																								
哈尔滨	1 288	1 354	547	242	哈尔滨																							
济南	497	360	1 067	1 372	1 614	济南																						
合肥	1 074	973	1 680	1 985	2 227	613	合肥																					
南京	1 160	1 023	1 730	2 035	2 277	663	312	南京																				
上海	1 463	1 326	2 033	2 335	2 577	966	615	303	上海																			
杭州	1 589	1 452	2 159	2 464	2 706	1 092	451	429	201	杭州																		
南昌	1 449	1 444	2 151	2 456	2 689	1 137	478	838	837	636	南昌																	
福州	2 334	2 197	2 904	3 209	3 451	1 837	1 196	1 174	1 173	972	622	福州																
石家庄	277	419	1 126	1 431	1 673	301	914	964	1 267	1 393	1 293	1 915	石家庄															
郑州	689	831	1 538	1 843	2 085	666	645	695	998	1 124	927	1 549	412	郑州														
武昌	1 225	1 367	1 972	2 277	2 519	1 202	1 181	1 231	1 230	1 029	391	1 013	948	536	武昌													
长沙	1 583	1 725	2 330	2 635	2 877	1 560	1 222	1 200	1 199	998	418	984	1 306	894	358	长沙												
广州	2 289	2 431	3 036	3 341	2 928	2 151	1 826	1 804	1 803	1 602	1 022	1 588	2 012	1 600	1 064	706	广州											
南宁	2 561	2 703	3 411	6 313	3 855	2 538	2 098	2 076	2 075	1 874	1 294	1 860	2 282	1 870	1 336	978	1 334	南宁										
西安	1 159	1 301	1 906	2 211	2 453	1 177	1 156	1 206	1 509	1 635	1 412	2 389	923	511	1 047	1 405	2 111	2 383	西安									
兰州	1 811	1 948	2 552	2 962	3 099	1 853	1 832	1 182	2 185	2 311	2 088	3 065	1 599	1 187	1 723	2 081	2 787	3 059	676	兰州								
西宁	2 092	2 235	2 839	3 144	3 386	2 069	2 048	2 098	2 401	2 527	2 304	3 281	1 815	1 403	1 939	2 297	3 003	3 275	892	216	西宁							
乌鲁木齐	3 768	3 911	4 515	4 820	5 062	3 745	3 724	3 774	4 077	4 065	4 391	4 957	3 491	3 079	3 615	3 973	4 679	4 951	2 568	1 892	2 108	乌鲁木齐						
成都	2 042	2 185	2 789	3 094	3 336	2 019	1 998	2 048	2 351	2 552	2 239	2 805	1 765	1 353	1 737	1 923	2 527	1 832	842	1 172	1 388	3 026	成都					
贵阳	2 539	2 681	3 286	3 591	3 833	2 516	2 076	2 054	2 053	1 852	1 272	1 838	2 262	1 850	1 314	956	1 560	865	1 809	2 139	2 355	3 993	967	贵阳				
昆明	3 178	3 320	3 925	4 230	4 472	3 119	3 098	2 693	3 069	2 868	1 911	2 477	2 901	2 489	1 953	1 595	2 199	1 504	1 942	2 272	2 488	4 126	1 100	639	昆明			
太原	514	650	1 255	1 560	1 802	532	1 145	1 195	1 498	1 624	1 944	2 521	231	577	1 179	1 537	2 243	2 515	651	1 327	1 543	3 219	1 493	2 460	2 593	太原		
呼和浩特	667	804	1 408	1 713	1 955	1 164	1 777	1 827	2 130	2 256	2 674	3 303	871	1 362	1 898	2 256	2 962	3 234	1 291	1 144	1 360	3 036	2 133	3 100	3 233	640	呼和浩特	
银川	1 343	1 480	2 084	2 389	2 631	1 840	2 002	2 052	2 355	2 481	2 258	3 235	1 547	1 357	1 893	2 251	2 957	3 229	846	468	684	2 008	1 342	2 309	2 442	1 316	676	银川

说明：本里程表系根据铁路货运运价里程表规定的接算站计算的。但二站有两条以上径路时，选择最短的路径或直通快车运行的径路计算的。

（四）铁路货物附加费的计算

1. 铁路电气化附加费

为弥补电价上涨造成的铁路运输成本增支，并考虑到今后运价相对稳定一段时间的需要，我国对现有国家铁路中的电气化铁路（不含运营临管线和工程临管线）的货运加收电气化附加费，目前我国铁路电气化区段里程见表 1-15。

表 1-15 铁路电气化区段表

序号	线名	电化区段	区段里程	序号	线名	电化区段	区段里程
1	京山线	秦皇岛—山海关	16	24	焦柳线	月山—关林	129
2	丰台西线	丰台—丰台西	5	25	怀化南线	怀化—怀化南	4
3	京承线	丰台—双桥	43	26	宝成线	宝鸡—成都东	673
4	京秦线	双桥—秦皇岛	280	27	阳安线	平阳关—安康	357
5	京包线	沙城—大同	252	28	成渝线	成都东—重庆	500
6	大秦线	韩家岭—柳村南	652	29	川黔线	小南海—贵阳南	438
7	段大线	段甲岭—大石庄	7	30	贵昆线	贵阳南—昆明西	644
8	丰沙线	丰台—沙城	104	31	漳州线	郭坑—漳州	11
9	京广线	丰台—武昌南	1 221	32	包兰线	石嘴山—兰州西	581
10	京广线	郴州—韶关	153	33	太岚线	太原北—镇城底	55
11	孟宝线	孟庙—平顶山东	64	34	口泉线	平旺—口泉	10
12	石太线	石家庄—太原北	251	35	宝中线	虢镇—迎水桥	502
13	北同蒲线	大同—太原北	347	36	干武线	干塘—武威南	172
14	玉门沟线	太原北—玉门沟	22	37	汤鹤线	汤阴—鹤壁北	19
15	太焦线	长治北—月山	153	38	马磁线	马头—新坡	12
16	汉丹线	襄阳—老河口东	57	39	侯月线	侯马北—翼城东	50
17	襄渝线	老河口东—小南海	850	40	平汝线	平罗—大武口	11
18	鹰厦线	鹰潭—厦门	694	41	成昆线	成都—昆明东	1 108
19	湘黔线	株洲北—贵定	821	42	小梨线	小南海—梨树湾	23
20	黔桂线	贵定—贵阳南	68	43	西重线	西永—重庆	24
21	陇海线	郑州北—兰州西	1 192	44	胡大线	胡东—大同东	21
22	兰新线	兰州西—武威南	279	45	渡口线	三堆子—密地	10
23	西固城线	兰州西—西固城	21				

电气化附加费计算公式：

电气化附加费=电气化附加费费率×计费重量（箱数或轴数）×电气化里程

其中电气化附加费费率见表 1-16。

表 1-16 2014 年电气化附加费费率表

项目种类	计费单位	费率
整车货物	元/（吨・公里）	0.012
零担货物	元/（10 千克・公里）	0.000 12
自轮运装货物	元/（轴・公里）	0.036

（续）

项目种类			计费单位	费率
集装箱	1 吨箱		元/（箱·公里）	0.007 2
	5、6 吨箱		元/（箱·公里）	0.06
	10 吨箱		元/（箱·公里）	0.100 8
	20 英尺箱		元/（箱·公里）	0.192
	40 英尺箱		元/（箱·公里）	0.408
	自备空箱	1 吨箱	元/（箱·公里）	0.003 6
		5、6 吨箱	元/（箱·公里）	0.03
		10 吨箱	元/（箱·公里）	0.050 4
		20 英尺箱	元/（箱·公里）	0.096
		40 英尺箱	元/（箱·公里）	0.204

【例 1-6】广州站发北京站 2 个 40 英尺集装箱，试计算电气化附加费。

解：从广州到北京的京广线中需要征收铁路电气化附加费的区段为丰台—武昌南和郴州—韶关，合计征收里程为 1 374 公里。查电气化附加费费率表，费率为 0.408 元/（箱·公里），则电气化附加费为

0.408 元/（箱·公里）×2 箱×1 374 公里=1 121.2 元

2. 铁路建设基金

铁路建设基金是经国家批准征收的、专门用于铁路建设的政府性基金，主要用于国家计划内的大中型铁路建设项目以及与建设有关的支出。

铁路建设基金的计算公式：

建设基金=铁路建设基金费率×计费重量（箱数或轴数）×运价里程

其中铁路建设基金费率见表 1-17。

表 1-17 铁路建设基金费率表

项目种类			计费单位	农药	磷矿石棉花	其他货物
整车货物			元/（吨·公里）	0.019	0.028	0.033
零担货物			元/（10 千克·公里）	0.000 19	0.000 33	
自轮运装货物			元/（轴·公里）	0.099		
集装箱	1 吨箱		元/（箱·公里）	0.019 8		
	5、6 吨箱		元/（箱·公里）	0.165		
	10 吨箱		元/（箱·公里）	0.277 2		
	20 英尺箱		元/（箱·公里）	0.528		
	40 英尺箱		元/（箱·公里）	1.122		
	自备空箱	1 吨箱	元/（箱·公里）	0.009 9		
		5、6 吨箱	元/（箱·公里）	0.082 5		
		10 吨箱	元/（箱·公里）	0.123 86		
		20 英尺箱	元/（箱·公里）	0.264		
		40 英尺箱	元/（箱·公里）	0.561		

注：整车化肥、黄磷免征铁路建设基金。表中棉花仅指籽棉、皮棉。

【例 1-7】广州站发呼和浩特站电饭锅 4 件，总重 46 千克，货物每件长 0.4 米，宽 0.3 米，高 0.3 米，试计算铁路建设基金附加费。

解：如前所述，该货物的计费重量为 80 千克。

从广州到呼和浩特 2 962 公里。查铁路建设基金费率表，0.000 33 元/（10 千克·公里），

则铁路建设基金附加费为

运费=0.000 33 元/（10 千克・公里）×80 千克/10×2 962 公里=7.82 元。

3．新路新价均摊运费

铁路建设中新建线路不断增加，为了既体现国家实行新路新价的原则，又方便计算运费，凡经国家铁路运输的货物，按发站至到站国铁正式营业线和实行统一运价的运营临管线（见下表 1-18）的运价里程，均按《新路新价均摊运费核收办法》（《价规》附录二）的规定收取新路新价均摊运费。

表 1-18　实行统一运价的运营临管线

顺　　号	线　　名	起　讫　站	里　　程
1	福前段	福利屯—前进线	226
2	侯月线侯翼段	侯马北—翼城东	50
3	宝中线	虢镇—迎水桥	502
4	安口南线	安口窑—安口南	6
5	青藏线哈格段	哈尔盖—格尔木	653
6	茶卡支线	察汉语—茶卡	36
7	南山口支线	格尔木一南山口	30

新路新价均摊运费计算公式为

新路新价均摊运费=新路新价均摊费费率×计费重量（箱数或轴数）×运价里程

其中新路新价均摊费费率见表 1-19。

表 1-19　新路新价均摊运费费率表

项 目 种 类			计 费 单 位	费　　率
整 车 货 物			元/（吨・公里）	0.011
零 担 货 物			元/（10 千克・公里）	0.000 011
自轮运装货物			元/（轴・公里）	0.003 3
集装箱	1 吨箱		元/（箱・公里）	0.000 066
	5、6 吨箱		元/（箱・公里）	0.005 5
	10 吨箱		元/（箱・公里）	0.009 24
	20 英尺箱		元/（箱・公里）	0.017 6
	40 英尺箱		元/（箱・公里）	0.037 4
	自备空箱	1 吨箱	元/（箱・公里）	0.000 33
		5、6 吨箱	元/（箱・公里）	0.004 62
		10 吨箱	元/（箱・公里）	0.050 4
		20 英尺箱	元/（箱・公里）	0.088
		40 英尺箱	元/（箱・公里）	0.018 7

注：整车货物中，化肥、磷矿石、棉花（籽棉、皮棉）的费率为 0.002 1 元/（吨・公里）。

【例 1-8】广州站发呼和浩特站电饭锅 4 件，总重 46 千克，货物每件长 0.4 米，宽 0.3 米，高 0.3 米，试计算铁路建设基金附加费。

解：如前所述，该货物的计费重量为 80 千克。从广州到呼和浩特 2 962 公里。查铁路建设基金费率表，0.000 011 元/（10 千克・公里），则新路新价均摊运费为

运费=0.000 011 元/（10 千克・公里）×80 千克/10×2 962 公里=0.26 元

（五）铁路货物其他杂费的计算

根据我国铁路货物运价规则（铁运[2005] 46 号”），目前铁路货物运输中的杂费共包括 12 项，具体情况见表 1-20。

表 1-20　铁路货物其他杂费明细表

序号	项目			单位	费率
1	表格材料费	运单	普通货物	元/张	0.10
			国际联运货物	元/张	0.20
		货签	纸制	元/个	0.10
			其他材料制	元/个	0.20
		危险货物包装标志		元/个	0.20
		物品清单		元/张	0.10
		施封锁材料费（承运人装车、箱的除外）		元/个	1.50
2	冷却费			元/吨	20.00
3	D 型长大货物车使用费	标重不足 180 吨	不超重	元/（吨·公里）	0.25
			一级超重	元/（吨·公里）	0.30
			二级超重	元/（吨·公里）	0.35
		标重 180 吨以上	不超重	元/（吨·公里）	0.30
			一级超重	元/（吨·公里）	0.35
			二级超重	元/（吨·公里）	0.40
			超级超重	元/（吨·公里）	0.60
4	D 型长大货物车空车回送费			元/轴	300.00
5	取送车费	整车		元/（车·公里）	9.00
		20 英尺		元/（箱·公里）	4.50
		40 英尺		元/（箱·公里）	9.00
6	机车作业费			元/0.5 小时	90.00
7	押运人乘车费			元/（人·百公里）	3.00
8	货车篷布使用费	D 型篷布	500 公里以内	元/张	120.00
			501 公里以上	元/张	168.00
		其他篷布	500 公里以内	元/张	60.00
			501 公里以上	元/张	84.00
9	集装箱使用费	1 吨箱	500 公里以内	元/箱	6.50
			501～2 000 公里每增加 100 公里加收	元/箱	0.52
			2 001～3 000 公里每增加 100 公里加收	元/箱	0.26
			3 001 公里以上计收	元/箱	16.90
		20 英尺箱	500 公里以内	元/箱	130.00
			501～2 000 公里每增加 100 公里加收	元/箱	13.00
			2 001～3 000 公里每增加 100 公里加收	元/箱	6.50
			3 001 公里以上计收	元/箱	390.00
		40 英尺箱	500 公里以内	元/箱	260.00
			501～2 000 公里每增加 100 公里加收	元/箱	26.00
			2 001～3 000 公里每增加 100 公里加收	元/箱	13.00
			3 001 公里以上计收	元/箱	780.00
10		铁路拼箱（一箱多批）		元/10 千克	0.20
11	货物装卸作业费	按交通部铁路局《铁路货物装卸作业计费办法》的规定核收			
12	货物保价费	按交通部铁路局《关于修订货物保价费率的通知》的规定核收			

二、运到期限计算

铁路在现有技术设备条件和运输工作组织水平基础上，根据货物运输种类和运输条件将货物由发站运至到站而规定的最长运输限定天数，称为货物运到期限。

1. 货物运到期限的计算

货物运到期限按日计算。起码日数为 3 天，即计算出的运到期限不足 3 天时，按 3 天计算。运到期限由下述三部分组成：

（1）货物发送期间（$T_{发}$）为 1 天。货物发送期间是指车站完成货物发送作业的时间，它包括发站从货物承运到挂出的时间。

（2）货物运输期间（$T_{运}$）。每 250 运价公里或其未满为 1 天：按快运办理的整车货物每 500 运价公里或其未满为 1 天。货物运输期间是货物在途中的运输天数。

（3）特殊作业时间（$T_{特}$）。特殊作业时间是为某些货物在运输途中进行作业所规定的时间，具体规定如下：

1）需要中途加冰的货物，每加冰 1 次，另加 1 天。

2）运价里程超过 250 公里的零担货物和 1 吨、5 吨型集装箱另加 2 天，超过 1 000 公里加 3 天。

3）一件货物重量超过 2 吨、体积超过 3 立方米或长度超过 9 米的零担货物另加 2 天。

4）整车分卸货物，每增加一个分卸站，另加 1 天。

5）准轨、米轨间直通运输的货物另加 1 天。

对于上述五项特殊作业时间应分别计算，当一批货物同时具备几项时，累计相加计算。

若运到期限用 T 表示，则

$$T=T_{发}+T_{运}+T_{特}$$

【例 1-9】 广州站发呼和浩特站电饭锅 4 件，总重 46 千克，货物每件长 0.4 米，宽 0.3 米，高 0.3 米，试计算货物运到期限。

解： $T_{发}=1$；

从广州到呼和浩特 2 962 公里。$T_{运}$=2 962 公里/250 公里=11.8 天≈12 天

运价里程超过 1 000 公里，因此 $T_{特}$=3 天

运到期限=1 天+12 天+3 天=16 天

2. 货物运到逾期

所谓货物的运到逾期，是指货物的实际运输天数（用 $T_{实}$表示）超过规定的运到期限时，即为运到逾期。货物的实际运输天数是指从起算时间到终止时间的这段时间。

起算时间：从承运人承运货物的次日（指定装车日期的，为指定装车日的次日）起算。

终止时间：到站由承运人组织卸车的货物，到卸车完了时止；由收货人组织卸车的货物，货车调到卸车地点或货车交接地点时止。

若货物运到逾期，不论收货人是否因此受到损害，铁路均应向收货人支付违约金。违约金的支付是根据逾期天数和运到期限天数，按承运人所收运费的百分比进行支付违约金。

快运货物运到逾期，除按规定退还快运费外，货物运输期间按 250 运价公里或其未满为 1 天，计算运到期限仍超过时，还应按上述规定，向收货人支付违约金。

超限货物、限速运行的货物、免费运输的货物以及货物全部灭失时，若运到逾期，承运人不支付违约金。

任务实施

一、任务实施的环境

小李在受理了客户的运输需求信息，同客户签订铁路运输合同（或货物运单）后，需要对客户托运的货物进行验收、称重、确定尺寸并根据尺寸和重量，结合《铁路货物运价规则》核算其计费重量，现在请你帮助小李确定第一个客户的计费重量、运费、附加费以及货物运到期限。

二、任务实施的步骤

铁路运输费用及运到期限的计算可参考下面的步骤：

第一步：根据铁路货物运输规程的要求确定货物属于整车运输、零担运输还是集装箱运输。

第二步：确定货物的计费重量。

第三步：计算运费、附加费。

第四步：计算货物运到期限。

三、技能训练及相关实践知识

铁路运输费用及运到期限计算技能训练

【训练任务 1-5】2014 年 7 月 1 日，小李接到一位客户的运输需求信息。详细情况为如下：发货人为广州美达制鞋厂，地址为广州黄埔开发区第一大街 100 号，委托人为王五，联系电话 1380571××××；收货人为武汉市江夏区新世界百货，地址为武汉市江夏区虹口路 101 号，联系人为赵六，联系电话 1350716××××；货物为两大包皮鞋，每箱尺寸为 1 米×1 米×0.5 米、每箱毛重 100 千克，每箱价格 10 000 元，要求保价（保价率为 0.3%），小李于 7 月 1 日受理了该客户的托运申请，货物于 7 月 10 日运抵武汉火车站并卸货入站。请帮助小李考虑如下几个问题：影响铁路运输费用的因素有哪些？货物的计费重量是多少？该如何计算货物的运费和附加费？货物的运到期限是多少？该批货物是否存在运输逾期，理由是什么？

【训练建议 1-5】学生个人在课堂上独立完成。

【评价建议 1-5】可用铁路运输费用及运到期限计算技能训练评价表（见表 1-21）对学生操作技能进行评价。

表 1-21 铁路运输费用及运到期限计算技能训练评价表

学生姓名					
测评日期		测评地点			
测评内容	铁路运输费用及运到期限计算				
考评标准	内容	分值/分	自评	互评	师评
	判定整车、零担、集装箱正确	10			
	计费重量计算正确	20			
	运费及附加费计算正确	40			
	运到期限计算正确	20			
	分析是否逾期正确	10			
合计		100			
最终得分（自评 30%+互评 30%+师评 40%）					

说明：测评满分为 100 分，60～74 分为及格，75～84 分为良好，85 分以上为优秀。60 分以下的学生，需重新进行知识学习、任务训练，直到任务完成达到合格为止。

归纳总结

铁路运输费用的计算是铁路运输中最关键的环节之一，关系到铁路运输承运人的经济效益，同时也关系到托运人的运输成本。铁路运输费用的计算要遵循《铁路货物运价规则》中的相关规定，首先要了解铁路货物运价的种类，其次是要根据铁路运输类型正确地计算货物的计费重量，然后根据具体的计算步骤计算运费和杂费。铁路货物运到期限计算正确与否同样关系到承运人的运到逾期与否，因此，正确地计算铁路货物运到期限至关重要。

通过本任务内容的学习，作为铁路货运员的你应该对铁路运输费用的计算和铁路货物运到期限计算有了一定的了解。要真正掌握这些知识和操作技能，还要不断地思考与总结。下面提供一组思考问题，请认真地作答，并结合本任务内容，对自己的学习成果进行反思。

思考问题

一、问答题

1. 铁路货物运价的种类有哪些？
2. 整车货物的计费重量和零担货物计费重量在计算上的区别有哪些？
3. 计算铁路货物运输费用的程序包括哪些步骤？

二、名词解释

1. 普通运价
2. 国际联运运价

3. 运到期限

三、单选题

1. 零担货物按货物重量或货物体积折合重量择大计费，即每立方米重量不足（　　）千克的轻泡货物，按每1立方米体积折合重量（　　）千克计算。

A. 300　　B. 333　　C. 500　　D. 250

2. 组成的双轮摩托车每辆按（　　）千克确定计费重量。

A. 750　　B. 1 500　　C. 500　　D. 300

3. 铁路货物的运到逾期，是指货物的（　　）超过规定的运到期限。

A. 实际运到天数　　B. 实际运行时间折合成天数

C. 实际运行里程/250　　D. 货物装车日至卸车日的日期

4. 铁路货物运到期限的起码日数为（　　）天。

A. 1　　B. 2　　C. 3　　D. 5

5. 在铁路货物运到期限的计算中，货物发送期间为（　　）天；需要中途加冰的货物，每加冰1次，另加（　　）天；运价里程超过250公里的零担货物另加（　　）天，超过1 000公里加（　　）天；整车分卸货物，每增加一个分卸站，另加（　　）天；准轨、米轨间直通运输的货物另加（　　）天。

A. 2，1，2，3，1，1　　B. 1，1，2，3，1，1

C. 2，1，1，3，1，1　　D. 1，1，1，3，1，1

四、计算题

1. 现有一批服装从广州发往北京西站，该批服装重量251千克，体积0.85立方米，经过有关铁路运价规则附表查知该货物运价号为22号，经查发到基价为0.263元/10千克，运行基价为0.001 4元/（10千克·公里），电气化附加费率为0.000 12元/（10千克·公里），从广州到北京西站运价里程为2 000公里，计算运费和杂费。

2. 某承运人于2013年10月1日从A站承运至B站（运价里程1 100公里）20英尺集装箱2只，该车3日挂运，承运人于10日卸车完毕，并于当日发出催领通知，13日收货人到站领取货物并搬出车站。计算这批货物的运到期限应为几日？实际运到日数从何日起算？至何日止？共用了几天？这批货物运到是否逾期？铁路是否需要支付违约金？

拓展提高

国际铁路联运运费的计算

国际铁路联运货物运费计算的主要依据是《国际货协统一过境运价规程》（简称《统一货价》）、《国际货协》和我国的《铁路货物运价规则》（简称《国内价规》）。

1. 运费计算的原则

（1）发送国家和到达国家铁路的运费，均按铁路所在国家的国内规章办理。

（2）过境国铁路的运费，均按承运当日统一货价格规定计算，由发货人或收货人支付。如在参加国际货协的国家与未参加国际货协国的国家之间运送货物，则有关未参加货协国家铁路的运费，可按其所参加的另一种联运协定计算。

我国出口的联运货物，交货共同条件一般均规定在卖方车辆上交货，因此我方仅负责至出口国境站一段的运送费用。但联运进口货物，则要负担过境运送费和我国铁路铁路段的费用。

2．过境运费的计算

过境运费按《统一货价》规定计算，其计算程序为：

（1）根据运单上载明的运输路线，在“过境里程表”中，查出各通过国的过境里程。

（2）根据货物品名，在“货物品名分等表”中查出其可适用的运价等级和计费重量标准化。

（3）在“慢运货物运费计算表”中，根据货物运价等级和总的过境里程查出适用的运费率。

其计算公式为：基本运费额=货物运费率×计费重量

运费总额=基本运费额×（1+加成率）

加成率是指运费总额应按托运类别在基本运费额基础上所增加的百分比。快运货物运费按慢运运费加 100%，零担货物加 50%后再加 100%。随旅客列车挂运整车费，另加 200%。

另外，对于国内段运费，则按《国内价规》计算。

课外阅读

铁路货运“一口价”60吨以上大件运输与公路争锋

（2013 年 6 月）从铁道部改制为中国铁路总公司 3 个月以来，中国铁路总公司于 2013 年 6 月 15 日首次启动了铁路货运改革。中国铁路总公司相关负责人员在接受记者采访时表示，改革的目的是推动铁路货运全面走向市场，加快向现代物流转变。

众所周知，我国的铁路货运在改革前存在一大弊端，就是运费价格不透明，具体体现在铁路货运存在各种仓储费、装卸费，且各种费用缺乏严格的执行标准，弹性非常大。此外，开展大宗货物运输需要申请车皮，车皮的申请往往需要托关系、找熟人，出现了很多的中介，存在很大的灰色地带，寻租空间大，这也是铁路系统腐败的高发地。

因此，本次铁路货运改革，其目的就是将价格透明列为改革的重点内容之一，坚持依法合规，公开透明收费、规范收费。

据中国铁路总公司相关部门介绍，“门到门”运输服务环节对应的收费项目包括装卸费、接取送达费、铁路杂费、铁路运费、铁路建设基金等。另外，上门装卸货物、门到站、站到门的接取送达等服务及收费，托运人可自愿选择。所有这些服务项目，都实行“一口价”收费，明确货运收费的项目、标准和条件，一口报价，一张货票核收。让客户对收费内容一目了然，在选择该项服务的时候心中有数。

（资料来源：南都网　作者：高凌云）

任务四　铁路运输的流程操作

知识点：发送作业的主要环节；途中作业的主要环节；到达作业的主要环节；审查货物运单的主要内容；装车作业的基本要求；途中作业进行货运检查的内容。

能力点：能以托运人身份制作货物运单和物品清单；能以承运人身份审查货物运单并进行验收工作，能根据货物类型选择最合适的车辆；能以承运人身份正确地制作货票；能以承运人身份进行途中作业检查；能以承运人和收货人身份完成货物到达卸车及交接工作。

任务情境

某客户货物的运输流程操作

2014 年 7 月 1 日，小李接到一位客户的运输需求信息。详细情况为如下：发货人为广州美达制鞋厂，地址为广州黄埔开发区第一大街 100 号，委托人为王五，联系电话 1380571××××；收货人为武汉市江夏区新世界百货，地址为武汉市江夏区虹口路 101 号，联系人为赵六，联系电话 1350716××××；货物为两大包皮鞋，每箱尺寸为 1 米×1 米×0.5 米、每箱毛重 100 千克，每箱价格 10 000 元，要求保价（保价率为 3‰），小李于 7 月 1 日受理了该客户的托运申请。请分别扮演不同的角色完成该票货物的从托运、受理到卸车交货的组织工作。

任务分析

该任务是铁路运输的核心工作。完成此任务需要熟悉铁路运输的前后所有步骤；了解发送作业阶段托运环节需准备的证明文件；熟悉受理阶段对货物运单进行审查的要领；熟悉验收环节需要检查的内容；按照装车作业的基本要求进行装车作业；正确地进行货票填制；正确地进行途中作业和到达作业检查及交付。

任务实施的相关专业知识

铁路运输的货运工作基本过程按其作业环节可分承运、装车、运送、卸车和交付作业；按其作业流程可分为发送作业、途中作业和到达作业。

货物在发站所进行的各项货运作业，统称货物的发送作业。它是铁路货物运输技术作业过程的开始阶段，包括承运、装车两大环节。

一、货物的发送作业

货物在发站进行的各项作业，称为发送作业，包括托运、受理、进货验收、装车、承运等。

1. 托运

托运人以货物运单向承运人提出货物运输要求，并向承运人交运货物，称为货物的托运。

在托运人向承运人提出托运申请前，应该完成以下工作：

(1) 对货物进行符合运输要求的包装。

(2) 在货件上标明清晰明显的标记。

(3) 备齐必要的证明文件。主要包括如下四种：

1）物资管理，麻醉剂枪支、民用爆炸品，须药证管理部门或公安证明。

2）物资运输归口管理，烟草、酒类，须有关管理部门证明文件。

3）国家行政管理，如进出口货物，须进出口许可证。

4）卫生检疫，种子、苗木、动物，须动植物检疫部门的检疫证明。

在托运申请时，托运人应向承运人按批提出货物运单一份。运单由运单和领货凭证组成，运单的流转程序为：托运人—发站—到站—收货人；领货凭证的流转程序为：发站—托运人—收货人—到站。如有更改情况发生，托运人、承运人各自盖章，承运人对托运人签记事项除变更“到站”“收货人”和“收货人地址”各栏（应加盖站名日期戳）外，不得更改其他事项。

使用机械冷藏车运输的货物，同一到站、同一收货人可以数批合提一份运单。整车分卸货物，除提出基本货物运单一份外，每一分卸站应另增加分卸货物运单两份（分卸站、收货人各一份），作为分卸站卸车作业和交付货物的凭证。

下列情况托运人除提出货物运单外还应同时提出物品清单：

1）按一批托运的货物品名过多不能在运单内逐一填写时。

2）托运搬家货物时。

3）同一包装内有两种以上货物时。

4）以概括名称托运品名、规格、包装不同，不能在货物运单内填记的保价货物。

物品清单一式三份。一份由发站存查，一份随同运输票据递交到站，一份退还托运人。

2. 受理

承运人对托运人提出的货物运单，经审查符合运输要求，在货物运单上签订货物搬入或装车日期后，即为受理。

(1) 审查货物运单。车站受理托运人提出的货物运单时，应认真审查货物运单内填记的事项是否符合铁路运输条件，审查的主要内容有：

1）货物运单各栏填写是否齐全、正确、清楚，领货凭证与运单是否一致。

2）整车运输有无批准的计划号码，计划外运输有无批准命令；实行承运日期表的零担货物和集装箱货物的是否符合日期表规定的去向。

3）到站名及到站的办理限制，有无停限装令，到站的起重能力。

4）货物名称、件数、包装、重量是否准确、是否可以承运。这关系到铁路运输货物的安全和运费计算。

5）货物重量、体积、长度是否符合铁路办理条件，车站起重能力。

6）需要的证明文件是否齐全有效。

7）有无违反一批托运的限制。

8）托运易腐货物和“短寿命”放射性货物时，其容许运输期限是否符合要求。

9）需要声明事项是否在“托运人记载事项”栏内注明，如派有押运人的货物，托运人应在“托运人记载事项”栏内注明押运人姓名、证明文件名称和号码。

（2）签证货物运单。货物运单经审查符合要求后，进行签证。

3．进货及验收

（1）进货。托运人凭车站签证后的货物运单，按指定日期将货物搬入货场指定的位置即为进货。

（2）验收。车站工作人员对搬入货场（或仓库）的货物进行有关事项的检查核对，确认符合运输要求并同意货物进入场、库指定货位称为验收。需要检查的内容，主要有以下各项：

1）货物名称、件数是否与运单记载相符。

2）货物的状态是否良好。货物状态有缺陷，但不致影响货物安全的，应要求托运人在货物运单内注明。

3）货物的运输包装和标志是否符合规定。

托运的货物，应该按照国家包装标准进行包装。对运输和装卸过程中需要特别注意防护的货物，托运人应根据货物的性质，按照国家标准，在货物包装上做好包装储运图示标志，如图 1-5 所示。

图 1-5　部分包装储运标志

对于零担货物，还应该拴挂货签（见图 1-6）。货签应使用坚韧的材质制作，货签内容、规格必须符合铁路统一的格式。每件货物使用 2 枚货签，分别粘贴、钉固于包装的两端。不宜粘贴或钉固时可使用拴挂方法。

为确保货物运输安全，针对货物性质的不同，货签应有不同要求的图式标志，标志图形必须符合《包装储运图示标志》（GB/T 191—2008）的规定。危险零担货物还须使用危险货物包装标志。

货签上原有的与本批货物无关的旧货签旧标志，托运人必须将其撤除或抹消。

O

0　0

运输号码——

到　　站——

收 货 人——

货物名称——

总 件 数——

发　　站——

图 1-6　货签式样

（3）保管。货物进入货场或仓库后，通常需要临时储存保管。

4．货物装车作业

（1）装卸车责任的划分。货物装车或卸车的组织工作，在车站公共装卸场所内由承运人负责；在其他场所，均由托运人或收货人负责。但是，下列货物由于在装卸作业中需要特殊的技术或设备、工具，所以虽在车站公共装卸场所内进行装卸作业，仍应由托运人或收货人负责组织：

1）罐车运输的货物。

2）冻结的易腐货物。

3）未装容器的活动物、蜜蜂、鱼苗等。

4）一件重量超过 1 吨的放射性同位素。

5）用人力装卸带有动力的机械和车辆。

6）气体放射性物品。

7）尖端保密物资。

8）特贵重的工艺品、展览品。

凡存放在装卸场所内的货物，应距离货物线钢轨外侧 1.5 米以上，距离站台边缘 1 米以上，并应堆放整齐、稳固。

专用铁道和专用线上由托运人负责装车的，托运人把装车开始时间和装车结束时间通知车站，如时间超过规定时间，须交延期费。

（2）货车使用原则。合理使用车辆的原则是：车种适合所装货物运输条件的需要。具体要做到：

1）承运人应按照运输合同约定的车种拨配适当的车辆。

2）保密物资、涉外物资、精密仪器、展览品，能用棚车装运的，必须使用棚车，不得用其他货车代替。

3）对怕湿和易于被盗、丢失的货物，也应使用棚车装运。

4）毒品专用车和危险品专用车不得用于装运普通货物。

5）承运人应拨配状态良好、清扫干净的货车装运货物。这也是承运人履行货物运输合同应尽的义务之一。

（3）装车前的检查。为了保证装车工作质量，使装车工作顺利进行，监装货运员在装车前一定要认真做好以下“三检”工作：

1）检查货物运单。车种吨位与计划表上是否符合；到站有无停限装；整车分卸的到站顺序；零担配装的中转站是否符合零担车组织计划；运单内有无其他事项。

2）检查待装货物。件数、品名、堆码货位号与运单是否相符；托运人记载事项与货物实际状况是否相符；加固材料及装车备品是否齐全；同一货位上有无易混淆货物。

3）检查货车。

（4）装车作业的基本要求。货物的装车，应做到安全、迅速、满载，这是对装车作业的基本要求。在装车过程中，无论是谁负责装车都应遵守装载加固技术条件。

1）对货物装载重量的要求。货车容许重量包括以下三部分的重量：

① 货车的标记载重量（$P_{标}$）。

② 特殊情况可以多装的重量（$P_{特}$），即货物包装、防护物重量影响货物净重或机械装载不易计算件数的货物，装车后减吨有困难时可以多装，但不得超过货车标记载重量的2%。

③ 货车的增载量（$P_{增}$）。标重60吨的平车装载军运特殊货物允许增载10%，国际联运的中、朝、越铁路货车，可增载5%；涂打有禁增标记的货车和危险货物，严格按照车辆标记载重量装载，不准增载。

货车容许载重量可用公式表示为：$P_{容}=P_{标}+P_{特}+P_{增}$。

例如，使用60吨C62A型敞车装载货物，其容许载重量有下列两种情况：

装载特殊情况下可以多装的货物（如糖）时，其容许载重量为：60+60×2%+2=63.2吨；

装载其他货物（如机械零件）时，其容许载重量为：60+2=62吨。

2）对货物装载高度和宽度的要求。货物的装载高度和宽度，除超限货物和有特殊规定者外均不得超过货物装载限界和特定区段装载限界。

3）其他要求：

① 货物重量应均匀分布于车地板上，不超重、不偏载、不偏重、不集重，在运输过程中不发生移动、滚动、倒塌或坠落等情况。

② 装载应堆码稳妥、紧密，捆绑牢固，认真做到轻拿轻放，大不压小，重不压轻。

③ 使用敞车装载怕湿货物时，应堆码成屋脊形，苫盖好篷布，并将绳索捆绑牢固。

④ 使用棚车装载货物时，装在车门口的货物，应与车门保持适当距离，以防挤住车门或湿损货物。

⑤ 使用罐车装运货物时，应装到空气包底部或装到根据货物膨胀系数计算确定的高度，既不能超装，也不能欠装。

⑥ 使用敞车、平车装载需要加固的货物、轻浮货物、成件货物，已有定型方案的，必须按定型方案装载；无定型方案的，车站应会同托运人制订暂行方案或试运加固方案，报上级批准后组织试运。

⑦ 所装货物需进行加固的，按《铁路货物装载加固规则》的规定办理。

（5）货车施封和篷布苫盖。

1）货车施封。货车和集装箱施封是货物（车）交接，划分运输责任的一项手段，是贯彻责任制，保证货物运输安全的重要措施。

使用棚车、冷藏车、罐车、集装箱运输的货物都应施封，但派有押运人的货物，需要通风运输的货物和组织装车单位认为不需施封的货物（集装箱运输的货物除外）以及托运的空集装箱可以不施封。托运人可委托承运人施封，但必须在运单上注明“委托承运人施封”最后核收施封费。

2）苫盖篷布。使用敞车、平车装运易燃、怕湿货物，装载堆码要成屋脊形，使用篷布时要苫盖严密、捆绑牢固。绳索余尾长度不超过 300 毫米。接缝处要顺向（按运行最远方向）压紧，且注意不能遮盖车号、车牌和手闸。

（6）填写运输票据。货车施封后，货运员应将车种、车号、货车标重、使用篷布张数，施封个数记入货物运单内。

1）货运票据封套。为了便于交接和保持运输票据的完整，下列货物的运输票据使用货运票据封套封固后随车递送：国际联运货物和以车辆寄送单回送的外国铁路货车；整车分卸货物；一辆货车内装有两批以上的货物；以货运记录补送的货物；附有证明文件或代递单据较多的货物。

2）货车装载清单。货车装载清单是装车货运员对同一车内装载货物的完整而真实的记录。它记载了每批货物的运单号码、货物名称、件数、重量和发到站等内容，作为卸车核对货物的一种依据。

需填写货车装载清单的货物有：整车国际联运出口货物和过境货物；水陆联运货物；整零车和集装箱运输的货物。

（7）插挂表示牌。表示牌是给车站调车人员起提示作用，对车内所装货物按规定调车时，需要“禁止溜放”或“限速连挂”的车辆，插挂表示牌加以提示，以防违反规定发生事故。表示牌式样如图 1-7 所示。

装车完毕后，按规定需插挂表示牌的车辆应在货车两侧插挂表示牌。

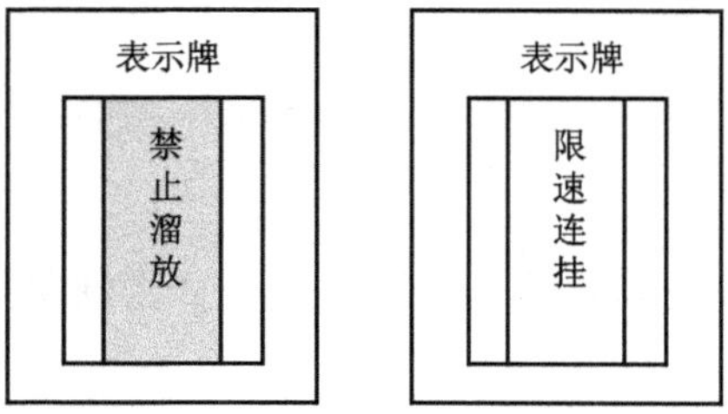

图 1-7　表示牌式样

（8）装车后的检查。为了保证正确运送货物和行车安全，监装卸货运员还需进行装车后的检查工作，此项工作是装车作业的最后工作。具体检查内容有：

1）检查车辆装载。

2）检查运单。

3）检查货位。

5．承运

（1）货票的填制。整车货物装车后，零担货物过秤完了，集装箱货物装箱后或接收重箱后，货运员将签收的运单移交货运室填制货票，核收运杂费。

货票是铁路运输货物的凭证，是一种具有财务性质的票据。

货票一式四联。甲联为发站存查联；乙联为报告联，由发站每日按顺序订好，定期上报发局；丙联为承运证，交托运人凭以报销；丁联为运输凭证，随货物递交到站存查。除丁联下部外，货票各联正面内容完全相同。

（2）货物承运。零担和集装箱运输的货物，由发站接收完毕，整车货物装车完毕并核收运费后，发站在货物运单上加盖车站日期戳时起，即为承运。

承运是货物运输合同的成立，是承诺的生效，从承运时起承托双方就要分别履行运输合同的权利、义务和责任。

（3）货物的押运。由于有些货物的性质特殊，在运输过程中需要加以特殊防护和照料，否则，不能保证货物运输安全，因而需派押运人押运。需派人押运的情况有下列几种：

1）活动物（包括活鱼、鱼苗、蜜蜂、家畜等）。

2）需要浇水运输的鲜活植物。

3）需要生火加温的货物。

4）挂运的机车和轨道起重机。

5）特殊规定应派押运人的货物，如军火、尖端保密物资、《铁路危险货物运输规则》规定需要押运的危险货物、外形尺寸比较复杂的超级超限货物等。

押运人数，除特定者外，每一批货物不应超过 2 人。托运人要求增派押运人或对上述以外的货物要求派人押运时，须经承运人承认。

派有押运人的货物，应由托运人在货物运单内注明押运人姓名和证明文件名称及号码，经发站审核后发给《押运人须知》，并在货票甲联注明，由托运人签收。对押运人核收押运人乘车费。

二、货物的途中作业

货物在运输途中发生的各项货运作业，均称为途中作业。

1．途中作业形式

货物的途中作业包括货运交接检查、特殊作业及异常情况的处理。

2．货运交接检查

为了保证行车安全和货物安全，划清运输责任，相关人员对运输中的货物（车）和运输票据，要进行交接检查，并按规定处理。

（1）货运检查的内容。

1）装载加固。

① 货物是否倾斜、移位、窜动、坠落、倒塌和渗漏。

② 在设有超偏载仪的车站，还应检查货车是否超载、偏载。

③ 加固材料、装置是否完好无损。

④ 货物超限装载和特定区段装载限制是否符合有关规定。

⑤ 加固绳索、铁线捆绑拴结是否符合规定。

2）篷布苫盖。篷布苫盖是否符合规定。

3）货车门、窗、盖、阀和集装箱。

① 货车门、窗、盖、阀是否关闭良好。

② 使用平车（含专用平车）装集装箱时，箱门是否关闭良好。

③ 专用平车装载集装箱是否落槽，普通平车装载集装箱是否按加固方案进行加固。

4）施封及其他。

① 施封货车按《铁路货物运输管理规则》和有关规定进行检查。

② 对无列检作业的车站，货运检查人员还应检查自动制动机的空重位置，不符合要求时应进行调整。

5）规定需要检查的其他项目。铁路部门规定的其他事项。

（2）货运检查程序。货运检查基本程序为计划安排和准备、到达列车预检、检查、整理。

1）计划安排和准备。货运检查员接到作业任务后，应掌握到达（出发）列车车次、股道、时刻、编组内容及施封、重点车情况。作业时，货运检查员应携带作业工具和作业手册。

2）到达列车预检。在列车到达前 5 分钟，货运检查员应出场立岗，在列车到达、通过时，对列车进行目测预检。

3）检查。

① 两侧货运检查员应从车列的一端同步逐车进行检查，对重点车进行记录。

② 货运检查员对车列首尾的车辆，应涂打检查标记。

③ 车列检查、整理应在规定的技术作业时间内完成。

④ 车列检查、整理完毕后，货运检查员应及时报告。

⑤ 在实行区段负责制的区段（有运转车长值乘的列车除外），货运检查员发现的问题，应及时妥善处理。需拍发电报时，货运检查员应于列车到达后 120 分钟内以电报通知上一货运检查站，必要时抄知有关单位和部门。需编制记录的，按规定编制。

4）整理。货车整理分为甩车整理和在列整理。

3．货物运输合同变更和解除

由于托运人或收货人的特殊原因，货物承运后，托运人或持有领货凭证的人可以向承运人提出变更和解除运输合同的要求。

（1）货物运输合同的变更。

1）变更的项目。托运人在货物托运后，由于特殊原因需要变更的，经承运人同意，对承运后的货物可以按批在货物所在的途中站或到站办理变更到站和收货人。

货物运输合同的变更，打乱了正常的运输秩序，因此，铁路对货物运输合同的变更，应采取限制措施。

2）遇特殊情况货物需变更卸车站时，必须遵守下列规定：

① 必须由托运人或收货人提出书面申请。

② 必须和原到站在同一径路上。

③ 因自然灾害影响变更卸车地点时，应及时通知收货人。

④ 局管内变更卸车站，以铁路局调度命令批准。

⑤ 跨铁路局变更卸车站原则上不办理，确须变更时以交通部铁路局调度命令批准。

3）对于下列情况，铁路不办理货物合同的变更：

① 违反国家法律、行政法规、物资流向、运输限制和蜜蜂的变更。

② 变更后货物运到期限大于容许运输期限的变更。

③ 变更一批货物中的一部分。

④ 二次变更到站。

（2）货物运输合同的解除。整车货物和大型集装箱在承运后挂运前，零担和其他型集装箱在承运后装车前，托运人可向发站提出取消托运，经承运人同意，运输合同即告解除。

解除合同，发站退还全部运费与押运人乘车费，但特种车使用费和冷藏车回送费不退。托运人也应按规定支付保管费等费用。

托运人要求变更和解除运输合同时，应提出领货凭证和货物运输变更要求书（见表1-22），提不出领货凭证时，应提出其他有效证明文件，并在货物运输变更要求书内注明。

表 1-22 货物运输变更要求书

受理变更顺序号	第　　号

提出变更单位名称__________

印章__________　　　　年　　月　　日

变更事项						
原票据记载事项	运单号码	发站	到站	托运人	收货人	办理种别
	车种车号		货物名称	件数	重量	承运日期
	记事					
承运人记载事项						经办人

4. 运输阻碍的处理

因不可抗力（如风灾、水灾、雹灾、地震等）的原因致使行车中断，货物运输发生阻碍时，铁路局对已承运的货物，可指示绕路运输；或者在必要时先将货物卸下，妥善保管，待恢复运输时再行装车继续运输，所需装卸费用，由装卸作业的铁路局负担。因货物性质特殊（如动物死亡，易腐货物腐烂，危险货物发生燃烧、爆炸等）绕路运输或卸下再装，可造成货物损失时，车站应联系托运人或收货人在要求的时间内提出处理办法。超过要求时间未接到答复或因等候答复将使货物造成损失时，比照无法交付货物处理，所得剩余价款（缴纳装卸、保管、运输、清扫、洗刷除污费后）通知托运人领取。

三、货物到达作业

货物在到站进行的各种货运作业，称为到达作业。货物经过到达作业后，货物运输技术作业过程即告结束，至此，运输合同即告终止。

1. 重车到达与票据交接

列车到达后，车站应派人接收重车。交接货车时，接车人员应详细进行票据与现车的核对，对现车的装载状态进行检查，并与车长或列车乘务员办理重车及货运票据的交接签证。运转室将到达本站卸车的重车票据登记后，移交货运室。

2. 货物卸车作业

车站必须认真贯彻“一卸、二排、三装”的运输组织原则，认真做好卸车工作。

（1）卸车前检查。卸车货运员应根据货调下达的卸车计划，在卸车前认真做好以下三个方面的检查：

1）检查货位。

2）检查运输票据。

3）检查现车。

（2）监卸工作。作业开始之前，监装卸货运员应向卸车工组详细传达卸车要求和注意事项。卸车时，货运员应对施封的货车亲自拆封，并会同装卸工一起开启车门或取下苫盖篷布，要逐批核对货物、清点件数，应合理使用货位、按标准进行码放，对于事故货物则应编制记录。此外，注意作业安全，加快卸车进度，加速货车周转。

（3）卸车后检查。

1）检查运输票据。

2）检查货物。

3）检查卸后空车。

（4）货车的清扫、洗刷和除污。货车卸空后，负责卸车单位应将货车清扫干净，关闭好车门、车窗、端侧板、盖、阀。

下列货车除清扫干净外，还要有铁路负责洗刷、除污，并向收货人核收费用。

1）装过活动物、鲜鱼的车辆，以及受易腐货物污染的冷藏车。

2）《铁路危险货物运输规则》规定必须洗刷除污的货车。如装过剧毒品的货车、受到危险货物污染的货车、有刺激性异臭味的货车都必须进行洗刷除污。

3）装过污秽品的货车也必须进行洗刷除污。

若收货人有洗刷、消毒设备时，也可由收货人自行洗刷、消毒。

3. 货物到达通知

货物到达后，承运人应及时向收货人发出催领通知，这是承运人履行运输合同应尽的义务，同时也是为了货物尽快搬出货场，腾空货位，提高场库使用效率，加速货物流转。

发出催领通知的时间，由铁路组织卸车的货物，应不迟于卸车完了的次日；通知的方式可采用电话、书信、电报、广告等，也可与收货人商定其他通知方式。

免费保管期间规定为：由承运人组织卸车的货物应于承运人发生催领通知的次日起算，不能实行催领通知或会同收货人卸车的从卸车次日起算，2 日内将货物搬出，不收取保管费。超过此期限未将货物搬出，对超过的核收货物暂存费。规定免费保管期间的目的是避免收货人长期占用货场，保持货场畅通无阻。

4. 交付工作

交付工作包括票据交付和现货交付两部分。

（1）票据交付。收货人要求领取货物时，须向铁路提出领货凭证或有效证明文件，经与货运单票据核对后，由收货人在货票丁联上盖章或签字，收清一切费用，在运单和货票上加盖交付日期戳。

收回的领货凭证或证明文件应粘贴在货票丁联上留站存查，并将货物运单交给收货人，凭以到货物存放地点领取货物。

（2）现货交付。交付货运员凭收货人提出的货物运单向收货人点交货物，然后在货物运单上加盖“货物交讫”戳记，并记明交付完毕的时间，将运单交还收货人，凭此将货物搬出货场。

由承运人组织卸车或发站由承运人组织装车到站由收货人组织卸车的货物，在向收货人点交货物或办理交接手续后，即为交付完毕；发站由托运人组织装车，到站由收货人组织卸车的货物，在货车交接地点交接完毕，即为交付完毕。

货物运输合同的履行是从承运开始至货物交付完毕时止。因此交付完毕意味着铁路履行运输合同就此终止，铁路负责运输就此结束。

5．货物搬出

收货人持有加盖“货物交讫”的运单将货物搬出货场，门卫对搬出的货物应认真检查品名、件数、交付日期与运单记载是否相符，经确认无误后放行。

任务实施

一、任务实施的环境

2014 年 7 月 1 日，小李接到某客户的运输任务。发货人为广州海王服装厂，货物为 10 包服装，货物从广州发往杭州，收货人为杭州市滨江区乐购超市，每箱尺寸为 1 米×1 米×0.5 米、每箱毛重 10 千克，小李于 7 月 1 日受理了该客户的托运申请。请以小组为单位分别扮演托运人、货运员、装车人员、途中检查人员、卸车人员、收货人，完成该票货物的从托运、受理到卸车交货的组织工作。

二、任务实施的步骤

铁路运输的流程操作可参考下面的步骤：

第一步：先将学生进行分组，每组 6 人。分别扮演不同的角色，其中托运人 1 人，货运员 1 人，装车人员 1 人，途中检查人员 1 人，卸车人员 1 人，收货人 1 人。并对每一个角色的岗位职责进行明确。

第二步：准备几种规格的模拟纸箱若干及模拟棚车；准备相应空白单据，如货物运单、货票（见表 1-4 和表 1-6）。

第三步：准备相应辅助材料，如发站模拟章、途中站模拟章、到达站模拟章各 1 枚。

第四步：先单独对发送作业进行模拟操作，在操作过程中注意货物和单据的交接；然后单独模拟途中检查作业；再单独模拟到达作业。

第五步：对整个过程进行完整的模拟操作。

三、技能训练及相关实践知识

铁路运输的流程操作技能训练

【训练任务 1-6】2014 年 7 月 1 日，小李接到某客户的运输任务。详细情况为如下：发货人为广州海王服装厂，地址为广州天河区第二大街 100 号，委托人为孙三，联系电话 1380210××××；收货人为杭州市滨江区乐购超市，地址为杭州滨江区中山路 101 号，联系人为赵六，联系电话 1350571××××；货物为 10 包服装，每箱尺寸为 1 米×1 米×0.5 米、每箱毛重 10 千克，小李于 7 月 1 日受理了该客户的托运申请。请分别扮演不同的角色完成该票货物的从托运、受理到卸车交货的组织工作。

【训练建议 1-6】分组完成。学生根据所担任的角色进行模拟操作，要求团队协作良好、单据流转正确，货物操作规范。

【评价建议 1-6】可用铁路运输的流程操作技能训练评价表（见表 1-23）对学生操作技能进行评价。

表 1-23　铁路运输的流程操作技能训练评价表

学生姓名					
测评日期		测评地点			
测评内容	铁路运输的流程操作				
考评标准	内　容	分值/分	自　评	互　评	师　评
	单据填写正确	30			
	单据流转正确	20			
	货物验收、装车、卸车等操作规范	30			
	体现团队协作	20			
合　计		100			
最终得分（自评 30%+互评 30%+师评 40%）					

说明：测评满分为 100 分，60～74 分为及格，75～84 分为良好，85 分以上为优秀。60 分以下的学生，需重新进行知识学习、任务训练，直到任务完成达到合格为止。

归纳总结

铁路运输的组织工作是铁路运输企业自受理承运至交付货物的一系列业务活动，按照货物运输过程的阶段性，一般分为货物的发送作业、途中作业和到达作业三个环节。在整个铁路运输的过程中，涉及不同的角色、空间跨度大、单据多、操作复杂。要熟练掌握铁路运输的操作流程，需要以发送作业、途中作业和到达作业为主线，理解每一个环节中涉及的人、单据和操作要求。

通过本任务内容的学习，作为物流运输员的你应该对铁路运输的流程有了一定的了解，要真正掌握这些知识和操作技能，还要不断地思考与总结。下面提供一组思考问题，请客观地作答，并结合本任务内容，对自己的学习工作进行反思。

思考问题

一、问答题

1. 铁路运输托运人在提出托运申请时，应该做哪些准备工作？
2. 铁路货车的使用原则是什么？
3. 铁路货运检查的内容包括哪些？

二、名词解释

1. 托运
2. 受理
3. 承运

三、单选题

1. 铁路运输托运人向承运人提出托运申请前，下列哪种货物需要提交检疫证明（　　）。

   A. 电器　　B. 动物　　C. 服装　　D. 汽车

2. 铁路货物运单的传递过程是（　　）。

   A. 托运人→发站→到站→收货人　　B. 发站→托运人→到站→收货人

   C. 托运人→发站→收货人→到站　　D. 发站→托运人→收货人→到站

3. 铁路货票一式四联，下列（　　）为发站存查联。

   A. 甲联　　B. 乙联

   C. 丙联　　D. 丁联

4. 下列哪种情况托运人除提出货物运单外不需要提出物品清单（　　）。

   A. 按一批托运的货物品名过多不能在运单内逐一填记时

   B. 托运一车煤炭时

   C. 同一包装内有两种以上货物时

   D. 以概括名称托运品名、规格、包装不同，不能在货物运单内填记的保价货物

5. 卸车货运员根据货调下达的卸车计划，在卸车前认真做好检查，（　　）不是检查的内容。

   A. 检查货位　　B. 检查运输票据

   C. 检查现车　　D. 检查司机

四、案例分析题

广东省A公司4月19日受B公司的委托，将上海B公司被买方拒收的240件铁桶包装的TD甘油在广州东站办理了托运手续，自装自锁装入P632697号60吨的货车。托运人填写的货物运单记载：甘油240件，到站上海何家湾站，收货人上海B公司。承运人缮制的货票记载，运到期限为9天。

P632697号货车于4月20日从广州东站开出，次日到达株洲北站，5月18日编入直通

货物列车开出，同日到达鹰潭站。6 月 14 日抵达何家湾站。涉案货物后经上海市产品质量监督检验所现场外观检查，结果是抽查检验不合格。

此时该货物已在广州滞留 5 个月。上海 B 公司以铁路运输企业野蛮装卸致使货物包装严重破损，逾期运到 47 天致使货物变质，承运人对货损有重大过失为由提起诉讼，请求判令到站何家湾站赔偿货损和其他损失共计 84 万元。上海铁路运输中级人民法院追加株洲北站、鹰潭站为第三人，经审理认为：上海 B 公司指控承运人有野蛮装卸和重大过失证据不足。株洲北站保留该车，致使货物逾期运到并超过保质期发生变质，对货损有一般过失，应在货物保价金额内承担赔偿责任；货物到达鹰潭站已过保质期，扣车和倒装系货物超载所致，故鹰潭站不承担赔偿责任。

上海 B 公司和株洲北站不服一审判决，向上海市高级人民法院上诉。该院经审理认为：株洲北站上诉称由于醴陵限制口的车辆通过能力有限，因此该车被保留，属不可抗力，株洲北站不应为保留承担逾期运到的货损和违约责任。承运人确实存在重大过失，应当承担全部赔偿的责任。上海 B 公司上诉请求按实际损失赔偿，并无不当。

对以上案情，你认为铁路承运人是否存在过错？过错在哪里？

拓展提高

铁路危险货物运输

1．危险货物的定义

危险货物是指凡具有爆炸、易燃、毒害、感染、腐蚀、放射性等特性，在铁路运输、装卸和储存保管过程中，为避免造成人身伤亡和财产毁损，需要特别防护的货物。

2．危险货物的分类

危险货物分为爆炸品，气体，易燃液体，易燃固体、易于自燃的物质、遇水放出易燃气体的物质，氧化性物质和有机过氧化物，毒性物质和感染性物质，放射性物质，腐蚀性物质，杂项危险货物和物品共九类。

3．承运人、托运人资质要求

铁路危险货物承运人是指办理危险货物运输的铁路运输企业。铁路危险货物托运人，是指经国家有关部门认定，取得危险货物生产、储存、使用、经营资格，从事铁路危险货物运输托运业务的单位。

铁路危险货物运输的承运人、托运人，必须具有铁路危险货物承运人资质或铁路危险货物托运人资质。该运输资质由有管辖权的铁路管理机构核发，由交通部铁路局在“铁路危险货物运输资质一览表”中公布。危险货物承运人和托运人资质每年应进行复审。

4．危险货物包装要求

（1）危险货物运输包装不得重复使用。性质特殊，须采取特殊包装的，如盛装气体危险货物的钢瓶等不受本条限制。

（2）包装材料材质、规格和包装结构应与所装危险货物性质和重量相适应。包装材料不得与所装物产生危险反应或削弱包装强度。

（3）充装液态货物的包装容器内至少留有 5%的余量（罐车及罐式集装箱装运的液体危

险货物应符合《危险货物运输规则》有关规定）。

（4）液态危险货物要做到气密封口。对须装有通气孔的容器，其设计和安装应能防止货物流出和杂质、水分进入。其他危险货物的包装应做到严密不漏。

（5）包装应坚固完好，能抗御运输、储存和装卸过程中正常的冲击、振动和挤压，并便于装卸和搬运。

（6）包装的衬垫物不得与所装货物发生反应而降低安全性，应能防止内装物移动和起到减震及吸收作用。

（7）包装表面应保持清洁，不得黏附所装物质和其他有害物质。

（8）危险货物运输包装应取得国家规定的包装物、容器生产许可证及检验合格证。铁路运输时，应根据铁路运输特点、状况、条件，由符合国家规定条件且交通部铁路局认定的包装检测机构进行包装性能试验。

（9）货物包装上应牢固、清晰地标明《危险货物包装标志》（GB 190—2009）和《包装储运图示标志》（GB/T 191—2008）中相应的包装标志和储运标志。进出口危险货物在国内段运输时必须粘贴或拴挂、喷涂相应的中文危险货物包装标志和储运标志。

5．证明文件要求

铁路危险货物托运人应向铁路部门提交《铁路危险货物运输管理规则》规定的证明文件。

（1）托运人托运危险货物时，应在货物运单“货物名称”栏内填写“危险货物品名索引表”内列载的品名和铁危编号，在运单的右上角用红色戳记标明类项名称，并在货物运单“托运人记载事项”栏内填写托运人资质证书、经办人身份证号码和铁路危险货物运输业务培训合格证号码。

（2）托运爆炸品时，托运人须出具到达地县级人民政府公安部门批准的民用爆炸物品运输许可证，托运烟花爆竹时须出具烟花爆竹道路运输许可证，并在货物运单内注明许可证名称和号码，运单右上角要有用红色戳记标明“爆炸品”或“烟花爆竹”字样。

（3）运输爆炸品（烟花爆竹除外）、硝酸铵实行全程随货押运。剧毒品、罐车装运气体类（含空车）危险货物实行全程随车押运。装运剧毒品的罐车和罐式箱不需押运。其他危险货物需要押运时按有关规定办理。对派有押运员的，需在货物运单内填写押运员姓名、身份证号码和铁路危险货物运输业务培训合格证号码，气体危险货物还需填写液化气体铁路罐车押运员证号码。

（4）“危险货物品名表”第 12 栏内有特殊规定要求的，托运人须提供相应证明文件并在货物运单内注明。

（5）危险货物运输包装检测合格证明。

课 外 阅 读

铁路货运改革：将提供“门到门”小件快运

在 2013 年 6 月中国铁路总公司实施铁路货运改革之前，我国的铁路货运可以说让人诟病，最显著的缺陷是铁路货运不提供“门到门”的服务，货物需要自己送到火车站，到了目的地火车站，收货人需要自己去取货，这一模式在与目前的快递上门服务相比，着实让人恼火。从 6 月 15 日开始，中国铁路总公司将实施货运组织改革，简化手续、公开透明收费，并首次开始实行“门到门”全程“一口价”收费，推动铁路货运向现代物流转变。

1．从计划走向市场

中国铁路总公司从铁道部改制以来已近 3 个月，终于出台了一项实质性的改革措施：货运组织改革。

以前，托运人要通过铁路办理货运要有求于铁路，特别是大宗货物的运输，更是如此，托运人要提前很长时间申报请求车计划、月度计划，还要联系货物的受理和装车；不仅要找铁路货运部门，还要联系铁路调度和运输部门；手续相当烦琐。实施货运组织改革后，只要拨打 12306 客服热线或网络办理托运申请，就可以联系铁路发货，甚至可以像其他快递企业那样，享受上门取货和送货上门的服务。

2．提供小件快运

据中国铁路总公司相关负责人介绍，铁路货运主要办理如下业务：一是整列运输，如煤炭、石油、矿石等大宗货物；二是整车运输；三是铁路快运货物班列，包括行邮、行包专列、电商专列等；四是集装箱运输，适合于高精尖的电子产品等；五是特种货物运输，如汽车、大件及冷藏鲜活货物等；六是零担货物运输；七是高铁快递，提供城际“当日达”或“次晨达”等小件包裹快运服务。

（资料来源：新华网）

单元二　公路运输组织

学习目标

通过本单元的学习，你将了解我国三大公路零担运输企业；熟悉公路运输的种类；熟悉公路运输合同包含的主要内容；掌握《汽车运价规则》中关于公路运输费用的核算方法。

能够：

- ⇨ 针对公路运输行业进行调研，并撰写调研报告；
- ⇨ 熟练地制作公路运输书面合同，填制公路货物运单和公路运输货票。
- ⇨ 根据《汽车运价规则》正确地计算公路零担、公路整车货物的运输费用。
- ⇨ 以不同的角色熟练地完成公路零担运输和整车运输的流程操作。

工作任务

公路运输业务员，根据托运人的托运需求，合理地选择公路运输类型，按照零担运输、整车运输业务流程，完成与托运人的运输合同，正确地核算公路运输费用，科学合理地组织各环节的作业，将客户的货物安全、及时、准确、经济地送达目的地。

公路运输组织主要包括公路运输认知、公路运输合同及单据制作、公路运输费用核算、公路运输流程操作等工作。

任务一　公路运输认知

知识点：公路运输的特点及使用范围；公路运输的种类；零担运输与整车运输的区别。

能力点： 能设计针对周边公路运输行业的调研方案，并进行实地调研，对调研数据进行处理撰写调研报告。

任务情境

湖州鑫达物流有限公司的运输业务

湖州鑫达物流有限公司是一家集普通货运、仓储码头装卸、全国零担配送、集装箱运输、危险品货物运输、大件运输、公路及水路船舶运输信息配载和进出口货物代理等一体化的综合4A级的物流企业。公司现在拥有强有力的专业运输车队，以及多家分支机构办事处38个。2014年6月1日，小张应聘到该公司实习，被安排在业务员岗位，主要职责是帮助销售经理联系企业客户，处理客户咨询等事宜。小张需要尽快熟悉公司业务，了解周边物流市场行情，成为一个真正的物流人。

任务分析

该任务是从事公路运输行业的相关工作的知识储备工作。完成此任务需要熟悉公路运输的特点及适用范围；熟悉各种公路运输车辆的使用范围；了解我国三大公路零担企业；掌握公路零担运输与公路整车运输的区别；能针对周边公路运输市场进行调研，并撰写调研报告。

任务实施的相关专业知识

一、我国公路运输现状

近年来，我国公路运输行业在中央政府的正确领导下，坚持以科学发展观为统领，认真贯彻落实国家宏观调控的各项政策措施，推进交通事业又好又快发展，交通基础设施建设取得新成绩，运输保障能力得到进一步提高。

1．我国公路运输基础设施现状认知

截至2014年年末，全国公路总里程446.39万公里，比2013年年末增加10.77万公里。公路密度46.50公里/百平方公里，提高1.12公里/百平方公里。全国等级公路里程390.08万公里，比2013年年末增加14.53万公里。等级公路占公路总里程87.4%，提高1.2个百分点。其中，二级及以上公路里程54.56万公里，增加2.13万公里，占公路总里程12.2%，提高0.2个百分点。

图2-1为我国2010—2014年公路总里程及公路密度增长趋势图，图2-2为2014年全国各技术等级公路里程构成。

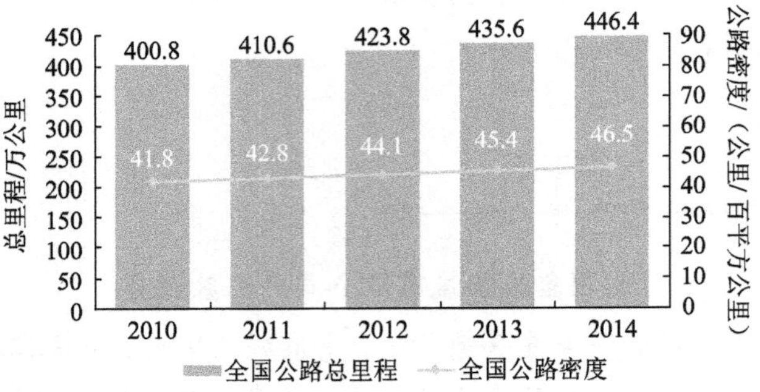

图 2-1　2010—2014 年全国公路总里程及公路密度

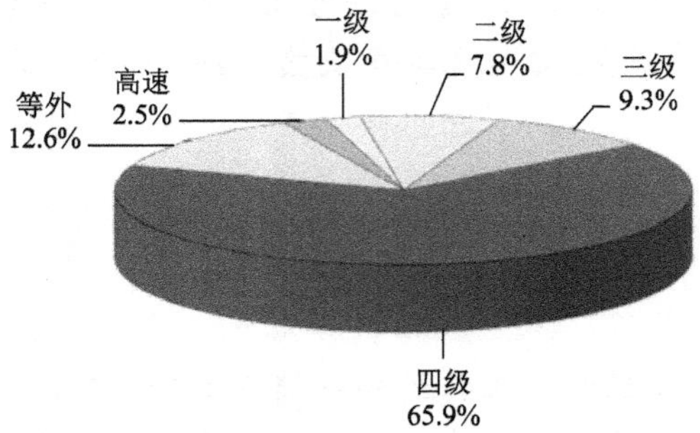

计量单位：万公里

高速	一级	二级	三级	四级	等外
11.19	8.54	34.84	41.42	294.10	56.31

图 2-2　2014 年全国各技术等级公路里程构成

截至 2014 年年末，各行政等级公路里程分别为：国道 17.92 万公里（其中普通国道 10.61 万公里）、省道 32.28 万公里、县道 55.20 万公里、乡道 110.51 万公里、专用公路 8.03 万公里，比 2013 年年末分别增加 0.24 万公里、0.49 万公里、0.52 万公里、1.45 万公里和 0.35 万公里。各行政等级公路的占比如图 2-3 所示。

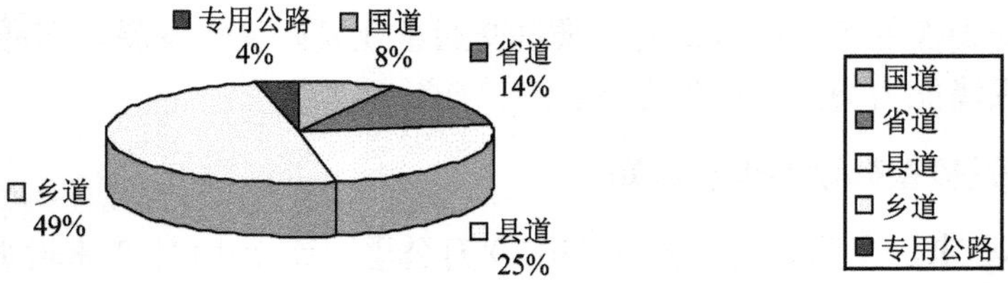

图 2-3　2014 年全国各行政等级公路里程构成

全国高速公路里程 11.19 万公里，比 2013 年年末增加 0.75 万公里。其中，国家高速公路 7.31 万公里，增加 0.23 万公里。全国高速公路车道里程 49.56 万公里，增加 3.43 万公里。

2．我国公路运输装备现状认知

截至 2014 年年末，全国拥有载货汽车 1 453.36 万辆、10 292.47 万吨位，比 2013 年年末分别增长 2.4%和 7.1%。其中普通货车 1 091.32 万辆、5 241.45 万吨位，分别增长 1.0%和 4.7%；专用货车 45.58 万辆、490.59 万吨位，分别减少 1.4%和 4.6%。

3．我国公路货物运输现状认知

2014 年全年全国营业性客运车辆完成公路客运量 190.82 亿人、旅客周转量 12 084.10 亿人·公里，比 2013 年分别增长 3.0%和 7.4%，平均运距 63.33 公里。全国营业性货运车辆完成货运量 333.28 亿吨、货物周转量 61 016.62 亿吨·公里，比 2013 年分别增长 8.3%和 9.5%，平均运距 183.08 公里。

图 2-4 为 2009 年至 2013 年我国公路运输和水路运输完成货运量的数据比较。

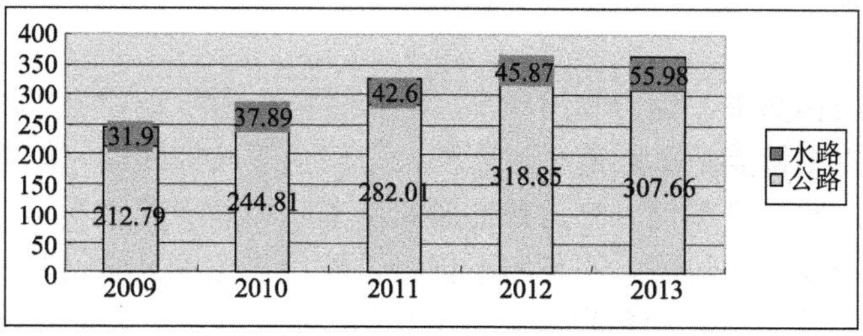

图 2-4　2009 年至 2013 年我国公路运输和水路运输货运量比较

4．我国公路网规划

我国国家高速公路网采用放射线与纵横网格相结合布局方案，由 7 条首都放射线、9 条南北纵线和 18 条东西横线组成，简称为“7918”网，总规模约 8.5 万公里，其中主线 6.8 万公里，地区环线、联络线等其他路线约 1.7 万公里。

具体路线是：首都放射线 7 条：北京—上海、北京—台北、北京—港澳、北京—昆明、北京—拉萨、北京—乌鲁木齐、北京—哈尔滨。

南北纵向线 9 条：鹤岗—大连、沈阳—海口、长春—深圳、济南—广州、大庆—广州、二连浩特—广州、包头—茂名、兰州—海口、重庆—昆明。

东西横向线 18 条：绥芬河—满洲里、珲春—乌兰浩特、丹东—锡林浩特、荣成—乌海、青岛—银川、青岛—兰州、连云港—霍尔果斯、南京—洛阳、上海—西安、上海—成都、上海—重庆、杭州—瑞丽、上海—昆明、福州—银川、泉州—南宁、厦门—成都、汕头—昆明、广州—昆明。

此外，规划方案还包括：辽中环线、成渝环线、海南环线、珠三角环线、杭州湾环线共 5 条地区性环线，2 段并行线和 30 余段联络线。

二、公路运输的装备

1．栏板式货车

栏板式货车通常分为高栏板式货车（见图 2-5）和普通栏板式货车（见图 2-6）两种。

高栏板式货车适合拉重货机器或拉泡货，但是高栏风阻大，油耗大；普通栏板式货车具有整车重心低、载重量适中的特点，适合于装运百货和杂品。

图 2-5　高栏板式货车

图 2-6　普通栏板式货车

2. 厢式货车

厢式货车是指具有独立的封闭结构车厢或与驾驶室连成一体的整体式封闭结构车厢，装备有专用设施的汽车。

由于厢式货车结构简单，运力利用率高，适应性强，所以是物流领域应用前景最广泛的货车。厢式货车的主要特点是车厢是全封闭的，车门便于装卸作业，能够实现“门到门”运输。根据结构划分，厢式货车可以分为普通厢式货车和小型厢式货车。

（1）普通厢式货车。其封闭式的车厢不仅可以使货物免受风吹日晒和雨淋，还可以防止货物的散失，减少货损，提高运输质量（见图 2-7）。特殊种类的厢式车还可以运输化学危险物品。

（2）小型厢式货车。小型厢式货车通常兼有滑动式侧门和后开车门（见图 2-8），便于装卸物品，而且因其小巧灵便，能够穿越大街小巷，可以把物品直接送达收货人。小型厢式货车具有机动灵活、操作方便、工作高效、运输量大、充分利用空间及安全、可靠等优点，适用于运送运距较短、批量较小、对作业时间要求高的物品，各大工厂、超市、个人均适用。尤其是在运送各种家用电器、纺织品等轻工业产品时，小型厢式货车是物流公司的理想选择。

图 2-7　普通厢式货车

图 2-8　小型厢式货车

3. 自卸汽车

自卸汽车是指装有由本身发动机驱动的液压举升机构，能将车厢卸下或使车厢倾斜一定角度，货物依靠自重能自卸下的专用汽车。

这种货车动力大，通过能力强，可以自动后翻或侧翻，物品可以凭借本身的重力自行卸下，一般用于矿山和建筑工地及煤和矿石的运输。

（1）后翻式自卸车。后翻式自卸车（见图 2-9）具有设计合理、结构简单、使用方便等特点，尤其是能降低车厢举升过程中的重心高度，提高稳定性，车厢与车架前部设有定位装置，确保车厢在运输过程中，特别是空载状态下的稳定性。

（2）侧翻式自卸车。侧翻式自卸车（见图 2-10）解决了现有技术存在的货物将机动车的一侧后轮埋住后，不便将后轮移出的问题。侧翻式自卸车具有整体技术构造简单，零部件选配得当，操作方便等优点。

图 2-9　后翻式自卸车

图 2-10　侧翻式自卸车

4．罐式汽车

罐式汽车（见图 2-11）装置有罐状的容器，并且通常带有工作泵，密封性好，用于运输液体类物品（如石油）及易挥发、易燃等危险品，以及气体货粉状物质等。

图 2-11　罐式汽车

5．冷藏保温车

冷藏保温车（见图 2-12）是指有冷冻或保温装备的厢式货车，通过制冷装置为货物提供最适宜的温度和湿度条件，用来满足对温湿度有特殊要求的货物运输需要。这种车主要用于运送需对温度进行控制的冷藏保鲜的易腐易变质的及鲜活的物品。

图 2-12　冷藏保温车

6．集装箱运输车

集装箱运输车是指专门用来运输集装箱的专用汽车。它主要用于码头、铁路货场与集装箱堆场之间的运输。集装箱运输车主要分为集装箱牵引车和集装箱挂车。

（1）集装箱牵引车。集装箱牵引车（见图 2-13）具有机动性好，牵引性能好，承载力强等优点。

（2）集装箱挂车。集装箱挂车（见图 2-14）专门用于各种集装箱的运输，能长期反复使用，具有足够的强度，可以进行快速装卸，便于货物的装满和卸空，满足客户的个性化需求。

图 2-13　集装箱牵引车

图 2-14　集装箱挂车

7．公路运输车辆品牌

国内公路运输车辆的主要品牌有：徐工、桂丰、燕翔、中国重汽、东风汽车、北汽福田、江淮汽车、五十铃、解放、江铃 JMC、力帆、长安、陕汽等。

三、我国公路运输企业

目前，我国的公路运输行业是竞争最激烈的行业之一，据有关资料显示，仅在 2009 年，我国公路货运企业（包括各种规模的企业、托运公司等）就已经高达 78 万家，而目前的具体数量尚不明确，很难统计。公路运输行业市场集中度非常低，前 20 大公路运输企业的总市场份额尚不足全国的 2%，技术装备差、管理水平低、肉搏式价格战是我国公路运输行业的主要特征。从营业额、网点数量、员工人数、车辆数量等指标来看，目前我国公路零担运输企业规模相对较大的有德邦物流、中铁物流、天地华宇、佳吉快运、盛辉物流、安能物流、恒路物流、新邦物流、盛丰物流、新杰物流等企业，前十强的公路零担运输企业总营业收入为 267 亿元，其中德邦物流一家独大，2014 年营业额约为 112 亿元，中铁物流约为 26.9 亿元，天地华宇约为 21.3 亿元，佳吉快运约为 20.8 亿元。以下为其中三家企业的基本情况介绍。

1．德邦物流

德邦物流是国家“AAAAA”级物流企业，主营国内公路零担运输业务。截至 2015 年 8 月，公司已开设直营网点 5 600 多家，服务网络遍及全国，自有营运车辆 9 300 余台，全国转运中心总面积超过 121 万平方米。图 2-15 为德邦物流的标识。

图 2-15　德邦物流标识

2．天地华宇

天地华宇是全球领先的国际快递公司 TNT 快递在华全资子公司，为国家首批“AAAAA”级资质的物流企业。天地华宇的前身华宇物流 1995 年成立于广州，目前总部设在上海，运营着中国私营公路运输网络之一，截至 2015 年 1 月，天地华宇在全国 600 个大中城市拥有 54 个货物转运中心、1 500 家营业网点和 16 000 多名员工。图 2-16 为天地华宇的标识。

图 2-16　天地华宇标识

3．佳吉快运

佳吉快运是一家主要从事公路零担货物运输、兼营快递和航空代理服务的民营企业。公司最早创立于 1993 年，注册资金人民币 1 亿元，总部设在上海市青浦区徐泾镇北青公路 2999 号。公司拥有运输网点 1 100 多个。在中国大陆地区拥有全资直营网点 1 700 余个，在上海、北京、天津、广州、武汉、杭州、沈阳、成都、郑州、西安、淮安等核心城市建立了 17 个大型转运中心，网络服务能力覆盖到大陆地区（除西藏外）所有省级行政区。佳吉快运拥有先进的运输工具和管理设施，拥有车辆 3 000 多台，其中 95%以上是标准箱式货车，长途车 1 200 余辆、市内配送货车辆 1 800 辆，另外拥有可调配的其他车辆 1 500 余台。图 2-17 为佳吉快运标识。

图 2-17　佳吉快运标识

四、公路运输的定义

公路运输是在公路上运送旅客和货物的运输方式。它是交通运输系统的组成部分之一，主要承担短途客货运输。现代所用运输工具主要是汽车。因此，公路运输一般即指汽车运输。

五、公路运输的特点及适用范围

1．公路运输的特点

（1）机动灵活，适应性强。由于公路运输网一般比铁路网、水路网的密度大十几倍，分布面也广，因此公路运输车辆可以“无处不到、无时不有”。公路运输在时间方面的机动性也比较大，车辆可随时调度、装运，各环节之间的衔接时间较短。尤其是公路运输对客、货运量的多少具有很强的适应性，汽车的载重吨位有小（0.25～1 吨）、有大（200～300 吨），既可以单个车辆独立运输，也可以由若干车辆组成车队同时运输，这一点对抢险、救灾工作和军事运输具有特别重要的意义。

（2）可实现“门到门”直达运输。由于汽车体积较小，中途一般也不需要换装，除了可沿分布较广的公路网运行外，还可离开公路网深入到工厂企业、农村田间、城市居民住宅小区等地，即可以把旅客和货物从始发地门口直接运送到目的地门口，实现“门到门”直达运输。这是其他运输方式无法与公路运输比拟的特点之一。

（3）在中、短途运输中，运送速度较快。在中、短途运输中，由于公路运输可以实现“门到门”直达运输，中途不需要倒运、转乘就可以直接将客、货运达目的地，因此，与其他运输方式相比，其客、货在途时间较短，运送速度较快。

（4）原始投资少，资金周转快。公路运输与铁路运输、水路运输、航路运输方式相比，所需固定设施简单，车辆购置费用一般也比较低，因此，投资兴办容易，投资回收期短。据有关资料表明，在正常经营情况下，公路运输的投资每年可周转 1～3 次，而铁路运输则需要 3～4 年才能周转一次。

（5）掌握车辆驾驶技术较易。与火车驾驶或飞机驾驶的培训要求相比，汽车驾驶技术比较容易掌握，对驾驶员的各方面素质要求相对也比较低。

（6）运量较小，运输成本较高。目前，世界上最大的汽车是美国通用汽车公司生产的矿用自卸车，长 20 多米，自重 610 吨，载重 350 吨左右，但仍比火车、轮船少得多；由于汽车载重量小，行驶阻力比铁路大 9～14 倍，所消耗的燃料又是价格较高的液体汽油或柴油，因此，除了航空运输，就是汽车运输成本最高了。

（7）运行持续性较差。据有关统计资料表明，在各种现代运输方式中，公路的平均运距是最短的，运行持续性较差。例如 2013 年我国营业性客运车辆平均运距 60.70 公里，货运车辆平均运距 181.16 公里，而 2013 年我国铁路客运平均运距为 503 公里，货运平均运距为 732 公里。

（8）安全性较低，污染环境较大。据历史记载，自汽车诞生以来，死于汽车交通事故的有 3 000 多万人，特别是 20 世纪 90 年代开始，死于汽车交通事故的人数急剧增加，平均每年达 50 多万人。这个数字超过了艾滋病、战争和结核病人每年的死亡人数。汽车所排出的尾气和引起的噪声也严重地威胁着人类的健康，是大城市环境污染的最大污染源之一。

2．公路运输的适用范围

公路运输主要适合于近距离中、小批量的货物运输及对运输时间要求较高的货物运输，另外，由于公路运输能实现“门到门”，因此，可以作为其他运输方式的补充和衔接。

六、公路运输的种类

公路运输由于其货物种类繁多，组织方法多样，要求措施各异，形成了多种多样的分类方法。

1．按运输组织方法分类

按运输组织方法分类，公路运输分为零担运输、整车运输和集装箱运输三类。

（1）托运人一次托运货物计费重量 3 吨及以下的，为零担运输。

（2）托运人一次托运的货物在 3 吨（含 3 吨）以上，或者虽不足 3 吨，但其性质、体积、形状需要一辆 3 吨及 3 吨以上汽车运输的，为整车运输。

（3）采用集装箱为容器，使用汽车运输的，为集装箱运输。集装箱运输又有以下分类方法：

1）国际集装箱运输和国内集装箱运输。

2）标准集装箱运输和非标准集装箱运输。

3）普通集装箱运输和特种集装箱运输（危险、冷藏保温和罐式集装箱运输等）。

4）整箱运输和拼箱运输。

5）用托运人的集装箱进行的运输和用承运人的集装箱进行的运输。

6）用单车车辆进行的集装箱运输和用牵引车加挂半挂车的列车组合形式进行的集装箱运输。

2．按运输速度分类

按运输速度分类，公路运输可分为普通运输和快件运输。要求在规定的时间内将货物运达目的地的，为快件运输；应托运人要求，采取即托即运的，为特快件运输。

3．按运输条件分类

按运输条件分类，公路运输可分为一般货物运输和特种货物运输。特种货物运输又可以分为：

（1）大型特型笨重物件运输。因货物的体积、重量的要求，需要大型或专用汽车运输的，为大型特型笨重物件运输。

（2）危险货物运输。

（3）鲜活货物运输。它包括易腐货物、活动物和有生植物等的运输。其运输条件主要有：

1）托运需冷藏保温的货物，托运人应提出货物的冷藏温度和在一定时间内的保持温度要求。

2）托运鲜活货物，托运人应提供最长运输期限及途中管理、照料事宜的说明书。货物允许的最长运输期限应大于汽车运输能够达到的期限。

3）运输途中需要饲养、照料的有生物、植物，托运人必须派人押运。

4．按运输车辆分类

按运输车辆分类，公路运输分为普通车辆运输和特种车辆运输。

凡由于货物性质、体积或重量的要求，需要大型汽车或挂车（核定载重吨位为 40 吨及以上的），以及容罐车、冷藏车、保温车等车辆运输的，为特种车辆运输。

5．按经营方式分类

按经营方式分类，公路运输分为以下四种。

（1）公共货物运输。它是以整个社会为服务对象的专业性公路货物运输，其经营方式主要有：

1）定期定线运输。

2）定线不定期运输。

3）定区不定期运输。

4）出租汽车货运和搬家货物运输。

（2）契约货物运输。它是指按照承托双方签订的运输契约进行货物运输。

（3）自用货物运输。

（4）汽车货运代理经营的货物运输。

6．按运输方式的多少分类

按运输方式的多少分类，公路运输分为单一方式运输和公路参加的多式联运。

7．按货物装卸责任分类

按货物装卸责任分类，公路运输可分为由托运人或收货人自理（或负责）装卸车的货物运输和由承运人负责装卸车的货物运输。

8．按货物是否参加保价运输或运输保险分类

按货物是否参加保价运输或运输保险分类，公路运输可分为货物保价运输、货物保险运输和既未保价也未保险的货物运输。

七、整车运输与零担运输的比较

整车运输和零担运输在承运人责任期间、是否进站存储、货源与组织特点、营运方式、运输时间长短、运输合同形式、运输费用的构成与高低等方面存在着相应的差异，具体见表 2-1。

表 2-1　公路整车运输与零担运输业务运作对比表

对比项目	整车运输	零担运输
承运人责任期间	装车/卸车	货运站/货运站
是否进站存储	否	是
货源与组织特点	货物品种单一，数量大，货价低，装卸地点一般比较固定，运输组织相对简单	货源不确定，货物批量小，品种繁多，站点分散，质高价贵，运输组织相对复杂
营运方式	直达的不定期运输方式	定线，定班期发运
运输时间长短	相对较短	相对较长
运输合同形式	通常预先签订书面运输合同	通常托运单或运单作为合同的证明
运输费用的构成与高低	单位运费率一般较低，仓储、装卸等费用分担，需在合同中约定	单位运费率一般较高，运费中往往包括仓储、装卸等费用

任务实施

一、任务实施的环境

在师傅的安排下，小张需要尽快熟悉公路运输行业的相关知识，一方面，要了解该企业的现状，做到心中有数，以便在回复客户咨询时能更好地宣传企业；另一方面，需要了解该企业与周边物流企业相比，存在的优势和不足，还需要尽快了解周边企业客户潜在的物流需求。请以小张的身份完成如下几个工作任务。

二、任务实施的步骤

公路运输认知的技能训练完成可参考下面的步骤：

第一步：将学生进行分组，4～5 人为一组，并设置小组长。

第二步：设计公路运输行业市场调研和公路运输企业岗位调研问卷。

第三步：安排学生走访周边制造企业、物流企业、高速服务区、物流园区等地点，对企业客户、驾驶员、物流企业进行调研。

第四步：对调研数据进行整理分析，并撰写调研报告。

第五步：请小组长以 PPT 形式回报调研情况。

第六步：教师进行点评。

三、技能训练及相关实践知识

公路运输认知技能训练

【训练任务 2-1】 公路运输行业市场调研、公路运输企业岗位调研。

【训练建议 2-1】 以小组形式完成。学生可以自行设计调研问卷形式，但是由教师对调研内容进行把关。

【评价建议 2-1】 可用公路运输行业市场调研技能训练评价表（见表 2-2）对学生操作技能进行评价。

表 2-2 公路运输行业市场调研技能训练评价表

学生姓名					
测评日期		测评地点			
测评内容	公路运输行业市场调研				
考评标准	内容	分值/分	自评	互评	师评
	调研问卷设计格式正确、项目完整	20			
	调研报告撰写合理、数据处理正确	60			
	PPT 汇报清楚	10			
	体现团队合作	10			
合计		100			
最终得分（自评 30%+互评 30%+师评 40%）					

说明：测评满分为 100 分，60～74 分为及格，75～84 分为良好，85 分以上为优秀。60 分以下的学生，需重新进行知识学习、任务训练，直到任务完成达到合格为止。

归纳总结

公路运输是我国最主要的运输方式之一，也是唯一能实现“门到门”的运输方式，其优势非常明显，特点也很突出。要认识公路运输，需要了解我国公路运输行业的现状，特别是公路运输行业普遍存在的问题，也需要掌握零担运输和整车运输的区别。

通过本任务内容的学习，作为公路运输业务员的你应该对公路运输行业有了一定的了解，要真正掌握这些知识，还要不断地思考与总结。下面提供一组思考问题，请客观地作答，并结合本任务内容，对自己的学习工作进行反思。

思考问题

一、问答题

1. 请说明公路运输的特点及适用范围。
2. 请说明公路整车运输与零担运输在业务上的区别。
3. 按运输条件分类，公路运输分为哪几类？

二、名词解释

1. 公路运输
2. 公路整车运输
3. 公路零担运输

三、单选题

1. 下列运输方式中，（   ）能实现门到门的运输服务。
   A. 铁路运输　　B. 公路运输
   C. 水路运输　　D. 航空运输
2. 公路运输的适用范围是（   ）。
   A. 远距离、大批量　　B. 近距离、小批量
   C. 远距离、小批量　　D. 近距离、大批量
3. 下列物品不能作为公路零担运输的是（   ）。
   A. 活鱼　　B. 计算机
   C. 书籍　　D. 棉被
4. 下列（   ）是公路零担货物运输的特点。
   A. 货源确定　　B. 组织工作简单
   C. 单位运费率一般较高　　D. 不进站存储
5. 下列（   ）不属于特种货物运输。
   A. 大型特型笨重物件运输　　B. 危险货物运输
   C. 鲜活货物运输　　D. 零担运输

四、案例分析题

请上网了解德邦物流，并说说德邦物流的成功之道以及德邦物流与佳吉快运、天地华宇在经营模式上的区别。

拓展提高

我国运输型物流企业等级划分标准

我国物流企业按主营业务类型划分为运输型物流企业、仓储型物流企业、综合服务型物流企业三大类。对于具备一定综合水平的三种类型的物流企业，按照不同的评估指标分为AAAAA、AAAA、AAA、AA、A 五个等级。AAAAA 级最高，依次降低。其中运输型物流企业必须满足以下几个方面的要求：

（1）以从事货物运输服务为主，包括货物快递服务或运输代理服务，具备一定规模。

（2）可以提供门到门运输、门到站运输、站到门运输、站到站运输和其他物流服务。

（3）企业自有一定数量的运输设备。

（4）具备网络化信息服务功能，应用信息系统可对运输货物进行状态查询、监控。

对于运输型物流企业，据以划分等级的评估指标见表 2-3。

表 2-3 运输型物流企业评估指标

评估指标		级别				
		AAAAA 级	AAAA 级	AAA 级	AA 级	A 级
经营状况	1. 年货运总营业收入/元*	15 亿以上	3 亿以上	6 000 万以上	1 000 万以上	300 万以上
	2. 营业时间*	3 年以上	2 年以上		1 年以上	
资产	3. 资产总额/元*	10 亿以上	2 亿以上	4 000 万以上	800 万以上	300 万以上
	4. 资产负债率*	不高于 70%				
设备设施	5. 自有运输车辆/辆*（或总载重量/吨）*	1 500 以上（7 500 以上）	400 以上（2 000 以上）	150 以上（750 以上）	80 以上（400 以上）	30 以上（250 以上）
	6. 运营网点/个	50 以上	30 以上	15 以上	10 以上	5 以上
管理及服务	7. 管理制度	有健全的经营、财务、统计、安全、技术等机构和相应的管理制度				
	8. 质量管理*	通过 ISO9001-2000 质量管理体系认证				
	9. 业务辐射面*	国际范围	全国范围	跨省区	省内范围	
	10. 顾客投诉率（或顾客满意度）	≤0.05%（≥98%）	≤0.1%（≥95%）		≤0.5%（≥90%）	
人员素质	11. 中高层管理人员*	80%以上具有大专以上学历或行业组织物流师认证	60%以上具有大专以上学历或行业组织物流师认证		30%以上具有大专以上学历或行业组织物流师认证	
	12. 业务人员	60%以上具有中等以上学历或专业资格	50%以上具有中等以上学历或专业资格		30%以上具有中等以上学历或专业资格	
信息化水平	13. 网络系统*	货运经营业务信息全部网络化管理			物流经营业务信息部分网络化管理	
	14. 电子单证管理	90%以上	70%以上		50%以上	
	15. 货物跟踪*	90%以上	70%以上		50%以上	
	16. 客户查询*	建立自动查询和人工查询系统			建立人工查询系统	

注：1. 标注 * 的指标为企业达到评估等级的必备指标项目，其他为参考指标项目。
2. 货运营业收入包括货物运输收入、运输代理收入、货物快递收入。
3. 运营网点是指在经营覆盖范围内，由本企业自行设立、可以承接并完成企业基本业务的分支机构。
4. 顾客投诉率是指在年度周期内客户对不满意业务的投诉总量与企业业务总量的比率。
5. 顾客满意度是指在年度周期内企业对顾客满意情况的调查统计。

课外阅读

国家公路网规划（2013—2030 年）

2013 年 6 月 20 日，交通运输部公布了由交通运输部和国家发展和改革委员会共同编制的《国家公路网规划（2013—2030 年）》。该规划指出，至 2030 年前，我国将累计投入 4.7 万亿元，建成总规模约 40 万公里的国家公路网络体系，使得全国所有县级及以上行政区域都被普通国道覆盖，所有地级市及城市人口超过 20 万的城市均被高速公路覆盖。据交通运输部有关负责人介绍，我国国家公路网由普通国道和国家高速公路两个网络体系构成。其中普通国道网由 12 条首都放射线、47 条南北纵向线、60 条东西横向线和 81 条联络线组成，总规模约 26.5 万公里；而国家高速公路网则由 7 条首都放射线、11 条南北纵向线、18 条东西横向线，以及部分地区环线、联络线等组成，总长度约 11.8 万公里；另远期规划 1.8 万公里，主要位于西部地区。

该负责人介绍，通过《国家公路网规划（2013—2030 年）》的实施，我国将形成布局相对合理、功能相对完善、覆盖相对广泛、安全可靠的国家公路网络体系，1 000 公里以内的省会城市之间可当日到达，东中部地区省会城市到地级市可当日往返、西部地区省会到地市可当日到达；区域中心城市、城市群内外交通联系将更加紧密，形成由多个中心城市向外放射的路网格局；沿边沿海公路之间实现完全贯通，边防建设能力显著增强；国家陆路门户城市和重要边境口岸之间有效连接，形成重要国际运输通道，与东北亚、中亚、南亚、东南亚的联系更加便捷。

（资料来源：科技日报）

任务二　公路运输合同及单据填制

知识点： 公路运输合同的定义；公路运输合同的种类；公路运输合同的主要条款；公路货物运单的种类；货票。

能力点： 根据客户需求信息制作公路运输合同，制作公路货物运单，填制公路运输货票。

任务情境

湖州鑫达物流有限公司的运输业务

经过 1 个月的实习，小张对该公司的情况及周边情况有了一定的了解，工作业绩也得到了经理的肯定。小张自认为自己对公司业务的操作还不够熟练，于是申请到货运操作部门工作。2014 年 7 月 10 日，小张接到一个企业客户的运输需求任务，该客户需要从湖州工厂发运 50 吨布匹前往广州，由于货物量大，价值高，客户要求签订一份运输合同，请帮助小张制作公路运输合同。

任务分析

该任务是公路运输托运申请阶段的主要工作。完成此任务需要熟悉公路运输合同的主要内容、熟悉整车运输中所用到的公路运输合同的主要条款、熟悉零担运输中所用到的公路货物运单的类别以及甲、乙、丙三种货物运单的使用范围；能根据托运人的运输需求信息制作公路运输书面合同或公路货物运单。

任务实施的相关专业知识

一、公路运输合同的定义

公路运输合同是指经营公路货物运输的企业与其他企业、农村经济组织、国家机关、事业单位、社会团体等法人之间及个人或客户之间，为了实现特定货物运输任务而明确相互权利义务关系的协议，要求托运货物的一方称为托运方，承接货物运输任务的一方称为承运方。

二、公路运输合同的种类

公路运输根据营运类型，可以分为整车运输、零担运输和集装箱运输，与之对应，整车运输中可以签订年、季、月度或批量运输合同；零担运输和集装箱运输中可以使用公路货物运单。

三、公路运输合同的主要条款

公路运输合同的主要条款包括：货物起运和到达地点、运距、收发货人名称及详细地址；货物的名称、性质、体积、数量及包装标准；运输质量及安全要求；货物装卸责任和方法；货物的交接手续；批量货物运输起止日期；年、季、月度合同的运输计划（文书、表式、电报）提送期限和运输计划的最大限量；运杂费计算标准及结算方式；变更、解除合同的期限；违约责任；双方商定的其他条款。

四、公路货物运单

公路货物运单是公路货物运输及运输代理的合同凭证，是运输经营者接收货物并在运输期间负责保管和据以交付的凭据，也是记录车辆运行和行业统计的原始凭证。

公路货物运单分为甲、乙、丙三种。甲种运单适用于普通货物、大件货物、危险货物等货物运输和运输代理业务（见表 2-4）；乙种运单适用于集装箱汽车运输（见表 2-5）；丙种运单适用于零担货物运输（见表 2-6）。

承运人、托运人要按公路货物运单内容逐项如实填写，不得简化、涂改。承运人或运输代理人接收货物后应签发公路货物运单，公路货物运单经承、托双方签章后有效。

甲、乙种公路货物运单，第一联存根，作为领购新运单和行业统计的凭据；第二联托运人存查联，交托运人存查并作为运输合同当事人一方保存；第三联承运人存查联，交承运人存查并作为运输合同当事人另一方保存；第四联随货同行联，作为载货通行和核算运杂费的凭证，货物运达、经收货人签收后，作为交付货物的依据。

丙种公路货物运单，第一联存根，作为领购新运单和行业统计的凭证；第二联托运人存查联，交托运人存查并作为运输合同当事人一方保存；第三联提货联，由托运人邮寄给收货人，凭此联提货，也可由托运人委托运输代理人通知收货人或直接送货上门，收货人在提货联收货人签章处签字盖章，收、提货后由到达站收回；第四联运输代理人存查联，交运输代理人存查并作为运输合同当事人另一方保存；第五联随货同行联，作为载货通行和核算运杂费的凭证，货物运达、经货运站签收后，作为交付货物的依据。丙种公路货物运单与汽车零担货物交接清单配套使用。承运人接收零担货物后，按零担货物到站次序，分别向运输代理人签发公路货物运单（丙种）。已签订年、季、月度或批量运输合同的，必须在运单“托运人签章或运输合同编号”栏目注明合同编号，托运人委托发货人签章。批次运输任务完成或运输合同履行后，凭运单核算运杂费，或将随货同行联（第五联）汇总后转填到合同中，由托运人审核签字后核算运杂费。公路货物运输和运输代理经营者凭运单开具运杂费收据。运输危险货物必须使用在运单左上角套印“公路危险货物运输专用章”的公路货物运单（甲种），方准运行。

五、公路运输货票

公路运输货票是运输的主要票证，它既是结算运输费用的合法凭证，也是检查运价执行情况、处理商务事故，计征税费和统计客货运输量的重要依据（见表 2-7）。

公路运输货票由各省、直辖市、自治区交通主管部门按交通部制订的格式统一印制，加印省公路运输票证专用章，由各运输企业领取使用。

货票的主要内容：收货人、发货人名称，货物品名，件数，运距，包装标准，实际质量，计费质量，运费金额，杂费金额以及有关运送证件等。

<table>
<tr><td colspan="15">本运单经承托双方签章后具有合同效力，承运人与托运人，收货人之间的权利义务和责任界限适用于《汽车货物运输规则》及《汽车运价规则》等规定。</td></tr>
</table>

表2-4　公路货物运单（甲种）

××公司公路货物运单

（××省内公路货物运单——甲种）

起运日期：　　年　月　日　　　　　　　　　　　　　　　　　　编号：

<table>
<tr><td>承运人</td><td></td><td>地址
邮编</td><td></td><td>电话
传真</td><td></td><td>车牌号</td><td></td><td>运输证号</td><td></td><td>车型</td><td></td><td>挂车牌号</td><td colspan="2"></td></tr>
<tr><td>托运人</td><td></td><td>地址
邮编</td><td></td><td>电话
传真</td><td></td><td>装货地点</td><td colspan="8"></td></tr>
<tr><td>收货人</td><td></td><td>地址
邮编</td><td></td><td>电话
传真</td><td></td><td>卸货地点</td><td colspan="8"></td></tr>
<tr><td rowspan="2">货物名称及规格</td><td rowspan="2">包装形式</td><td rowspan="2">体积
长×宽×高/厘米</td><td rowspan="2">件数</td><td rowspan="2">实际重量/吨</td><td rowspan="2">计费重量/吨</td><td rowspan="2">计费里程/公里</td><td rowspan="2">货运周转量/吨·公里</td><td rowspan="2">货物等级</td><td rowspan="2">运价率</td><td rowspan="2">运费金额</td><td colspan="2">其他杂费</td><td colspan="2">保价、保险</td></tr>
<tr><td>费目</td><td>金额</td><td>金额</td><td>费</td></tr>
<tr><td></td><td></td><td></td><td></td><td></td><td></td><td></td><td></td><td></td><td></td><td></td><td>装卸费</td><td></td><td></td><td></td></tr>
<tr><td></td><td></td><td></td><td></td><td></td><td></td><td></td><td></td><td></td><td></td><td></td><td>过路费</td><td></td><td></td><td></td></tr>
<tr><td></td><td></td><td></td><td></td><td></td><td></td><td></td><td></td><td></td><td></td><td></td><td>过桥费</td><td></td><td></td><td></td></tr>
<tr><td colspan="3">合　计</td><td></td><td></td><td></td><td></td><td></td><td></td><td></td><td></td><td></td><td></td><td></td><td></td></tr>
<tr><td>货物运单签订地</td><td></td><td>结算方式</td><td></td><td colspan="2">付款币种／计价单位</td><td></td><td colspan="2">运杂费合计</td><td colspan="6">万　千　百　拾　元　角　分</td></tr>
<tr><td>特约事项</td><td colspan="3"></td><td colspan="3">托运人签章或运输合同编号：
年　月　日</td><td colspan="4">承运人签章：
年　月　日</td><td colspan="4">收货人签章：
年　月　日</td></tr>
</table>

第一联　存根

表 2-5　公路货物运单（乙种）

××公司公路货物运单

（××省省内公路货物运单——乙种：适用集装箱汽车运输）

本运单经承托双方签章后具有合同效力，承运人与托运人，收货人之间的权利义务和责任界限适用于《集装箱汽车运输规则》及《集装箱汽车运价规则》等规定。

起运日期：　　年　月　日　　　　　　　　　　　　编号：

承运人		地址 邮编		电话 传真		车牌号		运输证号		车型		挂车牌号		
托运人		地址 邮编		电话 传真		接箱货地点								
收货人		地址 邮编		电话 传真		卸箱货地点								
集装箱箱型及数量		箱号		封志号		船名	航次	场站货位	卸船或进港日期	提空箱地	还空箱地	箱货交接方式		
箱内货物名称及规格	包装形式	体积 长×宽×高/厘米	件数	实际重量/吨	计费重量/吨	计费里程/公里	箱运周转量/吨·公里	货物等级	运价率	运费金额	其他杂费		保价、保险	
											费目	金额	金额	费
											装卸费			
											过路费			
											过桥费			
合　计														
货物运单签订地		结算方式		付款币种 / 计价单位			运杂费合计	万　千　百　拾　元　角　分						
特约事项				托运人签章或运输合同编号： 年　月　日			承运人签章： 年　月　日				收货人签章： 年　月　日			

第一联　存根

本运单经承托双方签章后具有合同效力，承运人与托运人，收货人之间的权利义务和责任界限适用于《汽车货物运输规则》及《汽车运价规则》等规定。

表 2-6　公路货物运单（丙种）

××公司公路货物运单

（××省省内公路货物运单——丙种：适用汽车零担货物运输）

起运日期：　　年　月　日　　　　编号：

起运站：			到达站：					经由：			全程			公里	
托运人				地址				电话			邮编				
收货人				地址				电话			邮编				
货物名称及规格	包装形式	体积 长×宽×高/厘米	件数	实际重量/吨	计费重量/吨	计费里程/吨	运价率/（元/千克·公里）	运费/元	站务费/元	装车费/元	中转费/元	仓理费/元	路桥费/元	保险、保价费/元	货位
保险、保价价格：元		合　计													
货物运单签定地				起运日期：　年　月　日				运杂费合计	万　千　百　拾　元　角　分						
特约事项				承运人签章： 年　月　日				托运人签章： 年　月　日				货运站收货人签章： 年　月　日			

第一联　存根

表 2-7　公路运输货票

××省汽车运输货票

甲 No.00001

托运人：　　　　车属单位：　　　　自编号：

版照号：

<table>
<tr><td>装货地点</td><td colspan="7"></td><td>发货人</td><td></td><td>地址</td><td colspan="2"></td><td>电话</td><td></td></tr>
<tr><td>卸货地点</td><td colspan="7"></td><td>收货人</td><td></td><td>地址</td><td colspan="2"></td><td>电话</td><td></td></tr>
<tr><td>运单或货签号码</td><td colspan="2"></td><td>计费里程</td><td colspan="4"></td><td>付款人</td><td></td><td>地址</td><td colspan="2"></td><td>电话</td><td></td></tr>
<tr><td rowspan="2">运费金额</td><td rowspan="2">包装形式</td><td rowspan="2">件数</td><td rowspan="2">实际重量/吨</td><td colspan="2">计费运输量</td><td colspan="3">吨公里运价</td><td rowspan="2" colspan="2">运费金额</td><td colspan="3">其他费收</td><td rowspan="2">运杂费小计</td></tr>
<tr><td>吨</td><td>吨·公里</td><td>货物等级</td><td>道路等级</td><td>运价率</td><td>费目</td><td colspan="2">金额</td></tr>
<tr><td></td><td></td><td></td><td></td><td></td><td></td><td></td><td></td><td></td><td colspan="2"></td><td>装卸费</td><td colspan="2"></td><td></td></tr>
<tr><td></td><td></td><td></td><td></td><td></td><td></td><td></td><td></td><td></td><td colspan="2"></td><td></td><td colspan="2"></td><td></td></tr>
<tr><td></td><td></td><td></td><td></td><td></td><td></td><td></td><td></td><td></td><td colspan="2"></td><td></td><td colspan="2"></td><td></td></tr>
<tr><td colspan="15">运杂费合计金额（大写）：　　$</td></tr>
<tr><td>备注</td><td colspan="7"></td><td colspan="2">收货人签收盖章</td><td colspan="5"></td></tr>
</table>

开票单位（盖章）：　　　　开票人：　　　　承运驾驶员：　　　　年　　月　　日

【说明】：

1．本货票适用于所有从事营业性运输的单位和个人的货物运输费结算。

2．本货票共分四联：第一联（黑色）存根；第二联（红色）运费收据；第三联（浅蓝色）报单；第四联（绿色）收货回单经收货人盖章后送车队统计；

3．××省含自治区、直辖市。

4．票面尺寸为 220 毫米×130 毫米。

5．货票第四联右下端设“收货人签收盖章”栏，在其他联中不设。

任务实施

一、任务实施的环境

小张作为湖州鑫达物流有限公司的货运员，在接到不同类型的客户需求后，需要与客户签订公路运输合同或公路货物运单，请你帮助小张完成以下工作。

二、任务实施的步骤

公路运输合同及单据制作工作任务的完成可参考下面的步骤：

第一步：给学生介绍公路运输合同范例，让学生制作公路运输合同。

第二步：提供公路货物运单空白单据（如前面表 2-4、表 2-5 和表 2-6），学生根据客户需求信息选择适合的单据进行填制。

三、技能训练及相关实践知识

公路运输合同制作技能训练

【训练任务 2-2】2014 年 7 月 10 日，小张接到一个企业客户的运输需求任务，该客户需要从湖州工厂发运 50 吨布匹前往广州，由于货物量大，价值高，客户要求签订一份运输合同，请帮助小张制作公路运输合同。

【训练建议 2-2】个人独立完成。要求尽可能考虑所有条款，内容要详细丰富。

【评价建议 2-2】可用公路运输合同制作技能训练评价表（见表 2-8）对学生操作技能进行评价。

表 2-8　公路运输合同制作技能训练评价表

学生姓名					
测评日期		测评地点			
测评内容	公路运输合同制作				
考评标准	内容	分值/分	自评	互评	师评
	合同格式正确	20			
	合同条款全面	40			
	合同内容表述正确	40			
合计		100			
最终得分（自评 30%+互评 30%+师评 40%）					

说明：测评满分为 100 分，60～74 分为及格，75～84 分为良好，85 分以上为优秀。60 分以下的学生，需重新进行知识学习、任务训练，直到任务完成达到合格为止。

公路货物运单制作技能训练

【训练任务 2-3】2014 年 7 月 11 日，小张连续受理了两个客户的运输需求。第一个客户的运输需求信息详细情况如下：发货人为湖州天昌丝绸厂，地址为湖州开发区凤凰路 10 号，委托人为小孙，联系电话为 1350572××××；收货人为武汉市江夏区新世界百货，地址为武汉市江夏区虹口路 101 号，联系人为赵六，联系电话为 1350716××××；货物为两箱丝绸，每箱尺寸为 1 米×1 米×0.5 米、每箱毛重 10 千克，每箱价格为 10 000 元，要求保价。第二个客户的需求信息详细情况如下：发货人为湖州市彬力化工有限公司，地址为湖州菱湖镇长兴路 9 号，联系电话为 1350572××××；收货人为郑州五金机电化工批发市场，郑州南阳路 200 号，联系电话为 0371-××××××××，收货人为小赵；货物为两桶硫酸（危险品），每桶直径 0.5 米、高 0.5 米，每箱毛重 50 千克，每箱价格 10 000 元，要求保价。

请根据上述两个客户的运输需求信息制作公路货物运单和公路运输货票（关于费用部分可先不填，待任务三学习之后再补填）。

【训练建议 2-3】个人独立完成。

【评价建议 2-3】可用公路货物运单制作技能训练评价表（见表 2-9）对学生操作技能进行评价。

表 2-9　公路货物运单制作技能训练评价表

学生姓名					
测评日期		测评地点			
测评内容	公路货物运单制作				
考评标准	内　容	分值/分	自　评	互　评	师　评
	单据内容清晰	20			
	单据内容全面	40			
	单据内容正确	40			
合　计		100			
最终得分（自评 30%+互评 30%+师评 40%）					

说明：测评满分为 100 分，60～74 分为及格，75～84 分为良好，85 分以上为优秀。60 分以下的学生，需重新进行知识学习、任务训练，直到任务完成达到合格为止。

归纳总结

公路运输合同是用来明确承运人和托运人之间权利义务关系的协议。公路运输合同包括公路运输书面合同和公路货物运单。对于整车运输，一般签订年、季、月度或批量运输合同，同时，对于每次具体的运输任务，还需要签订公路货物运单。对于零担运输和集装箱运输，可以直接签订公路货物运单。

通过本任务内容的学习，作为公路运输业务员的你应该对公路运输书面合同和公路货物运单的制作有了一定的了解。下面提供一组思考问题，请客观地作答，并结合本任务内容，对自己的学习工作进行反思。

思考问题

一、问答题

1. 请说说公路运输合同包含的主要内容。
2. 请说明公路运输中甲、乙、丙三种货物运单的使用范围。

3. 请说明甲种公路货物运单各联的作用。

二、名词解释

1. 公路运输合同
2. 公路货物运单
3. 公路运输货票

三、单选题

1. 公路货物运单分为甲、乙、丙三种。甲种运单适用于（　　）。
   A. 普通货物、大件货物、危险货物等货物运输和运输代理业务
   B. 集装箱汽车运输
   C. 零担货物运输
   D. 特种货物运输
2. 丙种公路货物运单的第二联为（　　）。
   A. 存根　　B. 托运人存查联
   C. 提货联　　D. 随货同行联
3. （　　）既是结算运输费用的合法凭证，也是检查运价执行情况、处理商务事故、计征税费和统计客货运输量的重要依据。
   A. 货票　　B. 公路运输合同　　C. 公路货物运单　　D. 提货联
4. 货票第一联为（　　）。
   A. 存根　　B. 运费收据　　C. 报单　　D. 收货回单
5. 甲、乙种公路货物运单的第三联为（　　）。
   A. 存根　　B. 托运人存查联
   C. 承运人存查联　　D. 随货同行联

四、单据制作题

1. 杭州惠天贸易有限公司（杭州市德胜路100号，电话：0572-××××××××，）向四川五粮液公司购得白酒100箱，每箱30千克，外包装为纸箱，尺寸25厘米×25厘米×40厘米，货物内包装为玻璃瓶，由四川宜宾市康捷公路运输公司（四川宜宾市中山路20号，电话：0831-××××××××）承运，请填写公路货物运单（公路货物运单见表2-6，运价表见表2-10）。

表2-10　四川宜宾市康捷公路运输公司运价表

地　点	公　里	1～3吨内/（元/吨）	4吨以上/（元/吨）	2～10立方米/（元/立方米）	10立方米以上/（元/立方米）	到达天数
广州	1 500	400	380	140	120	3
深圳	1 700	420	400	150	130	3
南昌	750	320	230	100	75	2
福州	900	400	300	110	95	3
北京	1 650	450	430	145	120	3
天津	1 200	430	400	135	120	3
长沙	1 350	350	300	135	120	3
武汉	1 150	350	300	120	100	3
郑州	1 150	400	350	120	100	3

（续）

地　点	公　里	1～3 吨内 /（元/吨）	4 吨以上 /（元/吨）	2～10 立方米 /（元/立方米）	10 立方米以上 /（元/立方米）	到 达 天 数
济南	1 200	400	350	130	110	3
青岛	1 050	380	350	125	105	3
西安	1 550	450	400	150	130	3
成都	2 880	650	600	180	160	6
重庆	2 400	620	580	175	160	6
贵阳	2 150	600	550	170	160	4
哈尔滨	2 650	620	580	180	155	4
长春	2 550	600	550	175	155	4
沈阳	2 530	600	530	170	155	4
大连	2 350	550	480	170	150	4
南宁	2 200	550	500	170	150	4
昆明	3 000	650	600	200	170	6
合肥	460	280	200	100	70	1
兰州	2 750	550	500	200	175	5
石家庄	1 367	450	380	130	110	3
南京	328	250	200	90	60	1
上海	210	180	140	70	50	1

*备注：

① 表内运价按市场行情可上下浮动 10%左右，如需运到各省县级城市，运价按省会城市上下浮动 5%～15%计价，量大可适当优惠，由双方确定为准。

② 如运输违禁品及手续不全的货物在路途中出现一切责任由货主承担。

③ 零担不满 1 立方米（1 吨）按 1 立方米（1 吨）计价。

④ 半挂车或特殊车辆价格面议。

2. 湖州元芳食品厂（湖州市南街 89 号，电话：0572-×××××××）与湖州祥瑞物流公司签订长期运输合同，约定每月 25 日，湖州祥瑞物流公司到湖州元芳食品厂取粽子 2 吨运往上海青浦食品批发市场（中山路 11 号，电话：021-××××××××）外包装均为纸箱，每箱 5 千克，每箱尺寸：25 厘米×25 厘米×30 厘米。运输费用采用月结方式，请根据上述信息制作一份公路运输合同。

拓展提高

一贯托盘化运输

一贯托盘化运输是将货物按一定要求组装在一个标准托盘上，利用叉车或链条式输送机装卸至汽车上，托盘随货物一起送至目的地的一种运输方式。一贯托盘化运输方式在日本、韩国等国家已经有相当广泛的应用。其主要优点和缺点如下。

1．一贯托盘化运输的优点

一贯托盘化运输的优点包括：单元化操作，提高装卸效率，加快货物的周转；操作规范化、标准化和机械化；批量装卸减少货损；储存便捷，易于管理；便于企业形象的提升；降低人工成本，缓解劳动力不足。

2．一贯托盘化运输的缺点

一贯托盘化运输的缺点包括：

（1）装载率降低，运费增多。

（2）托盘本身具有一定的重量和体积，使得托盘的运输成为无效运载，使运费增多。

（3）若托盘装载不当，在运输过程中，容易发生货物散落、倒塌现象。

（4）托盘回收增加了企业的成本。

（5）当货物到达后托盘不能及时返还，即使过后返还，回收率也很低。

（6）各企业的托盘规格不一。例如，我国目前的托盘种类就有1 200毫米×800毫米、1 200毫米×1 000毫米、1 000毫米×800毫米、1 000毫米×1 000毫米等多个尺寸。

（7）托盘本身还需要投资，而且损耗大。

（8）托盘的尺寸和车辆的尺寸规格很难统一。运输车辆的尺寸规格和托盘规格不一致，必然造成车辆的装载率不能充分利用。

课外阅读

物流公司送货无证据输官司

（2013年9月）位于昆山市的A公司是青岛某化工厂的主要客户。2012年3月20日，A公司与化工厂签订了5吨硫酸的采购合同。同年4月8日，昆山市某物流公司指派驾驶员赵某驾驶货车，从化工厂提取了5吨硫酸。时隔多日，化工厂开具了金额为50 000元的增值税发票准备交给A公司，而从A公司处得到的消息是A公司根本没有收到这批货物，A公司拒绝支付货款。

同年6月10日，化工厂的工作人员找到物流公司的员工陈某，并对双方的谈话过程做了录音。陈某亲口承认，物流公司在2012年4月8日指派驾驶员赵某到化工厂为A公司提取了5吨货物，货物运回物流公司后，由物流公司另行安排其他小型货车运送给了A公司。化工厂眼见货物不知去向，且不知该向谁讨要货款，于是将A公司、物流公司一并告上青岛市市南区法院，要求返还5吨货物或偿付50 000元。

青岛市市南区法院对该案件进行了审理，辩论中，A公司否认自己收到过该批货物，而且化工厂尚欠其5 000多元，该公司对此保留上诉权；而物流公司认为，化工厂所诉是其与A公司的买卖合同关系，该公司与A公司是物流运输合同关系，此案案由是买卖合同纠纷，根据合同的相对性原则，此案只能对化工厂和A公司有约束力，而对该物流公司无约束力，作为此案的主体不适格，该物流公司已经将货物送到，请求法庭依法驳回其诉讼请求。

法院经审理认为，化工厂主张货物买受人为A公司，但无直接证据证明货物已交付给A公司，因此化工厂要求A公司返还货物、支付货款的主张证据不足，法院不予支持。

陈某在2012年4月8日指派赵某提取化工厂货物时是物流公司工作人员，其行为是职务行为，应由物流公司对其行为承担民事责任。物流公司及陈某均不能提供证据证明系受A公司委托运输货物，陈某主张从化工厂提取的货物交付给了A公司也未能提交证据证明，因此陈某主张已将货物交付A公司证据不足，不予采纳。物流公司提取化工厂货物未交付A公司，侵犯了化工厂的合法权益，应承担返还货物的责任。据此，法院一审判决结果如下：

昆山市某物流公司返还青岛某化工厂硫酸5吨，如果不能返还则赔偿货款损失50 000元。

一审宣判后，物流公司不服，并向青岛市中级人民法院提起上诉。

在二审过程中，上述三家公司与两证人法庭激辩。A公司认为，物流公司无证据证实受该公司委托运输货物，且该公司也没有收到这批货物。而物流公司的人员则表示，物流公司指派赵某去化工厂装货，是受到A公司指令才去装的，否则物流公司无权去装货，物流公司已经将于2012年4月8日在化工厂装的5吨货物送到厂家了，送货用的是小型卡车。同时，物流公司又申请证人吴某到庭做证。吴某声称，其于2012年年初到物流公司上班，5月辞职，当时这批货物就是其运送到A公司的，一个叫孙某的人收货，并向物流公司借了托盘。A公司的代理人反驳后顺势提问吴某该公司的地址在哪，但吴某回答不上来。

二审法院经审理认为，化工厂在起诉时主张与A公司存在买卖合同关系，但在A公司否认存在买卖合同关系，且物流公司也未提交充分证据证实将运输的货物交付给A公司的情况下，A公司也否认收到该批货物，导致化工厂无法收回货款，也无法向A公司主张货款，一审法院判决物流公司返还货物或赔偿损失是正确的。物流公司所提供的证人吴某是其原来的员工，其证言无法证实将货物送交A公司的事实，在无其他证据佐证的情况下，该证人证言不予采信。

近日，青岛市中级人民法院做出终审判决：驳回上诉，维持原判。

（资料来源：《青岛财经日报》）

任务三　公路运输费用的计算

知识点： 公路运输计费重量的计算方法；公路运输货物运价的影响因素和计算方法；公路运输运费的计算。

能力点： 能根据客户需求信息计算货物计费重量；能根据影响货物运价的因素确定货物的运价；审批托运单内容；完成运杂费计算；完成整车货物托运受理工作。

任务情境

湖州鑫达物流有限公司的运输业务

2014年7月11日，小张连续受理了两位客户的运输需求。第一位客户的运输需求信息详细情况如下：发货人为湖州天昌丝绸厂，地址为湖州开发区凤凰路10号，委托人为小孙，联系电话为1350572××××；收货人为武汉市江夏区新世界百货，地址为武汉市江夏区虹口路101号，联系人为赵六，联系电话为1350716××××；货物为两箱丝绸，每箱尺寸为1米×1米×0.5米、每箱毛重为10千克，每箱价格为10 000元，要求保价。第二位客户的需求信息详细情况如下：发货人为湖州市彬力化工有限公司，地址为湖州菱湖镇长兴路9号，联系电话为1350572××××；收货人为郑州五金机电化工批发市场，郑州南阳路200号，联系电话为0371-××××××××，收货人为小赵；货物为两桶硫酸（危险品），每桶直径为0.5米、高0.5米，每箱毛重为50千克，每箱价格为10 000元，要求保价。请根据上述两位客户的运输需求信息帮助小张核算运费和杂费。

任务分析

该任务是公路运输受理阶段的主要工作之一。完成此任务需要熟悉《汽车货物运价规则》（交运发[2009] 275 号）中关于公路运输计费重量的计算方法、公路运输货物运价的影响因素和计算方法。

任务实施的相关专业知识

一、公路运输计费重量

为规范全国道路运输价格计算办法，维护旅客、货主和道路运输经营者的合法权益，促进道路运输健康发展，交通运输部、国家发展和改革委员会依据《中华人民共和国价格法》和《中华人民共和国道路运输条例》的规定，于 2009 年 6 月 19 日颁布并印发了《汽车运价规则》（交运发[2009] 275 号），该规则自 2009 年 9 月 1 日起执行，原 1998 年由交通部、国家发展计划委员会颁布的《汽车运价规则》（交公路发[1998] 502 号）同时废止。

本节依据《汽车运价规则》（交运发[2009] 275 号）的相关规定来介绍有关公路货物运输的计费重量和运费核算方法。

1．有关计费重量单位的规定

在上述规则中，整批货物运输以“吨”为单位，零担货物运输以“千克”为单位，集装箱运输以“标准箱”为单位。

2．有关计费重量确定的方法

（1）一般货物的计费重量确定方法。一般货物无论整批、零担货物计费重量均按毛量计算。整批货物吨以下计至 100 千克，尾数不足 100 千克的，四舍五入。零担货物起码计费重量为 1 千克，重量在 1 千克以上，尾数不足 1 千克的，四舍五入。

（2）轻泡货物的计费重量确定方法。轻泡货物是指每立方米重量不足 333 千克的货物；装运整批轻泡货物的高度、长度、宽度，以不超过有关道路交通安全规定为限度，按车辆核定载重量计算重量；零担运输轻泡货物以货物包装最长、最宽、最高部位尺寸计算体积，按每立方米折合 333 千克计算重量；轻泡货物也可按照立方米作为计量单位收取运费。

【例 2-1】某企业托运一批金属制品，体积共 10 立方米，毛重 15 吨，使用 20 吨的车辆来装运，请确定该批货物的计费重量。

解：根据《汽车运价规则》，需要先明确该批货物属于一般货物还是轻泡货物。

密度=15 000 千克/10 立方米=1 500 千克/立方米>333 千克/立方米，该货物为一般货物。其计费重量为 15 吨。

【例 2-2】某客户托运一批丝绸，体积共 10 立方米，毛重 2 吨，使用 20 吨的车辆来装运，请确定该批货物的计费重量。

解：根据《汽车运价规则》，需要先明确该批货物属于一般货物还是轻泡货物。

密度=2 000 千克/10 立方米=200 千克/立方米<333 千克/立方米，该货物为轻泡货物，且属于整批，其计费重量为 20 吨。

【例 2-3】 某商人托运两箱毛绒玩具，每箱规格为 1.0 米×0.8 米×0.8 米、毛重为 185.3 千克，计费重量为多少？

解：根据《汽车运价规则》，需要先明确该批货物属于一般货物还是轻泡货物。

密度=（2×185.3 千克）/（2×1.0 米×0.8 米×0.8 米）=289.5 千克/立方米<333 千克/立方米，该货物为轻泡货物，且属于零担，其计费重量为：

2×1.0 米×0.8 米×0.8 米×333 千克/立方米=426.24 千克≈426 千克

二、公路运输计费里程

1．里程单位

货物运输计费里程以“公里”为单位，尾数不足 1 公里的，四舍五入。

2．里程确定

（1）货物运输的营运公路里程按交通运输部核定颁发的《中国公路营运里程图集》确定。《中国公路营运里程图集》未核定的里程，由承、托运双方共同测定或者经协商按车辆实际运行里程计算。

（2）货物运输的计费里程按装货地至卸货地的营运里程计算。

（3）城市市区里程按照实际里程计算，或者按照当地人民政府交通运输主管部门确定的市区平均营运里程计算，具体由各省、自治区、直辖市人民政府交通运输主管部门确定。

（4）国际道路货物运输属于境内的计费里程以交通运输主管部门核定的里程为准，境外的里程按有关国家（地区）交通运输主管部门或者有权认定部门核定的里程确定。

三、公路运输货物运价

1．有关运价单位的规定

在《汽车运价规则》（交运发[2009] 275 号）中规定，整批运输以“元/吨・公里”作为运价单位；零担运输以“元/千克・公里”作为运价单位；集装箱运输以“元/箱・公里”作为运价单位。

2．影响货物运价的因素

一般而言，对于公路运输，影响货物运价的因素很多，通常有运输货物所使用的车辆种类（如普通货物采用普通车辆即可，而需要保鲜的货物需要采用冷藏车辆，同等条件下使用冷藏车辆的运价肯定较普通车辆高）、货物本身的类型（如普通货物和特种货物）、货物运输的营运方式（如整车运输、零担运输、集装箱运输）、运输过程中使用的运输条件（如道路状况，在我国，公路按照路况有等级公路和非等级公路之分）。下面主要介绍公路运输中货物的类型划分：

货物按其性质分为普通货物和特种货物两种（详情见表 2-11 和表 2-12）。特种货物分为大型特型笨重物件、危险货物、贵重货物、鲜活货物四类（其中大型特型笨重物件又分为长大笨重类和大型物件）。

表 2-11　普通货物运价分等表

等　　级	序　　号	货　类	货物名称
一等货物	1	砂	砂子
	2	石	片石、渣石、寸石、石硝、粒石、卵石
	3	非金属矿石	各种非金属矿石
	4	土	各种土、垃圾
	5	渣	炉渣、炉灰、水渣、各种灰烬、碎砖瓦
二等货物	1	煤	原煤、块煤、可燃性片岩
	2	粮食及加工品	各种粮食（稻、麦、各种杂粮、薯类）及其加工品
	3	棉花、麻	皮棉、籽棉、旧棉、棉胎、木棉、各种麻类
	4	油料作物	花生、芝麻、油菜籽、蓖麻子及其他油料作物
	5	烟叶	烤烟、土烟
	6	蔬菜、瓜果	鲜蔬菜、鲜菌类、鲜水果、甘蔗、甜菜、瓜类
	7	植物油	各种食用、工业、医药用植物油
	8	植物的种子、草、藤、树条	树、草、菜、花的种子，牧草，谷草，稻草，芦苇，树条，树跟，木柴，藤
	9	蚕、茧	蚕、蚕子、蚕蛹、蚕茧
	10	肥料、农药	化肥、粪肥、土杂肥、农药（具有危险货物的除外）
	11	糖	各种食用糖（包括饴糖、糖稀）
	12	肉、油脂及制品	鲜、腌、酱肉类、油脂及制品
	13	水产品	干鲜鱼类、虾、蟹、贝、海带
	14	酱菜、调料	腌菜、酱菜、酱油、醋、酱、花椒、茴香、生姜、芥末、腐乳、味精及其他调味品
	15	土产杂品	土产品、各种杂品
	16	皮毛、塑料	生皮张、生熟皮毛、鬃毛绒及其加工品，塑料及其制品
	17	日用百货、棉麻制品	各种日用小百货、棉麻纺织品、针织品、服装鞋帽
	18	药材	普通中药材
	19	纸、纸浆	普通纸及纸制品、各种纸浆
	20	文化体育用品	文具、教学用具、体育用品
	21	印刷品	报刊、图书及其他印刷品
	22	木材	圆木、方木、板料、成材、杂木棍
	23	橡胶、可塑材料及其制品	生橡胶、人造橡胶、再生胶及其制品、电木制品、其他可塑原料及其制品
	24	水泥及其制品	袋装水泥、水泥制品、预制水泥构件
	25	钢材、有色金属及其制品	钢材（管、丝、绳、板、皮条），生铁，毛坯，铸铁件，有色金属材料，大、小五金制品，配件，小型农机具
	26	矿物性建筑材料	普通砖、瓦、缸砖、水泥瓦、乱石、块石、级配石、条石水磨石、白云石、蜡石、萤石及一般石制品、滑石粉、石灰膏、电石灰、矾石灰、石膏、石棉、白垩粉、陶土管、石灰石、生石灰
	27	金属矿石	各种金属矿石
	28	焦炭	焦炭、焦炭木、石油焦、沥青焦、木炭
	29	原煤加工品	煤球、煤砖、蜂窝煤
	30	盐	原盐及加工煤盐

（续）

等 级	序 号	货 类	货 物 名 称
二等货物	31	泥、灰	泥土、淤泥、煤泥、青灰、粉煤灰
	32	废品及散碎品	废钢铁、废纸、破碎布、碎玻璃、废鞋靴、废纸袋
	33	空包装容器	篓、坛罐、桶、瓶、箱、筐、袋、包、箱皮、盒
	34	其他（见注1）	未列入表中的其中的其他货物
三等货物	1	蜂	蜜蜂、蜡虫
	2	观赏用花、木	观赏用长青树木、花草、树苗
	3	蛋、乳	蛋、乳及其制品
	4	干菜、干果	干菜、干果、子仁及各种果脯
	5	橡胶制品	轮胎、橡胶管、橡胶布类及其制品
	6	颜料、染料	颜料、染料及助剂及其制品
	7	食用香精、树胶、木腊	食用香精、糖精、樟脑油、芳香油、木溜油、木腊、橡腊（橡油、皮油）、树胶
	8	化妆品	护肤、美容、卫生、头发用品等各种化妆品
	9	木材加工品	毛板、企口板、胶合板、刨花板、纤维板、木构件
	10	家具	竹、藤、钢、木家具
	11	交电器材	电影机、电唱机、收音机、家用电器、打字机、扩音机、闪光灯、收发报机、普通医疗器械、无线电广播设备、电缆电线、电灯用品、蓄电池（未装酸液）、各种电子元件、电子或电动儿童玩具
	12	毛、丝、呢绒、化纤、皮革制品	毛、丝、呢绒、化纤、皮革制品的服装鞋帽
	13	烟、酒、饮料、茶	各种卷烟，各类瓶罐装的酒、汽水、果汁、食品、罐头、炼乳、植物油精、（薄荷油、桉叶油）、茶叶及其制品
	14	糖果、糕点	糖果、果酱（桶装）、水果粉、蜜饯、面包、饼干、糕点
	15	淀粉	各种淀粉及其制品
	16	冰及冰制品	天然冰、机制冰、冰淇淋、冰棍
	17	中西药品、医疗器具	西药、中药（丸、散、膏、丹、成药）及医疗器具
	18	贵重纸张	卷烟纸、玻璃纸、过滤纸、晒图纸、描图纸、绘图纸、国画纸、蜡纸、复写纸、复印纸
	19	文娱用品	乐器、唱片、幻灯片、录音带、录像带及其他演出用具及道具
	20	美术工艺品	刺绣、蜡或塑料制品、美术制品、骨角制品、漆器、草编竹编、藤编等各种美术工艺品
	21	陶瓷、玻璃及其制品	瓷器、陶瓷、玻璃极其制品
	22	机器及设备	各种机械及设备
	23	车辆	组成的自行车、摩托车、轻骑、小型拖拉机
	24	污染品	炭黑、铅粉、锰粉、乌烟（墨黑、松烟）、涂料及其他污染人体的货物、角、蹄甲、牲骨、死禽、死兽
	25	粉尘品	散装水泥、石粉、耐火粉
	26	装饰石料	大理石、花岗石、汉白玉
	27	带釉建筑用品	玻璃瓦、琉璃瓦、其他带釉建筑用品、耐火砖、耐酸砖、瓷砖瓦

注：1．未列入表中的其他货物，除参照同类货物分等外，均列入二等货物。

2．家用电器包括家用制冷电器、空气调节器、电风扇、厨房电器具、清洁卫生器具（洗衣机、吸尘器、电热淋浴器）、熨烫器、取暖用具、保健用具、家用电器专用配件等（摘自国家标准全国工农产品分类代码）。

表 2-12　特种货物运价分类表

类　别	分类概念	各类档次或序号	各类货物范围或货物名称
长大笨重货物		一级	货物长度 6～10 米或重量 4 吨以上（不含 4 吨）至 8 吨货物
		二级	货物长度 10～14 米或重量 8 吨以上（不含 8 吨）至 20 吨货物
大型物件		一级	1. 长度大于 14 米（含 14 米）小于 20 米 2. 宽度大于 3.5 米（含 3.5 米）小于 4.5 米 3. 高度大于 3 米（含 3 米）小于 3.8 米 4. 重量大于 20 吨（含 20 吨）小于 100 吨
		二级	1. 长度大于 20 米（含 20 米）小于 30 米 2. 宽度大于 4.5 米（含 4.5 米）小于 5.5 米 3. 高度大于 3.8 米（含 3.8 米）小于 4.4 米 4. 重量大于 100 吨（含 100 吨）小于 200 吨
		三级	1. 长度大于 30 米（含 30 米）小于 40 米 2. 宽度大于 5.5 米（含 5.5 米）小于 6 米 3. 高度大于 4.4 米（含 4.4 米）小于 5 米 4. 重量大于 200 吨（含 200 吨）小于 300 吨
		四级	1. 长度在 40 米以上者 2. 宽度在 6 米以上者 3. 高度在 5 米以上者 4. 重量在 300 吨以上者
危险货物	交通部《汽车危险货物运输规则》中列名的所有危险货物	一级	《汽车危险货物运输规则》中规定的爆炸物品、一级氧化剂压缩气体和液体气体、一级自燃物品、一级遇水易燃物品、一级易燃固体、一级易燃液体、剧毒物品、一级酸性腐蚀物品、放射性物品
		二级	《汽车危险货物运输规则》中规定的二级易燃液体、有毒物品、碱性腐蚀物品、二级酸性腐蚀物品
贵重货物	价格昂贵运输责任重大货物	1	货币及主要证券，如货币、国库券、邮票等
		2	贵重金属及稀有金属。贵重金属，如金、银、钡、白金等及其制品；稀有金属，如钴、钛等及其制品
		3	珍贵艺术品，如古玩字画、象牙、珊瑚、珍珠、玛瑙、水晶宝石、钻石、翡翠、琥珀、猫眼及其制品、景泰蓝制品、各种雕刻工艺品、仿古艺术制品和壁毯刺绣艺术品等
		4	贵重药材和药品，如鹿茸、麝香、犀角、高丽参、西洋参、冬虫夏草、羚羊角、田三七、银耳、天麻、蛤蟆油、牛黄、熊胎、鹿胎、豹胎、海马、海龙、藏红花、猴枣、马宝及以其为主要原料的制品和贵重西药
		5	贵重皮毛，如水獭皮、海龙皮、豹皮、灰鼠皮、玄虎皮、猞猁皮、金丝猴皮及其制品
		6	珍贵食品，如海参、干贝、鱼肚、鱼翅、燕窝、鱼唇、鱼皮、鲍鱼、猴头、熊掌、发菜
		7	高级精密机械及仪表，如显微镜、电子计算机、高级摄影机、摄像机、显像管、复印机及其他精密仪器仪表
		8	高级光学玻璃及其制品，如照相机、放大机、显微镜等的镜头片、各种光学玻璃镜片、各种科学实验光学玻璃仪器的镜片；电视机、录放音机、音响组合机、录像机、手表等
鲜活货物	货物价值高、运输时间性强、运输效率低、责任大的鲜活货物	1	各种活牲畜、活禽、活鱼、鱼苗
		2	供观赏的野生动物，如虎、豹、狮、熊、熊猫、狼、象、蛇、蟒、孔雀、天鹅等
		3	供观赏的水生动物，如海马、海豹、金鱼、鳄鱼、热带鱼
		4	盆景及各种名贵花木

3．货物运价的计算方法

（1）整批货物基本运价。它是指整批一等普通货物在等级公路上运输的每吨公里运价。

（2）零担货物基本运价。它是指零担一等普通货物在等级公路上运输的每千克公里运价。

货运员在计算货物运价时，应当考虑车辆类型、货物种类、集装箱箱型、营运形式等因素。对于某一个具体品种的货物，在《汽车运价规则》（交运发[2009] 275 号）中并没有明确其上述三种类型的运价的计算方法，可以参考《汽车运价规则》（交公路发[1998] 502 号）中的方法，具体而言：对于某一个品种的整批货物或零担货物，在具体计算运价时，通常要在一等普通货物所对应的基本运价基础上，考虑货物种类因素、公路等级因素，适当增加一定比例，进而计算出具体一个品种的运价（由于车辆类型因素和货物种类因素通常同时影响，因而两个因素不同时加成使用，例如鲜活货物肯定需要使用冷藏车装运）。公路整车货物和零担货物运价的计算方法如图 2-18 所示。

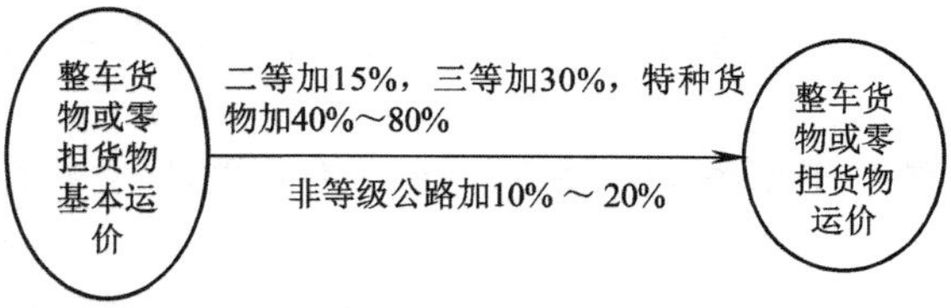

图 2-18　公路整车货物和零担货物运价计算方法

【例 2-4】若已知整批货物基本运价为 0.5 元/吨公里，现有整车货物煤（普通货物中二等），若运输中使用的是非等级公路，请计算该批货物对应的运价。

解：该批货物为煤，通过查找普通货物运价分等表（见表 2-11）可知，煤为普通货物中的二等货物。需要在基本运价基础上增加一定的百分比，同时，煤在运输中使用的是非等级公路，这一因素也应该考虑，因此：

1）考虑货物种类：在基本运价基础上增加 15%。

2）考虑非等级公路：在基本运价基础上增加 10%～20%。

若取 10%，则，货物运价为 0.5 元/吨• 公里+0.5 元/吨•公里×15%+0.5 元/吨•公里×10%=0.625 元/吨•公里。

（3）集装箱基本运价。它是指各类标准集装箱重箱在等级公路上运输的每箱公里运价。

【例 2-5】已知某省交通运输主管部门公布的 20 英尺集装箱的基本运价为 2 元/箱公里，现运输一个 20 英尺的空箱（在该标准集装箱重箱运价的基础上减成 50%），运输条件为非等级公路（加成 20%），请计算该集装箱的运价。

解：该集装箱为 20 英尺的空箱，首先在该标准集装箱重箱运价的基础上减成 50%，同时，在运输中使用的是非等级公路，加成 20%，因此该集装箱空箱运价为

2 元/箱•公里×（1−50%）+2 元/箱•公里×20%=1.4 元/箱•公里

四、公路运输运费计算

根据《汽车运价规则》（交运发[2009] 275 号）的相关规定，公路运输运费的计算公式如下：

整批货物运费=整批货物运价×计费重量×计费里程+车辆通行费+其他法定收费

零担货物运费=零担货物运价×计费重量×计费里程+车辆通行费+其他法定收费

重（空）集装箱运费=重（空）箱运价×计费箱数×计费里程+车辆通行费+其他法定收费

根据《汽车运价规则》（交运发[2009] 275 号）中的相关规定，目前，我国公路货物运输中的其他法定收费主要包括如下几类：保价费、调车费、延滞费、装货（箱）落空损失费、道路阻塞停运费、车辆处置费、车辆通行费、运输变更手续费等。

【例 2-6】2014 年 7 月 11 日，小张受理了客户的运输需求。第一位客户的货物为两箱丝绸，从浙江湖州出发至武汉，每箱尺寸为 1 米×1 米×0.5 米、每箱毛重 10 千克，每箱价格 10 000 元，要求保价（保价费率为 3‰），运输过程中使用非等级公路（加成 10%），通行费为 20 元，无其他法定收费，计费里程为 883 公里，零担货物基本运价为 0.000 65 元/千克·公里，请计算公路运输运费。

解：（1）确定货物计费重量。

密度=10 千克/（1 米×1 米×0.5 米）=20 千克/立方米<333 千克/立方米，该货物为轻泡货物，且属于零担，则

计费重量=2×0.5 立方米×333 千克/立方米=333 千克

（2）确定货物运价。

查找普通货物运价分等表（见表 2-11），该货物为三等普通货物，运输过程中使用非等级公路，因此，

货物运价=0.000 65 元/（千克·公里）×（1+30%+10%）=0.000 91 元/（千克·公里）

（3）计算货物运费。

货物运费=0.000 91 元/（千克·公里）×333 千克×883 公里+20 元+10000 元×0.003=317.6 元

任务实施

一、任务实施的环境

小张在受理了客户的运输需求信息，同客户签订公路运输合同（或公路货物运单）后，需要对客户托运的货物进行验收、称重、确定尺寸，并根据尺寸和重量，结合汽车运价规则（交运发[2009] 275 号）确定其计费重量、货物运价，核算运费。现在请你帮助小张确定下一位客户的计费重量、货物运价和运费。

二、任务实施的步骤

公路运输费用核算工作任务的完成可参考下面的步骤：

第一步：根据公路运输的相关规程确定货物属于整车运输、零担运输还是集装箱运输。

第二步：确定货物的计费重量。

第三步：计算货物对应的运价。

第四步：计算运费。

三、技能训练及相关实践知识

公路运输费用核算技能训练

【训练任务 2-4】 2014 年 7 月 11 日，小张受理了某客户的运输需求。该客户的货物为一件陶瓷，从浙江湖州出发至北京，尺寸为 1 米×0.8 米×0.7 米、毛重 50 千克，价格 5 000 元，要求保价（保价费率为 0.3%），运输过程中使用非等级公路（加成 10%），通行费为 20 元，无其他法定收费，计费里程为 1 308 公里，零担货物基本运价为 0.000 65 元/千克公里，请计算公路运输运费。

【训练建议 2-4】 学生个人在课堂上独立完成。

【评价建议 2-4】 可用公路运输费用核算技能训练评价表（见表 2-13）对学生操作技能进行评价。

表 2-13　公路运输费用核算技能训练评价表

学生姓名					
测评日期		测评地点			
测评内容	公路运输费用核算				
考评标准	内　容	分值/分	自　评	互　评	师　评
	判定整车、零担、集装箱正确	10			
	计费重量计算正确	30			
	货物运价计算正确	30			
	运费计算正确	30			
合　计		100			
最终得分（自评 30%+互评 30%+师评 40%）					

说明：测评满分为 100 分，60～74 分为及格，75～84 分为良好，85 分以上为优秀。60 分以下的学生，需重新进行知识学习、任务训练，直到任务完成达到合格为止。

归纳总结

公路运输费用的计算是公路运输组织中最关键的环节之一，关系到公路运输企业的经济效益，同时也关系到托运人的运输成本。公路运输费用的计算要遵循《汽车货物运价规则》（交运发[2009] 275 号）中的有关规定。首先要了解货物属于整车运输还是零担运输，其次要根据《汽车货物运价规则》正确地计算货物的计费重量，然后根据货物的等级、运输条件正确地计算货物运价。

通过本任务内容的学习，作为公路运输业务员的你应该对公路运输费用的计算有了一定的了解，要真正掌握这些知识和操作技能，还要不断地思考与总结。下面提供一组思考问题，请客观地作答，并结合本任务内容，对自己的学习工作进行反思。

思考问题

一、问答题

1. 请说说影响公路货物运输费用的因素。
2. 请描述公路整车和零担在计费重量上的区别。
3. 请说说我国公路运输常见杂费有哪些？

二、名词解释

1. 公路轻泡货物
2. 整批货物基本运价
3. 零担货物基本运价

三、单选题

1. 判定公路运输货物为轻泡货物的标准为每立方米重量不足（　　）千克。
   A. 300　　B. 333　　C. 500　　D. 166.67
2. 整批货物吨以下计至（　　）千克，尾数不足（　　）千克的，四舍五入。
   A. 100，100　　B. 10，10　　C. 1，1　　D. 1 000，1 000
3. 装运整批轻泡货物的高度、长度、宽度，以不超过有关道路交通安全规定为限度，按（　　）计算重量。
   A. 实际重量　　B. 车辆核定载重量　　C. 体积折合重量　　D. 三者均可
4. 下列（　　）不属于特种货物。
   A. 服装　　B. 挖掘机　　C. 活鱼　　D. 硫酸
5. 我国公路货物运输中的其他法定收费不包括（　　）。
   A. 保价费　　B. 车辆通行费　　C. 调车费　　D. 超载罚款

四、计算题

某货主托运 10 台电视机，每台重 30 千克，每台外包装尺寸为 1.2 米×0.5 米×0.6 米，已知某省交通运输主管部门公布的零担货物基本运价为 0.000 65 元/千克•公里，该批货物运输距离为 312 公里，运输过程中使用非等级公路（加成 10%），途中通行收费 150 元，计算货主应支付多少运费？（货物等级表见表 2-11）。

拓展提高

甩挂运输

所谓甩挂运输，就是用一台牵引车将装有货物的挂车拖至目的地，将挂车换下之后，换上新的挂车运往另一个目的地的运输方式。在货源充足的情况下，理论上除了保养和修车的时间之外，其他时间牵引车都可以实现运营的状态，车辆的利用率相对来说要高很多。甩挂运输模式作为一种新的运输形式，是对传统公路运输的一个有力的补充，其优点突出，不足也同样存在。

1. 甩挂运输的优点

（1）节省时间，提高牵引车工作效率。目前我国公路运输市场上的半挂车辆，一年之中大部分时间是在等待货物。实际上车辆真正在路上行驶的时间并不多。甩挂运输以其独有的“停挂不停车”的运输方法，节省了司机在货运站等待装货的时间，保证了牵引车非常高的工作效率。

（2）减少牵引车数量降低投资成本。一般来说，一台牵引车可以配备三台左右的挂车来开展甩挂运输，减少了牵引车的数量，而挂车的售价较牵引车来说要便宜很多，这样可以大大地降低运输公司购置牵引车的投资成本。

（3）减少驾驶员的数量，降低人员开支。驾驶员的人员工资和福利在公路运输企业的成本中占有一定的比例。开展甩挂运输既然减少了牵引车的数量，也就相应地减少了驾驶员的数量，从而降低了人员方面的开支。

（4）降低车辆的空驶率，提高车辆使用率。一般情况下，利用半挂车开展运输，空驶现象比较常见，这增加了燃油消耗，加大了企业的运营成本。而甩挂运输情况下，牵引车到了目的地之后，换完挂车就可以开始新的行程，空载率大大降低。

2. 甩挂运输的缺点

（1）前期投资成本大。开展甩挂运输，前期投资成本巨大，主要是一辆牵引车的前期投入成本较大，很多著名品牌的牵引车的价格都在 100 万元以上。特别是对于普通的个体户来说，很难投入这么大的成本来开展甩挂运输。另外，甩挂运输还需要充足的货源支撑。

（2）驾驶员休息不好，影响行车安全。开展甩挂运输，其目的就是为了提高工作效率，通常情况下，一辆甩挂车会配备两名左右的驾驶员，驾驶员长时间在路上行驶，休息不好，会影响行车的安全。

（资料来源：《卡车之家》 作者：霍景春）

课外阅读

物流围城，商品价格坐上直升机

近年来，我国菜市场和超市的菜价一直居高不下，而菜农在田间地头的蔬菜销售价格却低很多，是什么原因造成了菜农的销售价格与菜市场和超市的菜价形成巨大的反差呢？

某记者为了弄清事情缘由，以山东寿光的西葫芦为例，进行了调查。西葫芦在山东产地价格是 0.1 元/千克，经过长途运输后来到北京的新发地，新发地是位于北京五环外的一个蔬菜批发市场，加上运输费用和新发地市场的费用，其批发价格已成了 0.5 元/千克左右。

然后由其他菜贩子把蔬菜从五环外的新发地贩运进四环内的岳各庄蔬菜市场，虽然距离不远，但加上来回的搬运费、摊位费，这时西葫芦的价格已经涨到了 0.7 元/千克，涨幅高达 30%。

对于以上现象，记者进行了调查，为什么山东菜贩不直接将西葫芦运到岳各庄蔬菜市场呢？究其原因，他们的运菜货车进不了城。

西葫芦进入岳各庄蔬菜市场之后，还需要再次进入社区菜店和超市，才能面向消费者。为什么社区菜店和超市不直接从五环外的新发地进货，而从岳各庄蔬菜市场批发呢，虽然新发地的菜价更便宜，但是社区菜店和超市却很少从新发地进货，主要是因为按照北京市交管部门的规定，运菜货车只能在0:30～6:00之间才能上路，这几个小时的时间根本不够跑新发地市场。因为新发地市场太大，不同品种之间距离有一二里地，如果要买20多个品种根本不可能，回来晚了，还有可能被交警罚款。

由此可见，从山东过来的蔬菜，从产地到面向消费者，中间一共经过了新发地蔬菜批发市场、岳各庄蔬菜市场、社区菜店和超市等多个环节，层层加价，而且蔬菜的损耗很大，加上各种摊位费、卫生费、水电费，上述各种成本最终都摊进了菜价。

北京市某机构专门做过一个调查，发现蔬菜从批发市场到零售市场的这最后一公里，流通成本比从山东寿光拉到北京的费用至少高出150%。从批发市场到超市这个环节，价格大幅上升，从圆白菜来看，产地收购价格是0.08元/千克，到了批发的环节，新发地批发市场价格到0.3元/千克，但是到了超市的时候就达到了1.6元/千克，从超市到批发这个环节跃升了4倍多，最终零售价是产地价格的20倍。

（资料来源：央视《经济半小时》）

任务四　公路运输的流程操作

知识点：公路零担运输的组织形式；公路零担运输的作业流程；公路整车运输的作业流程。

能力点：能根据客户需求信息分别扮演不同的角色完成公路零担运输和公路整车运输的操作，在操作过程中正确地完成货物操作、单据制作、单据审核和单据流转。

任务情境

湖州鑫达物流有限公司的运输业务

2014年7月10日，小张接到一位企业客户的运输需求任务，该客户需要从湖州工厂发运50吨布匹前往广州。发货人为湖州美欣达集团，委托人为小孙，发货地址为湖州美欣达路1000号，收货人为广州美邦服装厂，收货地址为广州黄埔区第二大街1500号。由于货物量大，需要按整车办理，请分别以不同的角色完成整车运输操作。

2014年7月11日，小张受理了湖州天昌丝绸厂的发货申请，该公司发货两箱丝绸，地址为湖州开发区凤凰路10号，委托人为小孙，联系电话为1350572××××；收货人为武汉市江夏区新世界百货，地址为武汉市江夏区虹口路101号，联系人为赵六，联系电话为1350716××××；每箱丝绸尺寸为1米×1米×0.5米、每箱毛重为10千克，每箱价格为10 000元，要求保价。请分别以不同的角色完成零担运输操作。

任务分析

公路运输的流程操作按照公路运输类型分为零担运输的流程操作和整车运输的流程操作。上述两个子任务均以货物的委托为起点，以货物的实体流动为主线，中间涉及不同的角色的操作。要合理、有序地完成两个子任务，首先需要认真梳理零担运输的流程和整车运输的流程，对每个角色的岗位职责进行合理分工；其次，需要正确地完成相关单据制作、费用核算及货物操作。

任务实施的相关专业知识

一、公路零担运输的流程操作

（一）公路零担运输的组织形式

公路零担运输按照开行时间是否固定，可以分为固定式零担运输和非固定式零担运输，如图 2-19 所示。

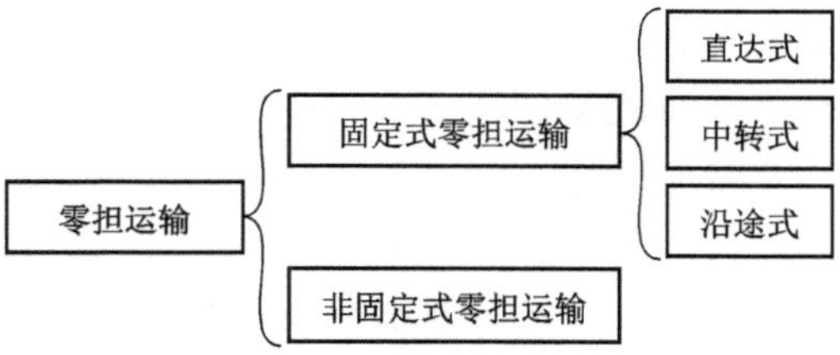

图 2-19　零担运输的分类

1. 固定式零担运输

固定式零担运输也称汽车零担货运班车，即所谓的“四定运输”，系指车辆运行采取定线路、定班期、定车辆、定时间的一种组织形式。这种组织形式要求根据营运区内零担货物流量、流向等调查资料，结合历史统计资料和实际需要，在适宜的线路上开行定期零担班车。零担班车主要有以下几种方式运行：

（1）直达式零担运输。直达式零担运输是指在起运站，将各发货人托运到同一到达站，而且性质适合配装的零担货物，同一车装运直接送至到达站。途中不发生装卸作业的一种组织形式，如图 2-20 所示。

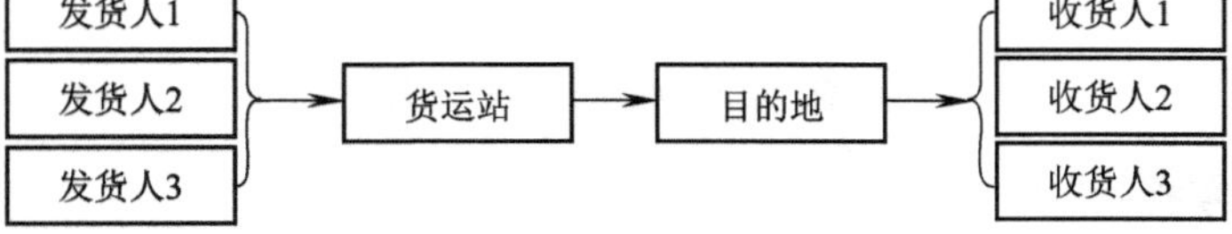

图 2-20　直达式零担运输

直达式零担运输的优点具体如下：

1）直达式零担货运的货物在中途无须倒装，因此具有较好的经济性。

2）节约了中转装卸作业设备及劳动，节省了中转费用，有利于减少货损货差。

3）有利于提高运送速度，减少货物的在途时间。

4）有利于降低运输成本和提高运输服务质量。

（2）中转式零担运输。中转式零担运输是指在起运站将各托运人发往同一去向，不同到达站，而且性质适合于配装的零担货物，同车装运到规定的中转站中，卸货后另行配装，重新组成新的零担班车运往各到达站的一种组织形式，如图 2-21 所示。

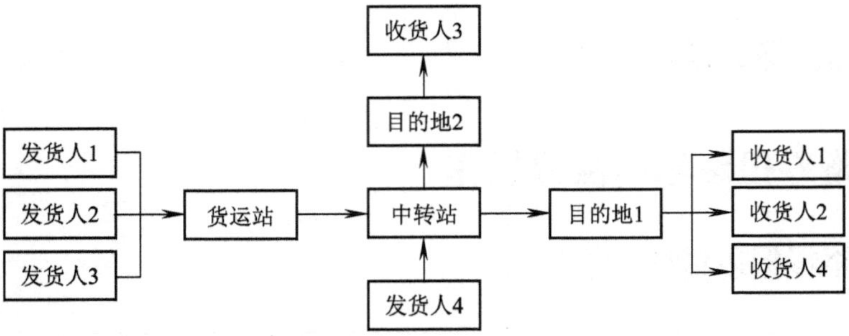

图 2-21　中转式零担运输

中转式零担运输和直达式零担运输是互为补充的两种不同的组织形式。直达式零担运输效果较好，但它受到货源数量、货流及行政区域的限制，而中转式零担运输可使那些运量较小、流向分散的货物通过中转及时运送，所以它是一种不可缺少的组织形式。但中转式零担运输耗费的人力、物力较多，作业环节也比较复杂。

以上只是最简单的中转形式，如运行线路很长，还要发生多次中转。

（3）沿途式零担运输。沿途式零担运输是指在起运站将各个托运人发往同一线路，不同到站，且性质适宜配装的各种零担货物，同车装运，按计划在沿途站点卸下或装上零担货物再继续前进，运往各到达站的一种组织形式，如图 2-22 所示。这种形式组织工作较为复杂，车辆在途中运行时间也较长，但它能更好地满足沿途各站点的需要，充分利用车辆的载重和容积，是一种不可缺少的组织形式。

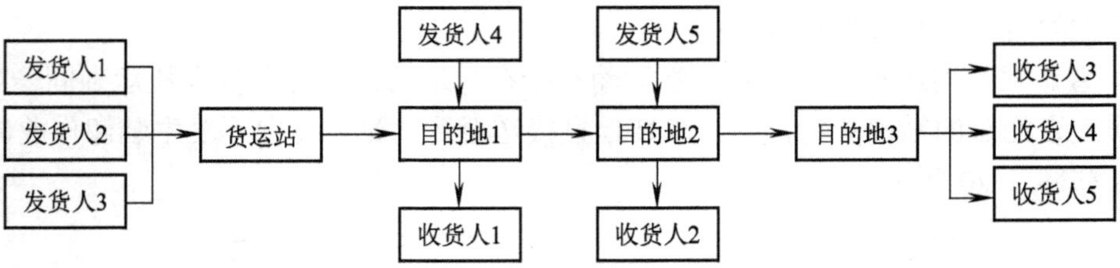

图 2-22　沿途式零担运输

2. 非固定式零担运输

非固定式零担运输是指按照零担货流的具体情况，根据实际需要，随时开行零担货车的一种组织形式。这种组织形式由于缺少计划性，必将给运输部门和客户带来一定不便。因此只适宜于在季节性或在新辟零担货运线路上作为一项临时性的措施。

（二）公路零担运输的作业流程

我国各公路运输企业的经营区域和所服务的目标客户各有差异，因此具体的公路零担运输业务流程大同小异，可以概括为如图 2-23 所示。

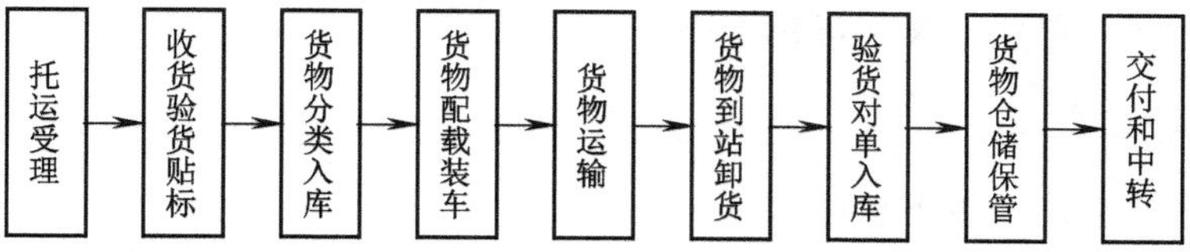

图 2-23　零担运输作业流程

1. 托运受理

货运员根据货物的性质及托运限制等规则（零担货运承运注意事项或《零担货物承运管理规则》）和公路运输企业营运范围内的线路、出发站点、中转站点、到达站点的装卸能力等有关规定来承接托运的零担货物，办理托运手续。受理托运时，货运员必须严格遵守企业承运货物的有关规程，根据托运要求向托运人询问清楚后认真填写托运单和货票，并交由托运人审核无误后方可承运。

2. 收货验货贴标

货运员在填写好托运单和货票后，必须马上对单验货，认真点件交接，做好记录，按托运单编号填写标签及有关标志（见图 2-24、图 2-25、图 2-26），对笨重货物、贵重货物、易损坏的货物以及危险货物应打上醒目标志，实施重点移交。财务人员根据货票收取运杂费，并将货票客户联交由货主并提醒货主再次审核，其余联按规定分类陈放。

图 2-24　货运标签样例 1

图 2-25　货运标签样例 2

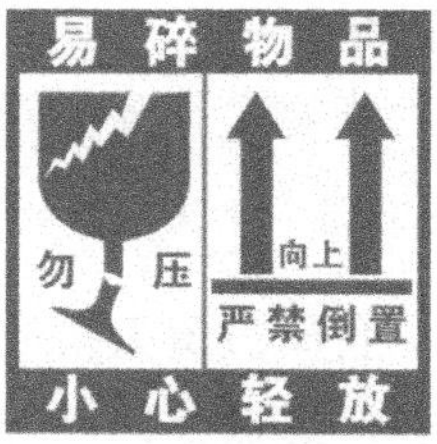

图 2-26　易碎品标志

3．货物分类入库

在办理完相关托运手续后，负责办理手续的货运员应按规定及时将货物交由负责保管的仓库管理人员。负责保管的仓库管理人员应及时填写“货物入库单”，严格按货物种类、急缓要求、运输方向、到达站点实施分类码放。零担货物在仓库的存放时间短，周转快，应主要控制货物的出入库效率和库内存放货位的管理。货物进出仓库要严格执行照单入库或出货，做到以票对货，票票不漏，货票相符。

4．货物配载装车

货物配载装车应注意以下事项：

（1）按车辆容载量和货物的形状、性质进行合理配载，依据货票填写好货物装车清单（见表 2-14 装车清单），对不同到达站点要分单填制。

（2）将装车货物货票附于装车清单后面。

（3）按到达站点先后和货物运输实际要求点件装车。

（4）装卸人员要严格按照装卸作业要求装车。

（5）对不便要求驾驶员点件移交的车辆，装完车后，要按规定打上铅封，但相关货票清单必须交由驾驶员，由驾驶员交由到达站。

5．货物运输

公路零担运输车辆应按时发车，按规定线路行驶，中途卸货站要由中途站的值班人员在行车路单上鉴定到发车时间与装卸车后货物的装载状况。

6．货物到站卸货

货车辆到站后，到达站仓库负责人员应首先查验货物车载外围状况，如无异常方可卸货，如有异常情况，应及时向承运驾驶员问明情况，并依据规定进行相应处理。

7．验货对单入库

在卸货入库的过程中，到达站的仓库负责人员核对随车来的托运货票和清单，按照票、单、货相符的原则验货入库。到达站的仓库负责人员发现货票不符、有票无货、有货无票、票单不清、货物破损等情况，立即与发送站核对，超越处理权限的应报请有关负责人协同处理。

8．货物仓储保管

在货物入库的过程中，仓库负责人员应根据货物的性质，从安全和加速货物流通，提高经济效益出发，对货物进行分类码放。

9．交付和中转

货物入库后，仓库负责人员应及时通知收货人提货，对指定送货上门的货物，及时联系客户，按规定给客户送货上门，并办理好相关手续。对中转货物应及时按规定及时通知相关业务人员进行中转，并回收保管好中转单据，做好登记，以便备查。

表 2-14　装车清单

××物流公司随货同行清单

始发站：　　到达站：　　车次：　　车号：　　装车日期：

序　号	票　号	客户名称	品　名	包　装	件　数	重量/吨	体积/立方米	现　金	自　提	提付金额	详细送货地址	联系电话	备　注
1													
2													
3													
4													
5													
合　计													
装车记录备注													

二、公路整车运输的流程操作

对于整车运输，一般为企业客户，通常情况下需要派车至工厂装货，装货完毕直接干线运输至收货人或指定站点，其操作流程如图 2-27 所示。

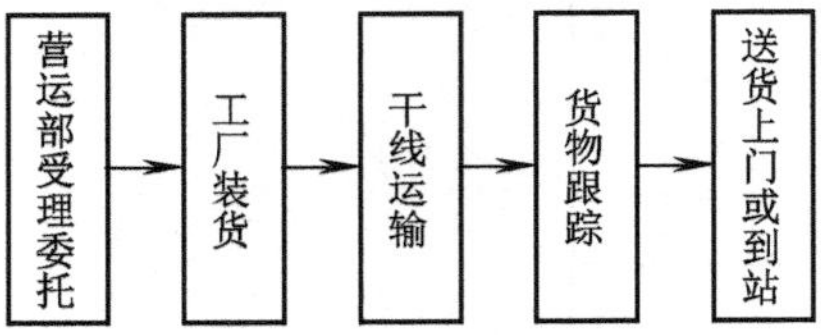

图 2-27　整车运输操作流程

1. 营运部受理委托

公路运输企业在接到客户的需求后，需要了解货物相关信息，包括货物名称、包装、数量、重量/体积、货值及货物去向等；然后结合运输要求选择所用车型及线路，向车队签发派车指令（见表 2-15），确定承运车辆车型、车号、驾驶员姓名、身份证号及联系方式等内容。

对于自有车辆：确定车型、办理运输手续、带好相关证件、检查车辆状况方可起程。

对于外协车队车辆：核查车辆资质，交代驾驶员到厂或库房装货时应注意的各项要求，严格按要求进行操作。

表 2-15　派车单

××物流公司派车单			
日　　期		车牌号码	
车　　型		驾 驶 员	
装货地址		卸货地址	
运　　费		负 责 人	
货物明细备注：			

2. 工厂装货

（1）一般由物流公司现场操作人员带领驾驶员进驻工厂上门提货；核实货物各种数据及确定外包装完好无损情况下装货。

（2）大宗货物需要有物流公司人员带车到达装货点，应执行下列规定：

1）具体的每单业务指派一名业务人员之后，业务人员签好派车单上应签的姓名、路线及时间。

2）由带车人员找到公司订好的车源，并认真核实车的状况，病车、伤车、车况不良者订好后也要弃用，并尽快反馈回公司，由营运部具体协调。

3）由于各地的道路交通特殊原因，有许多路是禁行的，如果线路不明，需要及时与物流公司联系，确保安全、准时地将车辆带到指定装货现场。

（3）装货。操作人员联系到成品库相关人员后，必须确认货物的交接程序，核实出货信息是否与所报的信息相符，对货物的重量、数量、规格等需要了解清楚。

在装车时，操作人员应遵守仓库的规章制度。

装车过程中操作人员一定要注意件数的清点，注意驾驶员对货物的清点和签收的态度，要讲清驾驶员对货物的货损货差的责任。

整个装车过程中，争取做到检查三遍：第一遍是在确定单据之后、装车之前，在甲方工厂或仓库里一定要检查好货的数量及包装。装车之前，包装有破损的，装车人员一定拒绝装车，如果甲方仍坚持，则一定在单据上注明，以免在收货人收到货物时引起麻烦。第二遍是在装车时，在整个装货过程中，带车人员一定要尽职尽责，坚守岗位，把所发货源的信息记在自己的笔记本上，以便日后查证。第三遍是在整车货物或在这一单业务中的所有物品都装车完毕后，一定要最后检查一遍，以便与客户最后确定单据，在确保安全质量的前提下，完成装车任务。

装完货的固定过程，也是整个运输过程中关键的一个环节，尤其是半封闭车型装完车盖苫布时，作业人员一定要仔细观察顶部几层苫布，夹板是否完好等细节，不能因疏忽而导致雨淋损失，整个过程要进行全面的监督、检查，一定做到箱门不锁不动车。

3. 干线运输

当车辆驶出工厂或库房时，物流公司人员一定要在车辆起程前再给车队和驾驶员提醒行车注意事项：

（1）要求其严格按规程操作。

（2）严格按照制订的运输方案执行，随时与在途的车队、驾驶员保持联络，进行全程监控。

（3）驾驶员不得在无正当理由的情况下将货物远离正常行驶路线或滞留途中，如有特殊原因，应在第一时间通知物流公司客服中心。

4. 货物跟踪

物流公司人员按要求应掌握五个时间段的运输信息：提货装车时间；起程、发车时间；途中行车及道路顺畅情况；到达收货地城市时间；交、验货时间和过程。整车货物运行里程1 000公里以上，物流公司人员应及时掌握车辆所在位置。

5. 送货上门或到站

运输车辆安全到达收货地，应注意以下几点：

（1）如出现延误、货损、货差，应及时与物流公司营运中心联系，做好记录按照合同立即向承运商及驾驶员提出索赔（要紧追不舍），否则公司向客户的赔付会造成物流公司意想不到的损失。

（2）货运驾驶员应当按规定将货物完好地交到货主手中，并要求对方查收后在回执单上签字，按规定时间以传真或书面形式返至物流公司，以便整理归档。

任务实施

一、任务实施的环境

2014年7月10日至11日，小张分别接到两位客户的运输需求任务。其中一位客户要运50吨布匹前往广州。另一位客户要运两箱丝绸前往武汉。请分别以不同的角色完成整车运输操作和零担运输操作。

二、任务实施的步骤

公路零担运输的流程操作可参考下面的步骤：

第一步：先将学生进行分组，每组 8 人；分别扮演不同的角色，其中托运人 1 人，货运员 1 人，财务人员 1 人，发站仓库人员 1 人，装车人员 1 人，卸车人员 1 人，到站仓库人员 1 人，收货人 1 人；并对每一个角色的岗位职责进行明确。

第二步：准备几种规格的模拟纸箱若干及模拟车辆 1 台；准备相应空白单据，如道路货物运单、货票及货运标签、易碎品标签若干。

第三步：准备相应辅助材料，如发站模拟章、到达站模拟章各 1 枚。

第四步：先单独对托运受理进行模拟操作，再单独模拟到达作业。

三、技能训练及相关实践知识

公路运输的流程操作技能训练

【训练任务 2-5】 2014 年 7 月 10 日，小张接到一位企业客户的运输需求任务，该客户需要从湖州工厂发运 50 吨布匹前往广州。发货人为湖州美欣达集团，委托人为小孙，发货地址为湖州美欣达路 1000 号，收货人为广州美邦服装厂，收货地址为广州黄埔区第二大街 1500 号。由于货物量大，需要按整车办理，请分别以不同的角色完成整车运输操作。

2014 年 7 月 11 日，小张受理了湖州天昌丝绸厂的发货申请，该公司发货两箱丝绸，地址为湖州开发区凤凰路 10 号，委托人为小孙，联系电话为 1350572××××；收货人为武汉市江夏区新世界百货，地址为武汉市江夏区虹口路 101 号，联系人为赵六，联系电话为 1350716××××；每箱丝绸尺寸为 1 米×1 米×0.5 米、每箱毛重为 10 千克，每箱价格为 10 000 元，要求保价。请分别以不同的角色完成零担运输操作。

【训练建议 2-5】 分组完成。学生根据所担任的角色进行模拟操作，要求团队协作良好、单据流转正确，货物操作规范。

【评价建议 2-5】 可用公路运输的流程操作技能训练评价表（见表 2-16）对学生操作技能进行评价。

表 2-16　公路运输的流程操作技能训练评价表

<table>
<tr><td>学生姓名</td><td colspan="5"></td></tr>
<tr><td>测评日期</td><td></td><td>测评地点</td><td colspan="3"></td></tr>
<tr><td>测评内容</td><td colspan="5">公路运输的流程操作</td></tr>
<tr><td rowspan="5">考评标准</td><td>内　容</td><td>分值/分</td><td>自　评</td><td>互　评</td><td>师　评</td></tr>
<tr><td>单据填写正确</td><td>30</td><td></td><td></td><td></td></tr>
<tr><td>单据流转正确</td><td>20</td><td></td><td></td><td></td></tr>
<tr><td>货物验收、装车、卸车等操作规范</td><td>30</td><td></td><td></td><td></td></tr>
<tr><td>体现团队协作</td><td>20</td><td></td><td></td><td></td></tr>
<tr><td colspan="2">合　计</td><td>100</td><td></td><td></td><td></td></tr>
<tr><td colspan="2">最终得分（自评 30%+互评 30%+师评 40%）</td><td colspan="4"></td></tr>
<tr><td colspan="6">说明：测评满分为 100 分，60～74 分为及格，75～84 分为良好，85 分以上为优秀。60 分以下的学生，需重新进行知识学习、任务训练，直到任务完成达到合格为止。</td></tr>
</table>

归纳总结

公路运输的组织工作按照公路运输方法进行分类，包括零担运输、整车运输和集装箱运输。公路零担运输由于涉及多个发货人、多个收货人、多个不同的收货地点、货物的尺寸不一，相对来说，其组织工作较为复杂。而公路整车运输和公路集装箱运输一般为一个发货人和一个收货人，组织工作相对简单。要对公路运输的流程进行模拟操作，首先需要梳理整个流程；然后将流程进行分解，分析其中包含的角色，并对角色的岗位职责进行分工；同时，要明确各种单据的流转。

通过本任务内容的学习，作为公路运输业务员的你应该对公路运输的流程有了一定的了解，要真正掌握这些知识和操作技能，还要不断地思考与总结，在实训条件允许的情况下，多进行模拟操作。下面提供一组思考问题，请客观地作答，并结合本任务内容，对自己的学习工作进行反思。

思考问题

一、问答题

1. 公路零担运输的组织形式有哪些？
2. 请叙述公路零担运输的作业流程。
3. 请介绍公路零担运输和公路整车运输在作业流程上的区别。

二、名词解释

1. 固定式零担货运班车
2. 非固定式零担货运班车
3. 中转式零担货运班车

三、单选题

1. 在起运站将不同发货人托运至同一到站且性质适宜配载的各种零担货物，同时装运至到达地的运输组织形式是（　　）。

A. 中转式零担运输　　B. 直达式零担运输
C. 沿途式零担运输　　D. 非固定式零担运输

2. 不需要分类入库的公路运输形式是（　　）。

A. 中转式零担运输　　B. 直达式零担运输
C. 沿途式零担运输　　D. 整车运输

3.（　　）是指将各发货人托运到同一到达站，而且性质适合配装的零担货物，同一车装运直接送至到达站。

A. 中转式零担运输　　B. 直达式零担运输
C. 沿途式零担运输　　D. 非固定式零担运输

4. 整车运输在装车过程中，应该检查（　　）遍。

A. 1　　B. 2

C. 3　　D. 4

5. 车辆在装车时，应该遵循的原则是（　　）。

A. 后送后装　　B. 先送后装

C. 重货在上、轻货在下　　D. 体积大的在上

四、案例分析题

请上网学习我国物流顽症系列电视节目，归纳导致我国物流顽症的根源。

拓展提高

营业税改增值税致物流业成本增加 2 000 多万元

2013 年 4 月，国务院决定进一步扩大交通运输业和部分现代服务业“营改增”试点，从 2013 年 8 月 1 日起试点在全国范围内推开。

以上海市为例，上海市交通运输业和部分现代服务业从 2012 年 1 月 1 日起其实就已经开展“营改增”试点，其改革的主要内容是在原有增值税 17%和 13%两档税率的基础上，新增设 11%和 6%两档低税率，交通运输业适用 11%的税率，代替了过去营业税 3%的税率；而物流辅助服务按照 6%的税率征收增值税，代替过去 5%的营业税税率。

但是，率先纳入到“营改增”试点范围的交通运输业似乎并没有尝到减负所带来的甜头。据测算，“营改增”后运输业实际税负由原来的 2%左右提升到 4%左右。究其原因是企业的进项抵扣有限，这主要由两个原因造成：

一是不允许抵扣的成本项目较多。从货运企业的成本支出结构来看，过路过桥费、车辆设备的折旧费、人力成本、房屋租金、保险费等无法抵扣项目占到了总成本的 60%左右。过路过桥费是运输成本构成中的第二大项，很多企业的过路过桥费占到企业经营成本的 20%左右。同样，驾驶员工资水平很多在 7 000～10 000 元，这部分支出也是运输企业的很大一块成本，也无法纳入“营改增”的增值税进项抵扣。

二是可抵扣项目落实也存在困难。大部分运输企业从事跨地区运输，燃油费、修理费都是沿途发生的，随意性比较大，而很多提供这些商品和服务的商家根本不具备开具增值税专用发票的资格，因此物流企业往往无法取得增值税专用发票。据有关机构发布的报告中统计，在“货物运输服务”中，燃油、修理费等可抵扣进项税的成本所占比重不足 40%，有些还很难取得增值税专用发票，实际进入进项税额抵扣的比例更低。

营改增的好处显而易见，如解决了企业重复纳税的问题。但主要的问题是税率设置不合理，割裂了物流业各个环节。据有关资料显示，目前，我国物流业务划分为交通运输业与部分现代服务业两类税目，其中陆路运输服务、水路运输服务、航空运输服务、管道运输服务、物流辅助服务（含仓储、装卸、货代、配送等）等各环节税率不相同，税目不统一，发票也不一致，这成为困扰物流业发展的政策瓶颈。为彻底解决现行试点政策割裂运输与物流辅助服务，阻碍物流一体化的问题，应不再区分交通运输业和物流辅助业，而是设定一个统一的税率，使纳税人不必为适应新的税制调整经营决策和模式，进而降低纳税人的税收遵从成本。

注：目前交通运输业增值税税率已降为 9%。

（资料来源：陈玮英，中国企业报）

课外阅读

快递集体涨价再被叫停与电商“抢食”矛盾激化

（2014 年 8 月）2014 年以来，全国先后有三个城市发生快递联合涨价的事件，4 月份，厦门市快递协会向当地电商企业发起《厦门市快递市场价格自律公约》，统一确立寄件最低价格，最终因涉嫌垄断被当地有关部门叫停；6 月 30 日，湘潭市 4 家快递公司联手上调电商和散户的快递费用，随后被该市物价局以涉嫌串通涨价叫停；8 月份，重庆 6 家快递公司多次召开价格协调会议，并于 2014 年 8 月 1 日起统一提高了快递收费标准，被重庆市物价局查办，主要原因是相互串通、操纵市场价格，违反了《价格法》相关规定。

以上三次快递联合涨价事件，究其原因，主要存在以下几个方面：

1．低价竞争快递价格已混战多年

目前我国诸如“四通一达”的民营快递企业均采用加盟模式，在这种模式下，网络内的上千家加盟网点以及其下数千乃至上万个门店，实际上都是独立企业。它们使用总部的品牌和网络，并为此支付加盟费。但总部对网点的管理常流于松散。对加盟网点的这种涨价行为，快递企业总部往往无能为力。

业内人士分析，目前一票快件最低成本一般在 5 元左右，包括派件费 1.5～2.5 元，取件费 0.5～1 元，运输费 1～3 元，人工操作费用 0.5～1 元，信息成本 0.2 元，加上一定的税费。但有的加盟网点为争抢地盘和份额，不惜亏钱血拼，甚至打出“10 元 3 票”“1 000 元包仓”等“割肉价”。

据有关行业统计数据显示，国内快件的运价，平均已从 2007 年的 27.05 元/票下降到 2013 年 15.69 元/票，2014 年上半年更是下降至 15.21 元/票。某快递企业快递负责人形象地描述：“现在大家是在喝稀饭，肚子撑得很大，但实际上没什么营养。”

2．电商企业压榨快递企业

据了解，上述三起涨价事件中有个共同点，基本上都是针对电商发出的涨价通知。曾几何时，快递和电商对外展现出荣辱与共、唇亡齿寒的形象，快递行业的规模扩张得益于近年来电子商务的井喷式增长。据中国电子商务研究发布的《2013 年度中国网络零售市场数据监测报告》显示，目前我国 70%以上的网购业务需要依靠快递完成，快递行业 50%以上营业收入来自电商。

如今这种亲密的合作共赢关系正在悄悄发生改变。一些电商或是网店利用单量不断压榨快递公司。电商企业特别是一些网店不仅是通过商品差价而且是通过快递差价挣钱，一方面赚取作为商品经营者的差价利润；另一方面把本应该是快递公司的钱通过压低快递公司的报价从中牟利，甚至可以说赚取了快递公司的大部分利润。当快递公司每天早出晚归取件派件，一年到头却发现并不赚钱的时候，当然也希望通过一定的形式养活自己。最终，涨价似乎成为必然的选择。

（资料来源：扬子晚报网）

单元三　航空运输组织

学习目标

通过本单元任务的学习，你将了解我国航空运输的发展现状；了解国际民用航空组织和国际航空运输协会这两大与航空运输相关的组织；熟悉航空公司、航空货代公司、航空港、航线、航班、航空运输业务区的相关缩略语和知识；掌握航空货运委托书和航空运单的作用及填制方法；熟悉航空运输费用的计算方法。

能够：

- ⇨ 根据客户运输任务为客户选择正确的航空运输类型，能完成网上询价任务。
- ⇨ 根据客户需求信息制作航空货运委托书；根据客户需求信息制作航空主运单和航空分运单；能正确地分析航空主运单和航空分运单的区别。
- ⇨ 根据货物信息正确计算计费重量；根据航空运价表和货物信息选择正确的航空货物运价；正确计算航空运费。
- ⇨ 正确地填制航空进出口中除航空运单之外的其他单据；以小组为单位完成航空货物出口运输代理业务操作；以小组为单位完成航空货物进口运输代理业务操作。

工作任务

航空货运代理操作员或业务员，根据客户委托要求，审核相关单证，向航空公司办理订舱手续，并制作航空运单，完成航空运费的核算，受托运人的委托，办理出口报关等手续，按照航空货物出口运输代理业务流程，科学地组织各环节的作业，完成将货物和单据交给航空公司的任务，并委托目的地代理完成取货和交货任务。

航空运输组织主要包括航空运输认知、航空运输单据制作、航空运输费用核算、航空运输流程操作等工作。

任务一 航空运输认知

知识点：国际民用航空组织和国际航空运输协会的主要职责；航空运输业务区的划分；航空运输的种类；集中托运的优势与局限性；航空快递与普通航空运输的区别；航空运输的特点及适用范围。

能力点：能正确地进行航空运输时差计算；能根据客户运输任务为客户选择正确的航空运输类型，能完成网上询价任务。

任务情境

某航空货代公司的运输业务

小五是杭州某高职院校的大三学生，2014 年 7 月 1 日进入上海葵克国际货物运输代理有限公司实习。公司最近业务繁忙，特别是选择航空运输业务的客户较多。于是，小五被经理杨先生安排在了客户服务部门，让小五负责接受客户咨询等相关事宜。航空代理的业务比较烦琐，既有国内空运代理，也有国际空运代理，需要了解的常识非常多，于是小五开始恶补航空运输知识。

任务分析

该任务是从事航空运输代理业务需要的知识储备工作。完成此任务需要了解国际民用航空组织和国际航空运输协会在国际航空运输中的作用，了解国内外航线，熟练掌握航空运输的时差计算；了解航空运输的种类，特别是掌握集中托运方式下航空货代公司的盈利模式，了解集中托运和航空快递的区别及集中托运中的有关限制。

任务实施的相关专业知识

一、我国航空运输现状

航空运输作为我国的主要运输方式之一，近年来，在国家的大力支持下，我国的航空运输事业取得了迅猛的发展，2014 年我国航空运输现状如下。

1. 通航城市和机场

截至 2014 年年末，我国境内共有颁证民用航空机场 202 个，比 2013 年年末增加 9 个，其中定期航班通航机场 200 个，定期航班通航城市 198 个。其中，年旅客吞吐量达到 100 万人次以上的通航机场有 64 个，比 2013 年增加 3 个，年旅客吞吐量达到 1 000 万人次以上的有 24 个，与 2013 年持平。年货邮吞吐量达到 10 000 吨以上的有 50 个，与 2013 年持平。

2. 我国航线现状

截至 2014 年年底，我国共有定期航班航线 3 142 条，按重复距离计算的航线里程为 703.11 万公里，按不重复距离计算的航线里程为 463.72 万公里。我国主要航空线分布图如图 3-1 所示。

截至 2014 年年底，定期航班国内通航城市 198 个（不含香港、澳门、台湾）。我国航空公司国际定期航班通航 48 个国家的 123 个城市，定期航班通航香港的内地城市 37 个，通航澳门的内地城市 11 个，通航台湾地区的大陆城市 43 个。

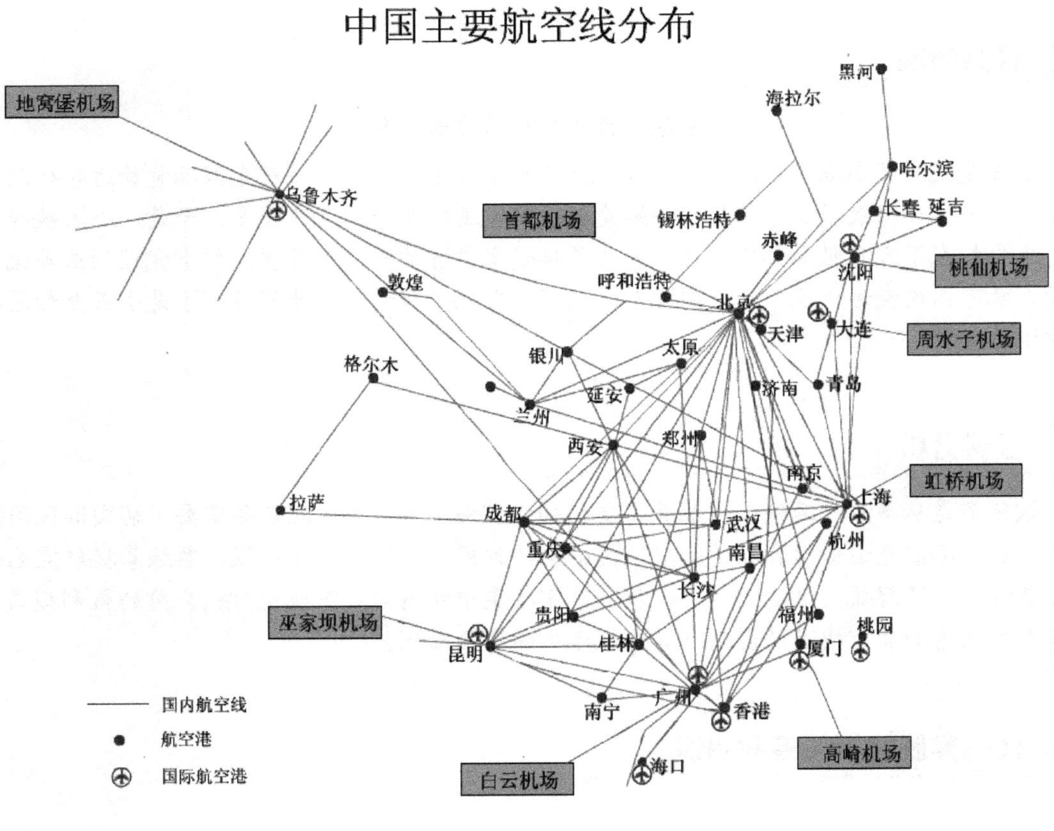

图 3-1 我国主要航空线分布

3. 客货运输量

2014 年全国民航完成旅客运输量 3.9 亿人次，旅客周转量 6 334.2 亿人·公里，比 2013

年分别增长 10.7%和 12.0%。其中，国内航线、港澳台航线、国际航线分别完成旅客运输量 3.6 亿人次、1 005.2 万人次和 3 155.0 万人次，比 2013 年分别增长 10.1%、11.2%和 18.8%；完成货邮运输量 594.1 万吨，货邮周转量 187.8 亿吨·公里，比 2013 年分别增长 5.9%和 10.3%；民航运输机场完成旅客吞吐量 8.32 亿人次，比 2013 年增长 10.2%。完成货邮吞吐量 1 356.1 万吨，比 2013 年增长 7.8%。

二、航空运输有关组织

1. 国际民用航空组织

国际民用航空组织（International Civil Aviation Organization，ICAO）是政府间的国际航空机构，成立于 1947 年 4 月 4 日，总部设在加拿大的蒙特利尔，根据 1944 年芝加哥国际民用航空公约设立，是联合国所属专门机构之一，图 3-2 为该组织标识。我国是该组织成员，也是该组织的理事国。

图 3-2　国际民用航空组织标识

国际民用航空组织的宗旨为发展国际航行的原则和技术，并促进国际航空运输的规划和发展。具体是指：

（1）保证全世界国际民用航空安全地和有秩序地发展。

（2）鼓励为和平用途的航空器的设计和操作技术。

（3）鼓励发展国际民用航空应用的航路、机场和航行设施。

（4）满足世界人民对安全、正常、有效和经济的航空运输的需要。

（5）防止因不合理的竞争造成经济上的浪费。

（6）保证缔约各国的权利充分受到尊重，每缔约国均有经营国际空运企业的公平的机会。

（7）避免缔约各国之间的差别待遇。

（8）促进国际航行的飞行安全。

（9）普遍促进国际民用航空在各方面的发展。

2. 国际航空运输协会

国际航空运输协会（International Air Transport Association，IATA，以下简称国际航协）于 1945 年 4 月 16 日在古巴哈瓦那成立，是各国航空运输企业之间的组织，其会员包括全世界一百多个国家中经营国际、国内定期航班的航空公司，图 3-3 为该协会标识。我国的中国国际航空公司、中国东方航空集团公司等多家航空公司近年来也陆续加入了国际航协。

图 3-3　国际航空运输协会标识

国际航协的主要宗旨是：

（1）促进安全、正常和经济的航空运输以造福于世界各族人民，培植航空商业并研究与其有关的问题。

（2）为直接或间接从事国际航空运输服务的各航空运输企业提供协作的途径。

（3）与国际民航组织及其他国际组织合作。

半个多世纪以来，国际航协充分利用航空公司的专门知识在多个方面做出了重大贡献，这中间包括推动地空通信、导航、航空器安全飞行等新技术；制定机场噪声、油料排放等环境政策；与国际民航组织密切联系制定一系列国际公约；协助航空公司处理有关法律纠纷；筹建国际航空清算组织；推进行业自动化，促进交流；对发展中国家航空运输企业提供从技术咨询到人员培训的各种帮助；在航空货运方面制定空运集装箱技术说明及航空货运服务有关规章；培训国际航协代理人等。另外，定期召开的 IATA 会议还为会员提供了讨论航空运输规则、协调运价、统一单证、财务结算等问题的场所。

3．中国航空运输协会

中国航空运输协会（China Air Transport Association，CATA）是民航协会体制改革后成立的第一个民间社会团体，是依据民航总局党委《关于民航协会改革指导意见》于 2004 年 8 月 24 日开始筹备的，由中国航空集团公司牵头，中国东方航空集团公司、中国南方航空集团公司，以及海南航空股份公司、上海航空股份公司、中国民用航空学院、厦门航空有限公司、深圳航空有限责任公司、四川航空股份公司九家单位发起设立。2005 年 2 月 8 日民航总局审核同意航协筹备成立，民政部于 9 月 6 日正式批准了设立申请，目前该协会已有单位会员 39 个，图 3-4 为该协会标识。

图3-4　中国航空运输协会标识

CATA 航空运输资质是指由中国航空运输协会颁发的经营民用航空旅客运输和货物运输销售代理资格，是正规机票代理商所必备的资质。

三、航空公司

航空公司（Airlines）是以各种航空飞行器为运输工具为乘客和货物提供民用航空服务的企业，它们一般需要一个官方认可的运行证书或批准。航空公司使用的飞行器可以是它们自己拥有的，也可以是租来的，它们可以独立提供服务，或者与其他航空公司合伙或者组成联盟。航空公司的规模可以从只有一架运输邮件或货物的飞机到拥有数百架飞机且提供各类全球性服务。航空公司的服务范围可以分洲际的、洲内的、国内的，也可以分航班服务和包机服务。在货运业务方面，航空公司一般只负责空中运输，即从一个机场运至另一机场的运输。

截至 2014 年年底，我国共有运输航空公司 51 家，按不同类别划分：国有控股公司 38 家，民营和民营控股公司 13 家；全货运航空公司 6 家；中外合资航空公司 11 家；上市公司 5 家。表 3-1 列出了我国部分航空公司两字代码、三字代码和结算代码等信息。

国际民用航空组织为全球各航空公司指定三个字母的 ICAO 航空公司代码（见表 3-1 和表 3-2）。国际航空运输协会为全球各航空公司指定两个字母的 IATA 航空公司代码（见表 3-1 和表 3-2），但是有许多地区性的航空公司或低成本航空公司并非国际航空运输协会的成员。

表 3-1　我国现有部分航空公司及代码

航空公司名称	两字代码（IATA）	三字代码（ICAO）	结算代码	航空公司名称	两字代码（IATA）	三字代码（ICAO）	结算代码
中国国际航空	CA	CCA	999	天津航空	GS	GCR	826
大连航空	CA	CCD	999	西部航空	PN	CHB	847
山东航空	SC	CDG	324	大新华航空	CN	GDC	895
深圳航空	ZH	CSZ	479	金鹿航空	JD	DER	898
鲲鹏航空	VD	KPA	981	扬子江快运	Y8	YZR	871
昆明航空	KY	KNA	833	福州航空	FU	FZA	666
西藏航空	TV	TBA	88	乌鲁木齐航空	UQ	CUH	886
青岛航空	QW	QDA	912	吉祥航空	HO	DKH	18
中国东方航空	MU	CES	781	九元航空	AQ	JYH	902
上海航空	FM	CSH	774	春秋航空	9C	CQH	89
中联航	KN	CUA	822	华夏航空	G5	HXA	987
幸福航空	JR	JOY	929	四川航空	3U	CSC	876
中国南方航空	CZ	CSN	784	成都航空	EU	UEA	811
厦门航空	MF	CXA	731	奥凯航空	BK	OKA	866
重庆航空	OQ	CQN	878	瑞丽航空	DR	RLH	299
海南航空	HU	CHH	880	顺丰航空	O3	CSS	921
祥鹏航空	8L	LKE	859	友和道通	UW	UTP	699
港龙航空公司	KA	HDA	43	澳门航空公司	NX	AMU	675

表 3-2　部分国际航空公司代码

国际航空公司					
航空公司名称	两字代码（IATA）	三字代码（ICAO）	航空公司名称	两字代码（IATA）	三字代码（ICAO）
大韩航空公司	KE	KAL	文莱皇家航空公司	BI	RBA
韩亚航空公司	OZ	AAR	新加坡胜安航空公司	MI	SLK
日本航空公司	JL	JAL	马来西亚航空公司	MH	MAS
全日空公司	NH	ANA	埃塞俄比亚航空公司	ET	ETH
新加坡航空公司	SQ	SIA	波兰航空公司	LO	LOT
泰国国际航空公司	TG	THA	罗马尼亚航空公司	RO	ROT
美国达美航空公司	DL	DAL	乌兹别克斯坦航空公司	HY	UZB
加拿大国际航空公司	AC	ACA	伏尔加第聂伯航空公司	VI	VDA
美国联合航空公司	UA	UAL	乌克兰航空公司	6U	UKR
英国航空公司	BA	BAW	哈萨克斯坦航空公司	K4	KXA
荷兰皇家航空公司	KL	KLM	蒙古航空公司	OM	MGL
德国汉莎航空公司	LH	DLH	巴基斯坦国际航空公司	PK	PIA
法国航空公司	AF	AFR	菲律宾航空公司	PR	PAL
瑞士航空公司	SR	SWR	尼泊尔航空公司	RA	RNA
奥地利航空公司	OS	AUA	伊朗航空公司	IR	IRA
俄罗斯国际航空公司	SU	AFL	朝鲜航空公司	JS	KOR
澳洲航空公司	QF	QFA	以色列航空公司	LY	ELY
芬兰航空公司	AY	FIN	印度尼西亚鹰航空公司	GA	GIA
意大利航空公司	AZ	AZA	缅甸国际航空公司	UB	UBA
斯堪的纳维亚（北欧）航空公司	SK	SAS	越南航空公司	VN	HVN

四、航空货代公司

航空货代公司又称空运代理人，其工作是整个航空货物运输链中不可或缺的一个重要环节。由于空运货物一般价值高，时间紧，若处理不当，会造成损失，因此货主往往委托空运代理人办理相关的手续事宜。

空运代理人主要从事航空货物在始发地交航空公司前的揽货、接货、报关、订舱及在目的地从航空公司处接货、报关或送货等一系列业务。这就需要空运代理人拥有相当广泛的产品知识，了解复杂的法律和所需的单证，熟悉货物运载的要求及航运中转点的手续，以及有关货运管理费、理赔、保险、报验、许可证、税收等多方面的知识，还必须及时掌握相关法规的变动要求。

根据 IATA 规定，空运代理人可从航空公司收取订舱佣金（5%）以及运价回扣。按航空公司发布的运价费率代发货人交付运费，并向发货人收取所提供的相关服务的手续费。

五、航空港

截至 2014 年，全国民航运输机场完成旅客吞吐量 8.32 亿人次，比上年增长 10.2%；全国运输机场完成货邮吞吐量 1 356.08 万吨，比 2013 年增长 7.8%；旅客吞吐量 100 万人次以上的运输机场 64 个，其中北京、上海和广州三大城市机场旅客吞吐量占全部机场旅客吞吐量的 28.3%，北京首都机场完成旅客吞吐量 0.86 亿人次，连续五年稳居世界第二；上海浦东机场完成货邮吞吐量 318.2 万吨，连续七年位居世界第三。2014 年我国部分机场吞吐量排名见表 3-3。

表 3-3　2014 年我国部分机场吞吐量排名

吞吐量 部分机场	旅客吞吐量/人				货邮吞吐量/吨			
机　场	名　次	本期完成	上年同期	比 2013 年增减（%）	名　次	本期完成	上年同期	比 2013 年增减（%）
北京/首都	1	86 128 313	83 712 355	2.9	2	1 848 251.5	1 843 681.1	0.2
广州/白云	2	54 780 346	52 450 262	4.4	3	1 454 043.8	1 309 746	11.0
上海/浦东	3	51 687 894	47 189 849	9.5	1	3 181 654.1	2 928 527	8.6
上海/虹桥	4	37 971 135	35 599 643	6.7	6	432 176.4	435 116	−0.7
成都/双流	5	37 675 232	33 444 618	12.6	5	545 011.2	501 391	8.7
深圳/宝安	6	36 272 701	32 268 457	12.4	4	963 871.2	913 472	5.5
昆明/长水	7	32 230 883	29 688 297	8.6	9	316 672.4	293 628	7.8
重庆/江北	8	29 264 363	25 272 039	15.8	12	302 335.8	280 150	7.9
西安/咸阳	9	29 260 755	26 044 673	12.3	15	186 412.6	178 858	4.2
杭州/萧山	10	25 525 862	22 114 103	15.4	7	398 557.6	368 095	8.3
厦门/高崎	11	20 863 786	19 753 016	5.6	10	306 385.0	299 491	2.3
长沙/黄花	12	18 020 501	16 007 212	12.6	20	125 037.8	117 589	6.3
武汉/天河	13	17 277 104	15 706 063	10.0	17	143 029.6	129 450	10.5
青岛/流亭	14	16 411 789	14 516 669	13.1	14	204 419.4	186 196	9.8
乌鲁木齐/地窝堡	15	16 311 140	15 359 170	6.2	16	162 711.3	153 275	6.2

（续）

吞吐量 部分机场	旅客吞吐量/人				货邮吞吐量/吨			
机　场	名　次	本期完成	上年同期	比2013年增减（%）	名　次	本期完成	上年同期	比2013年增减（%）
南京/禄口	16	16 283 816	15 011 792	8.5	11	304 324.8	255 789	19.0
郑州/新郑	17	15 805 443	13 139 994	20.3	8	370 420.7	255 713	44.9
三亚/凤凰	18	14 942 356	12 866 869	16.1	29	75 645.8	62 946	20.2
海口/美兰	19	13 853 859	11 935 470	16.1	22	121 131.4	111 814	8.3
大连/周水子	20	13 551 223	14 083 131	−3.8	19	133 490.0	132 330	0.9

同样，国际航空运输协会也会为各地机场制定相应代码，一般为三字母代码，见表3-4和表3-5。

表3-4　我国部分机场三字代码

全　称	代　码	省　份	全　称	代　码	省　份
北京首都机场	PEK	北京	南京	NKG	江苏
上海浦东	PVG	上海	徐州	XUZ	江苏
上海虹桥	SHA	上海	厦门	XMN	福建
拉萨	LXA	西藏	福州	FOC	福建
天津	TSN	天津	杭州	HGH	浙江
银川	INC	宁夏	温州	WNZ	浙江
临沂	LYI	山东	宁波	NGB	浙江
青岛	TAO	山东	广州	CAN	广东
济南	TNA	山东	珠海	ZUH	广东
潍坊	WEF	山东	深圳	SZX	广东
榆林	UYN	陕西	长沙	CSX	湖南
西安	XIY	陕西	成都	CTU	四川
乌鲁木齐	URC	新疆	兰州	LHW	甘肃
喀什	KHG	新疆	海拉尔	HLD	内蒙古
贵阳	KWE	贵州	乌兰浩特	HLH	内蒙古
南宁	NNG	广西	满洲里	NZH	内蒙古
桂林	KWL	广西	乌海	WUA	内蒙古
南昌	KHN	江西	鄂尔多斯	DSN	内蒙古
合肥	HFE	安徽	包头	BAV	内蒙古
石家庄	SJW	河北	昆明	KMG	云南
郑州	CGO	河南	海口	HAK	海南
沈阳	SHE	辽宁	三亚	SYX	海南
大连	DLC	辽宁	长春	CGQ	吉林
哈尔滨	HRB	黑龙江	武汉	WUH	湖北
佳木斯	JMU	黑龙江	宜昌	YIH	湖北
齐齐哈尔	NDG	黑龙江	长春	CGQ	吉林
牡丹江	MDG	黑龙江	台北	TPE	台湾
太原	TYN	山西	香港	HKG	香港特别行政区
长治	CIH	山西	—	—	—
西宁	XNN	青海	—	—	—
重庆	CKG	重庆	—	—	—

表 3-5 国际主要城市机场三字代码

城　市	代　码	国　家	城　市	代　码	国　家
新加坡	SIN	新加坡	喀士穆	KRT	苏丹
河内	HAN	越南	罗安达	LAD	安哥拉
曼谷	BKK	泰国	约翰内斯堡	JNB	南非
普吉	HKT	泰国	马累	MLE	马尔代夫
雅加达	JKT	印度尼西亚	布鲁塞尔	BRU	比利时
巴厘岛	DPS	印度尼西亚	布达佩斯	BUD	匈牙利
悉尼	SYD	澳大利亚	柏林	BER	德国
墨尔本	MEL	澳大利亚	杜塞尔多夫	DUS	德国
阿拉木图	ALA	哈萨克斯坦	法兰克福	FRA	德国
开罗	CAI	埃及	汉堡	HAM	德国
巴黎	PAR	法国	伦敦	LON	英国
米兰	MIL	意大利	西雅图	SEA	美国
罗马	ROM	意大利	华盛顿	WAS	美国
威尼斯	VCE	意大利	纽约	NYC/JFK	美国
佛罗伦萨	FLR	意大利	拉斯维加斯	LAS	美国
迪拜	DXB	阿联酋	旧金山	SFO	美国
圣彼得堡	LED	俄罗斯	多伦多	YYZ	加拿大
莫斯科	MOW	俄罗斯	马德里	MAD	西班牙
新西伯利亚	OVB	俄罗斯	巴塞罗那	BCN	西班牙
克拉斯诺亚尔斯克	KJA	俄罗斯	哥本哈根	CPH	丹麦
伊尔库茨克	IKT	俄罗斯	斯德哥尔摩	STO	瑞典
阿姆斯特丹	AMS	荷兰	赫尔辛基	HEL	芬兰
苏黎世	ZRH	瑞士	布拉格	PRG	捷克
都柏林	DUB	爱尔兰	华沙	WAW	波兰
雅典	ATH	希腊	维也纳	VIE	奥地利
奥斯陆	OSL	挪威	东京	TYO	日本
吉隆坡	KUL	马来西亚	冲绳	OKA	日本
首尔	SEL	韩国	大阪	OSA	日本
釜山	PUS	韩国	仰光	RGN	缅甸
金边	PNH	柬埔寨	多哈	DOH	卡塔尔
马尼拉	MNL	菲律宾	德黑兰	THR	伊朗
巴格达	BGW	伊拉克	—	—	—

六、航线

目前国际航空运输领域里的主要航线如下。

1．北大西洋航线

北大西洋航线是连接欧洲与北美之间的最重要的国际航线。它集中分布于中纬地区的北大西洋上空，来往于欧洲的伦敦、巴黎、法兰克福、马德里、里斯本和北美的纽约、费城、波士顿、蒙特利尔等主要国际机场之间，它是目前世界上最繁忙的国际航线。

2. 北太平洋航线

北太平洋航线是连接北美和亚洲之间的重要航线。它穿越浩瀚的太平洋以及北美大陆，是世界上最长的航空线。它东起北美大陆东岸的蒙特利尔、纽约等地，横穿北美大陆后，从西海岸的温哥华、西雅图、旧金山、洛杉矶等地飞越太平洋，途中有位于太平洋当中的火奴鲁鲁（檀香山）等中继站，西到亚洲东部的东京、北京、上海、香港、曼谷、马尼拉等城市。

3. 欧亚航线

欧亚航线是横穿欧亚大陆连接大陆东西两岸的重要航线，又称西欧—中东—远东航线。它对东亚、南亚、中东和欧洲各国之间的政治、经济联系起到重要作用。

另外，还有亚洲大洋洲航线、欧非航线、欧洲—拉美航线、北美—拉美航线、北美—非洲航线、北美—大洋洲航线、北极航线等航线。

七、航班

为便于组织运输生产，每个航班都按照一定的规律编有不同的号码以便于区别和管理，这种号码称为航班号。

1. 我国国内航班号编排规则

我国国内航班号由各个航空公司的两字代码加 4 位数字组成，航空公司代码由民航局规定公布。后面的四位数字第一位代表航空公司的基地所在地区，第二位表示航班的基地外终点所在地区（1 为华北，2 为西北，3 为华南，4 为西南，5 为华东，6 为华北，8 为厦门，9 为新疆），第三、第四位表示这次航班的序号，单数表示由基地出发向外飞的去程航班，双数表示飞回基地的回程航班。

例如，CA1202，西安飞往北京的航班，CA 是中国国际航空公司，第一位数字“1”表示华北地区，国航的基地在北京，属华北地区；第二位数“2”表示航班的基地外终点在西北地区；“02”为航班序号，其中末尾数“2”表示是回程航班。

再如，MU5305，上海飞往广州的航班，MU 是中国东方航空公司代码，“5”代表上海所在的华东地区，“3”代表广州所在的华南地区，“05”为序号，单数是去程航班。

根据航班号可以很快地了解到航班的执行公司、飞往地点及方向，这对管理和乘客都非常方便。

2. 国际航班号编排规则

国际航班号由航空公司代码加 3 位数字组成，第一位数字表示航空公司，后两位是航班序号，单数为去程，双数为回程。

例如，CA982，由纽约飞往北京的航班，是由中国国际航空公司承运的回程航班。

八、航空运输业务区

国际航协（IATA）将世界划分为三个航空运输业务区，即 ARETC1、ARETC2、ARETC3 三个大区，简称 TC1 区、TC2 区、TC3 区，如图 3-5 所示。

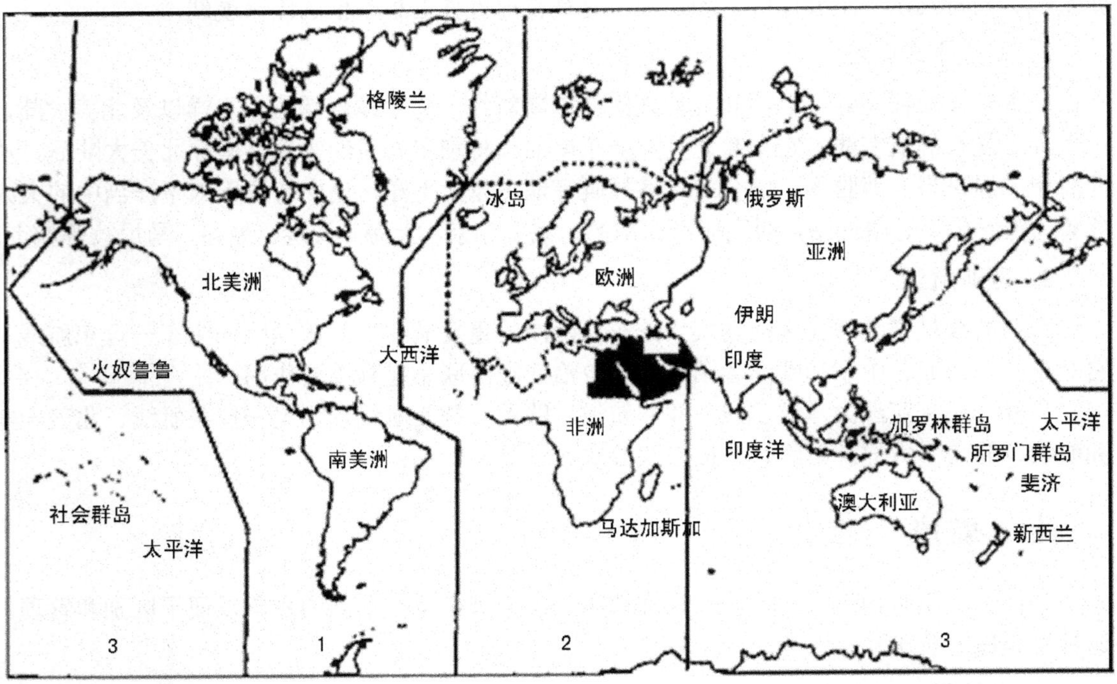

图 3-5　世界三大航空运输业务区

1．TC1 区

（1）范围。TC1 区北起格陵兰岛，南至南极洲。它包括北美洲和南美洲的所有大陆部分及其相邻的岛屿，格陵兰岛、百慕大群岛、西印度群岛和加勒比海群岛、夏威夷群岛（包括中途岛和巴尔米拉岛）。

（2）次区。TC1 区包括加勒比海次区、墨西哥次区、狭长地带次区和南美次区。

2．TC2 区

（1）范围。TC2 区北起北冰洋诸岛，南至南极洲。它包括欧洲全部（包括俄罗斯的欧洲部分）及其近邻岛屿，冰岛、亚苏尔群岛，非洲全部及其近邻岛屿，亚松森群岛，包括伊朗在内及其以西的亚洲部分。

（2）次区。TC2 区包括欧洲次区、中东次区和非洲次区。

3．TC3 区

（1）范围。TC3 区北起北冰洋，南至南极洲。它包括整个亚洲及未包括在 TC2 区范围内的相邻岛屿，整个东印度群岛，澳大利亚、新西兰及不包括在 TC1 区内的太平洋岛屿。

（2）次区。TC3 区包括南亚次大陆次区、东南亚次区、西南太平洋次区和日本/朝鲜次区（东亚次区）。

九、航空运输时差计算

1．理论时区和区时

1884 年 10 月，来自世界 25 个国家的 41 名代表汇聚美国华盛顿，举行了著名的国际经度会议（又称国际子午线会议）。本次会议形成了多项决议，其中“采用以通过格林尼治（旧译‘格林尼治’）的本初子午线为基准的时区制”的决议产生的影响最大。

国际经度会议所划分的标准时区，只是理论上和原则性的规定，称为理论时区。按理论时区确定的标准时，即为区时。理论时区是按经度来划分的，完全不考虑地球上的海陆分布和政治疆界。根据一日分成 24 小时的历史传统，全球分成 24 个时区。各时区采用各自中央经线的地方时作为全区统一的标准时间，即区时。区时同该时区东、西界线的地方时的差值，皆为半小时。这样，在每一时区内部，既消除了时间上各自为政的弊端，也不致发生钟表时刻同太阳光照严重脱节的情况。

2．法定时区和法定时

然而，区时只是理论上的规定，世界各国实际使用的时间并非区时，而是法定时。法定时区是各国根据本国具体情况自行规定的适用于本国的标准时区。法定时区的界限，一般不是依据经线，而是依据实际的政治疆界和社会经济发展状况来确定的。根据法定时区确定的标准时，成为法定时。法定时是目前世界各国实际使用的标准时。

3．飞行时间的计算

航空运输飞行时间的计算步骤如下：

（1）从国际时间换算表（International Time Calculator，见表 3-6）中找出始发站和目的站的标准时间。

（2）将起飞地和到达地的当地时间换算成世界标准时（GMT）。

（3）用到达时间减去起飞时间，即是飞行时间。

【例 3-1】某旅客乘飞机从北京去华盛顿。1 月 28 日乘国航班机从北京启程，北京时间是 9:44。到达华盛顿时，当地时间为 1 月 28 日 15:30。计算该旅客的飞行时间。

第一步：从国际时间换算表（见表 3-6）中找出始发站和目的站的标准时间。

PEK=GMT+0 800（Standard Time）

WAS=GMT−0 500（Standard Time）

第二步：将起飞和到达的当地时间换算成世界标准时（GMT）。

因为北京提前 GMT8 小时，把北京当地时间减去 8 换算成 GMT。

PEK 9:44−0 800（GMT）=GMT 1:44

因为华盛顿落后 GMT5 小时，把华盛顿当地时间加上 5 换算成 GMT。

WAS 15:30+0 500（GMT）=GMT 20:30

第三步：用到达时间减去起飞时间，即飞行时间。

20:30−1:44=18:46（18 小时 46 分钟）

表 3-6　国际时间换算表

国家/地区	标准时差	夏令时差	夏令使用时段
阿富汗	+4.3		
阿尔巴尼亚	+1	+2	3 月 27 日至 9 月 24 日
…	…	…	…
澳大利亚			

（续）

国家/地区	标 准 时 差	夏 令 时 差	夏令使用时段
西澳	+8		
南澳	+9.30		10 月 31 日至次年 3 月 5 日
北领地	+9.30	+10.30	
…	…	…	…
昆士兰	+10	+11	10 月 3 日至次年 3 月 26 日
…	…	…	…
中国	+8		
…	…	…	…
埃及	+2	+3	
…	…	…	…
德国	+1	+2	3 月 27 日至 9 月 24 日

十、航空运输的定义

航空运输又称飞机运输，它是在具有航空线路和飞机场的条件下，利用飞机作为运输工具进行货物运输的一种运输方式。航空运输在我国运输业中，其货运量占全国运输量比重还比较小，主要是承担长途客运任务，伴随着物流的快速发展，航空运输在货运方面将会扮演重要角色。

十一、航空运输的特点

1. 航空运输的优点

航空运输的优点具体如下：

（1）速度快。这是航空运输的最大特点和优势。现代喷气式客机，巡航速度为 800～900 公里/小时，比汽车、火车快 5～10 倍，比轮船快 20～30 倍，距离越长，航空运输所能节约的时间越多，速度快的特点也越显著。

（2）适于鲜活、季节性商品。鲜活商品对时间的要求很高，运输延迟会使商品失去原有价值。采取航空运输可以保证商品新鲜成活，有利于开辟远距离的市场。对于季节性商品，航空运输能够保证在销售季节到来前应市，避免了由于错过季节导致商品无法销售而产生的损失。

（3）节省包装等费用。在空运时，用一张塑料薄膜包裹货物并不少见。空中航行的平稳性和自动着陆系统减少了货损的可能性，因此，降低了包装要求。

（4）舒适、安全。此优点主要体现在客运方面，喷气式飞机的巡航高度一般在 10 000 米左右，飞行不受低空气流的影响，平稳舒适。

（5）基本建设周期短，投资少。要发展航空运输，从设备条件上讲，只要添置飞机和修建机场。这与修建铁路和公路相比，建设周期短、占地少、投资省、收效快。据计算，在相距 1 000 公里的两个城市间建立交通线，若载客能力相同，修筑铁路的投资是开辟航线的 1.6

倍，铁路修筑周期为5～7年，而开辟航线只需2年。

（6）机动性大。飞机在空中飞行，受航线条件限制的程度比汽车、火车、轮船小得多。它可以将地面上任何距离的两个地方连接起来，可以定期或不定期飞行。尤其对灾区的救援、供应、边远地区的急救等紧急任务，航空运输已成为必不可少的手段。

2. 航空运输的缺点

航空运输的缺点具体如下：

（1）受气候条件限制。因飞行条件要求很高，航空运输在一定程度上受到气候条件的限制，从而影响运输的准点性与正常性。

（2）可达性差。通常情况下，航空运输都难以实现“门到门”运输，必须借助其他运输工具（主要是汽车）进行转运。

（3）运输成本高。飞机机舱容积和载重量都比较小，运载成本和运价比地面运输高。

（4）由于飞行受一定气象条件的限制，影响其正常、准点航行；此外，航空运输速度快的优点在短途运输中难以充分发挥。

3. 航空运输的适用范围

航空货物运输的上述特点，使得它主要担负以下主要功能：鲜活易腐等特种运输，以及价值较高或紧急物资的运输，邮政运输。

十二、航空运输的种类

1. 班机运输

班机（Scheduled Airline）是指在固定的航线上定期航行的航班，具有固定始发站、途经站、目的站的特点。一般航空公司使用客货混合型飞机，一些较大的航空公司在部分航线上辟有定期的货运航班，使用全货机运输。

由于班机运输有固定的航线、固定的停靠航站、固定的开航时间，并在一定时间内有相对固定的收费标准，对进出口商来讲可以在贸易合同签署之前预测货物的起运和到达时间，核算运费成本，合同的履行也较有保障，因此成为多数贸易商首选的航空货运形式。

但另一方面，班机运输由于多采用客货混合机型，航班以客运服务为主，货物舱位有限，不能满足大批量货物及时出运的要求，往往只能分批运输。而且，不同季节同一航线客运量的变化也会直接影响货物装载的数量。例如在旅游旺季，航空公司首先要满足的是旅客的运输需求，有限的舱位越发显得不足，从而使得班机运输在货物运输方面存在一定程度的局限性。

2. 包机运输

由于班机运输形式下货物舱位有限，因此当货物批量较大时，包机运输就成为重要方式。包机运输是指航空公司按照约定的条件和费率，将整架飞机租给一个或若干个包机人（包机人指发货人或航空货运代理公司），从一个或几个航空站装运货物至指定目的地。包机运输适合于大宗货物运输，费率低于班机，但运送时间则比班机要长一些。包机运输通常可分为整机包机和部分包机。

所谓整机包机是指航空公司按照合同中双方事先约定的条件和运价将整架飞机租给租机人（类似远洋运输中的航次租船），从一个或几个航空港装运货物至指定目的地的运输方式。部分包机则是指由几家航空货运代理公司或发货人联合包租一架飞机，或者是由航空公司把一架飞机的舱位分别卖给几家航空货运代理公司的货物运输形式。相对而言，部分包机适合于运送一吨以上但货量不足整机的货物，在这种形式下货物运费较班机运输低，但由于需要等待其他货主备妥货物，因此运送时间要长。

包机运输满足了大批量货物进出口运输的需要，同时包机运输的运费比班机运输低，且随国际市场供需情况而变化，给包机人带来了潜在的利益。但包机运输是按往返路程计收费用（例如中国民航包机运费原则上是按照每一飞行公里的固定费率核收，并对空驶里程按照每一飞行公里运价的 80%收取空驶费），而货物的运输又在一定程度上存在着流向上的不平衡性，因此包机运输存在着回程空放的风险，这样就潜在地增加了运输成本。

与班机运输相比，包机运输可以由承租飞机的双方议定航程的起止点和中途停靠的空港，因此更具灵活性，但由于各国政府出于安全的需要，也为了维护本国航空公司的利益，对他国航空公司的飞机通过本国领空或降落本国领土往往大加限制，复杂烦琐的审批手续大大增加了包机运输的固定营运成本，因此目前使用包机业务的地区不多，仅仅局限于我国香港和西欧之间。

3. 集中托运

集中托运指集中托运人（Consolidator）将若干批单独发运的货物组成一整批，向航空公司办理托运，采用一份航空总运单（Master Airway Bill）集中发运到同一目的站，由集中托运人在目的地指定的代理收货，再根据集中托运人签发的航空分运单（House Airway Bill）分拨给各实际收货人的运输方式（其基本流程如图 3-6 所示），也是航空货物运输中开展最为普遍的一种运输方式，是航空货运代理的主要业务之一。

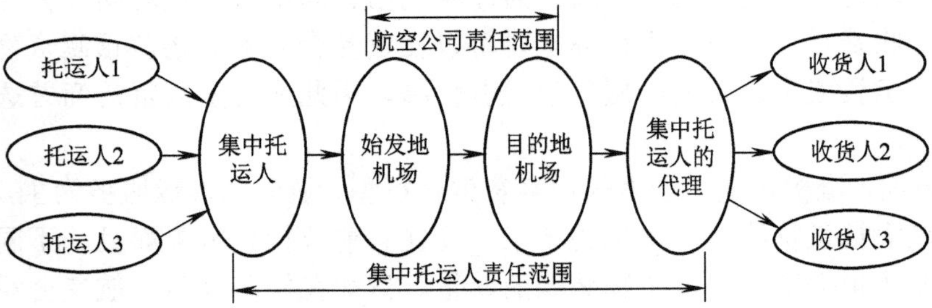

图 3-6　集中托运流程图

（1）集中托运的优势。集中托运作为最主要的一种航空货运方式有着鲜明的特征，同时也给托运人带来了极大的便利，主要表现如下。

1）由于航空运费的费率随托运货物数量增加而降低，所以当集中托运人将若干个小批量货物组成一大批出运时，能够争取到更为低廉的费率。集中托运人会将其中一部分用以支付目的地代理的费用，另一部分会返还给托运人以吸引更多的客户，其余的作为集中托运人的收益。

2）集中托运人的专业性服务也会使托运人收益，这包括完善的地面服务网络，拓宽了的服务项目，以及更高的服务质量。例如很多的集中托运人都能提供“门到门”的服务，而且只要货主提供相应的单据就能为其办理一关三检的相关业务。

3）因为航空公司的主运单与集中托运人的分运单效力相同，集中托运形式下托运人结汇的时间提前，资金的周转加快。

（2）集中托运的局限性。集中托运的局限性主要体现在以下方面：

1）贵重物品、活动物、危险品、外交信袋等，根据航空公司的规定不得采用集中托运的形式。

2）由于集中托运的情况下，货物的出运时间不能确定，所以不适合易腐烂变质的货物、紧急货物或其他对时间要求高的货物的运输。

3）对于能够享受航空公司特种货物运价和等级货物运价的部分货物来讲，采用集中托运的方式不仅不能够享受到运费的节省，而且有可能导致托运人的负担加重。

（3）集中托运的操作方法。一般来讲，集中托运是按照以下的操作方法开展的：

1）将每一票货物分别制作航空运输分运单，即出具货运代理单（House Air Waybill，HAWB）。

2）将所有货物区分方向，按照目的地相同的同一国家、同一城市集中，制作出航空公司的总（主）运单（Master Air Waybill，MAWB）。总运单的发货人和收货人均为航空货运代理公司或其代理人。

3）打制出总运单项下的货物清单（Manifest），即此总运单项下有几个分运单及其号码，各自的件数、数量等。

4）把总运单和货物清单作为一票货物交给航空公司。一份总运单可视货物的具体情况随附分运单，如一份 MAWB 内有 10 份 HAWB，说明此总运单内有 10 票货物，发给 10 个不同的收货人。

5）货物到达目的地机场以后，当地的货运代理公司作为总运单的收货人负责接货、分拨，按照不同的分运单制作各自的报关单据，代为报关，并为实际收货人办理有关接货、送货事宜。

6）实际收货人在分运单上签收以后，目的地的货运代理公司以此向起运地发货的货运代理公司反馈到货信息。

4. 航空快递

所谓航空快递是指具有独立法人资格的企业将进出境的货物或物品从发件人所在地通过自身或代理的网络运达收件人的一种快速运输方式。

（1）航空快递的产生和发展。航空快件传送（Air Express）是目前国际航空运输中最快捷的运输方式，它不同于航空邮寄和航空货运，由一个专门经营该项业务的公司（通常为航空货运代理公司或者航空速递公司）和航空公司合作，派专人以最快的速度在货主、机场和用户之间运输和交接货物（流程见图 3-7）。

（2）航空快递的主要业务形式。

1）门/桌到门/桌（Door/Desk to Door/Desk）。

2）门/桌到机场（Door/Desk to Airport）。

（3）航空快递的特点。航空快递在很多方面与传统的航空货运业务、邮政运送业务有相似之处，但作为一项专门的业务它又有独到之处，主要表现在：

1）前者提供门到门的服务，普通航空运输一般需要发货人自己交货，收货人自己取货。

2）航空快递运价比普通航空运输高。

3）运输单据不一样，航空快递用交付凭证（Proof of Delivery，POD），普通航空货物运输用运单。

4）航空快递速度更快。

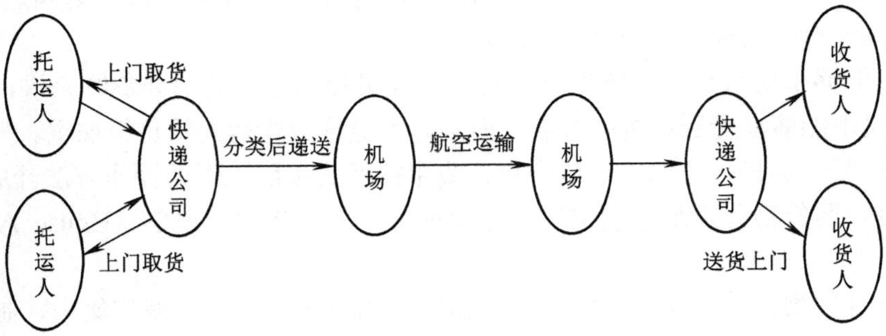

图 3-7　航空快递流程图

任务实施

一、任务实施的环境

上海葵克国际货物运输代理有限公司是经民航总局和商贸部批准的一级货运代理公司，主要从事国际货物运输及报关服务，业务涉及国际空运进出口、国际海运进出口、进出口代理报关、国内空运及公路运输服务。公司在国内外拥有 100 多家优质合作代理的完善货运服务网络。公司拥有一支高素质、国际化、精通国际海运、国际空运、货物报关、敏感货操作业务的人才队伍，实现了市场销售服务、航班配载、仓位配送、航班、信息追踪等操作一条龙服务，能为海内外客户提供优质、全面、快捷、周到的门到门全程物流服务。公司的优势航线有欧洲线、美线、中东印度线等。

二、任务实施的步骤

航空运输认知工作任务可参考下面的步骤：

第一步：给学生介绍相关上海区域内相关航空公司网站。

第二步：学生通过 QQ 等形式与相关货运航空公司客服人员联系，根据时间、航线收集相关航班信息和价格信息，并进行选择。

第三步：请每位学生进行陈述，并说明自己的理由。

三、技能训练及相关实践知识

航空运输认知技能训练

【训练任务 3-1】2014 年 7 月 10 日，小五接到一个上海闵行区客户的咨询电话，该客户需要发往德国法兰克福一批计算机配件，该配件采用纸箱包装，共 25 箱，每箱尺寸为 20 厘米×15 厘米×15 厘米，每箱重 12 千克，客户要求非常紧急，限时 3 天送至客户，请帮助小五为该客户选择合适的航空运输类型，选择合适的航空公司及航班（通过网络查询），并说明原因。

【训练建议 3-1】个人独立完成。要求提交与客服人员聊天的截图记录。

【评价建议 3-1】可用航空运输认知技能训练评价表（见表 3-7）对学生操作技能进行评价。

表 3-7　航空运输认知技能训练评价表

学生姓名					
测评日期		测评地点			
测评内容	航空运输认知				
考评标准	内　容	分值/分	自　评	互　评	师　评
	与相关航空公司客服人员聊天记录内容丰富	50			
	选择航班结果合理	30			
	陈述原因清楚	20			
合　计		100			
最终得分（自评 30%+互评 30%+师评 40%）					

说明：测评满分为 100 分，60～74 分为及格，75～84 分为良好，85 分以上为优秀。60 分以下的学生，需重新进行知识学习、任务训练，直到任务完成达到合格为止。

归纳总结

航空运输虽然起步较晚，但发展迅速，其原因之一就在于它具有其他运输方式所不能比拟的优越性。要认识航空运输，特别是对有志于从事于航空运输相关工作的人员来说，需要了解国内外航线，认识有关航空公司、航空港，了解航空运输业务区，熟练掌握有关航空缩略语的使用，这些知识将为从事航空货代特别是国际航空运输代理业务工作，打下坚实的基础。

通过本任务内容的学习，作为航空货运代理操作员或业务员的你应该对航空运输有了一定的认识。要真正掌握这些知识，还要不断地思考与总结，并且不断地积累相关知识。下面提供一组思考问题，请客观地作答，并结合本任务内容，对自己的学习工作进行反思。

思考问题

一、问答题

1. 航空货代公司在航空运输中的作用是什么?
2. 国际航空运输协会的主要职能是什么?
3. 航空运输的特点及适用范围是什么?

二、名词解释

1. 集中托运
2. 包机运输
3. 班机运输

三、单选题

1. (　　)是航空运输的最大优势。

A. 舒适　　B. 灵活
C. 速度快　　D. 单位运输成本高

2. 航空运输主要承担的货运是(　　)。

A. 远距离、大批量　　B. 近距离、大批量
C. 近距离、小批量　　D. 远距离、小批量

3. 某批药品需要从北京运到成都紧急治疗当地病人，最佳的运输方式为(　　)。

A. 铁路运输　　B. 水路运输
C. 航空运输　　D. 道路运输

4. 航空运输方式中最快捷方式是(　　)。

A. 班机　　B. 集中托运
C. 包机　　D. 航空快递

5. 航空货运代理公司的主要业务是办理(　　)。

A. 部分包机　　B. 整包机
C. 集中托运　　D. 联合运输

四、计算题

某旅客乘飞机从上海去伦敦。1 月 20 日乘国航班机从北京启程，北京时间是 9:30。到达伦敦时，当地时间为 1 月 21 日 12:55。计算该旅客的飞行时间。

拓展提高

快递航空运输行业违规从事危险品运输事例

2014 年 5 月，中国民用航空局公布了 2013 年 17 起空运违规行为处罚结果，因违规运输危险品受到处罚的行为共计 10 起，受罚对象包括航空公司、快递公司、地面服务公司等。

受罚的航空公司中，某航空公司河南分公司未取得危险品航空运输许可，从事危险品航空运输，而另一航空公司深圳分公司则未按规定收运和检查危险品包装，分别被没收违法所得480元和罚款人民币1.1万元。

一并受到处罚还包括快递公司、地面服务公司等。成都某快捷物流有限公司、成都某航空货运有限公司分别在2010年和2012年因在普通货物中夹带危险品，将危险品谎报为“标书、连接线和鞋子”上飞机的违规行为受到民航管理部门的行政处罚，这两家公司在2013年因相同的原因再次受到行政处罚。

除了国内的快递物流公司受罚外，国际快递公司违规被罚也屡见不鲜。2012年某国际航空快件有限公司上海分公司也是以非危险品品名托运危险品，被警告和罚款人民币3万元。

据了解，上述航空运输违规问题属于行业普遍存在的问题，不少快递公司都在打擦边球，钻空子。据某快递业专业人士认为，由于国内运输危险品渠道稀缺，运输危险品一方面需要具有相关资质的企业送货，一些企业用户运输量小的话成本很高，不少企业选择用快递运输这些货物。而目前处罚力度太低，部分企业瞒报谎报危险品，被查到了罚款了事，这也导致企业“铤而走险”。

课外阅读

顺丰快递空运业务提升　促使其加速顺丰航空发展速度

（2013年12月）顺丰速运作为我国知名的快递品牌，多年来，一直凭借其快捷的取派件速度，受到客户的青睐，其在中国快递市场中呈现出来的高速发展之势让其他快递企业刮目相看。虽然顺丰速运的取派件速度一直在国内快递行业属于领先地位，但是随着航空快递业务量的增多，顺丰速运同样感受到了自身运输能力的欠缺。

于是，2009年顺丰投资成立了顺丰航空有限公司，并于2010年7月首次开通了拉萨航线，至此，顺丰集团快递服务网络覆盖全国34个省市区和港澳台地区，是目前国内业务量最大的民营速运企业。现在顺丰开发出了更多的空运业务，推出了更多的高速快递服务产品，以此给消费者提供更快捷与优质的服务。在快递行业里，时间等于金钱，通常来说，只有“次日到”以及“即日到”这类的快件才能够实现较高利润。如果没有快速便捷的运输工具，快递公司很难做到“即日到”和“次日到”。

同时，为了加快快件的中转分拨，顺丰速运还采用了更为先进的分拣系统进行作业。其分拣作业系统采用了传票、计算机条码技术、无线射频识别技术等自动化分拣方式，实现正确而迅速的分拣作业，提升了客户订单响应速度，保证了客户满意度。

（资料来源：21CN）

任务二　航空运输单据填制

知识点：航空货运委托书；航空运单的种类；航空运单的作用；航空运单各联的作用；航空

主运单与航空分运单的区别。

能力点：根据客户需求信息制作航空货运委托书；根据客户需求信息制作航空主运单和航空分运单；能正确地分析航空主运单和航空分运单的区别。

任务情境

小五的烦恼

小五实习已经快 10 天了，由于英语基础差，对航空运输中的单据看不懂，也不知道怎么制作，让我们帮小五一起渡过难关吧。

任务分析

该任务是航空运输委托代理阶段和订舱阶段的主要工作。完成此任务需要熟悉航空货运委托书的填制方法；了解航空主运单和航空分运单的区别；了解航空运单各联的作用；掌握航空运单中各种缩略语的使用。

任务实施的相关专业知识

一、航空货运委托书

1. 航空货运委托书的定义

航空货运委托书是托运人委托货代公司办理航空运输业务手续时所填制的第一份单据，也是承运人或其代理人填开航空运单的主要依据，因此，应由托运人填写航空货运委托书，而且托运人必须在上面签字或盖章。空运出口环节中，最重要的环节就是航空货运委托书的填写，一定要仔细，以免出现不必要的麻烦与损失。

2. 航空货运委托书的内容及填制方法

航空货运委托书一般没有统一的格式，如表 3-8 和表 3-9 均为航空货运委托书，但是主要内容基本相同，具体包括如下：

（1）托运人（SHIPPERS'NAME AND ADDRESS）。本栏填列托运人的全称、街名、城市名称、国家名称及便于联系的电话、电传或传真号码。

（2）收货人（CONSIGNEES'NAME AND ADDRESS）。本栏填列收货人的全称、街名、城市名称、国家名称（特别是在不同国家内有相同城市名称时，更应注意填上国名）以及电话号、电传号或传真号，本栏内不得填写“to order”或“to order of the shipper”（按托运人的指示）等字样，因为航空货运单不能转让。

（3）始发站机场（AIRPORT OF DEPARTURE）。本栏填始发站机场的全称，可填城市名称。

（4）目的地机场（AIRPORT OF DESTINATION）。本栏填目的地机场（机场名称不明确时，可填城市名称），如果某一城市名称用于一个以上国家时，应加上国名。例如，LONDON UK 伦敦，英国；LONDON KY US 伦敦，肯塔基州，美国；LONDON CA 伦敦，安大略省，加拿大。

（5）要求的路线/申请订舱（REQUESTED ROUTING/REQUESED BOOKING）。本栏用于航空公司安排运输路线时使用，但如果托运人有特别要求时，也可填入本栏。

（6）供运输用的声明价值（DECLARED VALUE FOR CARRIAGE）。本栏填供运输用的声明价值金额，该价值即为承运人负赔偿责任的限额。承运人按有关规定向托运人收取声明价值费，但如果所交运的货物毛重每千克不超过 20 美元（或其等值货币），无须填写声明价值金额，可在本栏内填入“NVD”（NO Value Declared 未声明价值），如本栏空着未填写时，承运人或其代理人可视为货物未声明价值。

（7）供海关用的声明价值（DECLARED VALUE FOR CUSTOMS）。国际货物通常要受到目的站海关的检查，海关根据此栏所填数额征税。

（8）保险金额（INSURANCE AMOUNT REQUESTED）。中国民航各空运企业暂未开展国际航空运输代保险业务，本栏可空着不填。

（9）处理事项（HANDLING INFORMATION）。本栏填附加的处理要求。例如，另请通知（ALSO NOTIFY）。除填收货人之外，如托运人还希望在货物到达的同时通知他人，请另填写通知人的全名和地址。

（10）货运单所附文件（DOCUMENT TO ACCOMPANY AIRR WAYBILL）。本栏填随附在货运单上往目的地的文件，应填上所附文件的名称。例如，托运人的动物证明（SHIPPER SCERTIFICATION FOR LIVE ANIMALS）。

（11）件数和包装方式（NUMBER ANDKIND OF PACKAGES）。本栏填该批货物的总件数，并注明其包装方法。例如，包裹（Package）、纸板盒（Carton）、盒（Case）、板条箱（Crate）、袋（Bag）、卷（Roll）等，如货物没有包装时，就注明为散装（Loose）。

（12）实际毛重（ACTUAL GROSS WEIGHT）。本栏内的重量应由承运人或其代理人在称重后填入。如托运人已经填上重量，承运人或其代理人必须进行复核。

（13）运价类别（RATE CLASS）。本栏可空着不填，由承运人或其代理人填写。

（14）计费重量（千克）（CHARGEABLE WEIGHT）（kg）。本栏内的计费重量应由承运人或其代理人在量过货物的尺寸（以厘米为单位）由承运人或其代理人算出计费重量后填入，如托运人已经填上时，承运人或其代理人必须进行复核。

（15）费率（RATE/CHARGE）。本栏可空着不填。

（16）货物的品名及数量（包括体积及尺寸）[NATURE AND QUANTITY OF GOODS（INCL. DIMENSIONS OR VOLUME）]。本栏填货物的品名和数量（包括尺寸或体积）。货物中的每一项均须分开填写，并尽量填写详细，如：“9 筒 35 毫米的曝光动画胶片”等，本栏所属填写内容应与出口报关发票和进口许可证上所列明的相符。危险品应填写适用的准确名称及标贴的级别。

（17）托运人签字（SIGNATURE OF SHIPPER）。托运人必须在本栏内签字。

（18）日期（DATE）。本栏填托运人或其代理人交货的日期。

航空货运委托书空白单据见表 3-8 和表 3-9。

表 3-8 航空货运委托书样例 1

货运单号码：

SHIPPER'S LETTER OF INSTRUCTION　　No. OF AIR WAYBILL

<table>
<tr><td colspan="5">始发站
（AIRPORT OF DEPARTURE）</td><td colspan="7">到达站
（AIRPORT OF DESTINATION）</td><td>供承运人使用
（FOR CARRIER USE ONLY）</td></tr>
<tr><td colspan="12">路线及到达站 （ROUTING AND DESTINATION）</td><td>航班/日期
（FLIGHT/DATE）</td></tr>
<tr><td>至
（TO）</td><td colspan="2">第一承运人
（BY FIRST CARRIER）</td><td>至
（TO）</td><td colspan="2">承运人
（BY）</td><td>至
（TO）</td><td colspan="2">承运人
（BY）</td><td colspan="2">至
（TO）</td><td>承运人
（BY）</td><td>已预留吨位
（BOOKED）</td></tr>
<tr><td colspan="12">收货人账号 收货人姓名地址
（CONSIGNEE'S ACCOUNT NUMBER）（CONSIGNEE'S NAME AND ADDRESS）</td><td rowspan="2">运费
（CHARGES）</td></tr>
<tr><td colspan="12">另行通知
（ALSO NOTIFY）</td></tr>
<tr><td colspan="5">托运人账号
（SHIPPER'S ACCOUNT NUMBER）</td><td colspan="8">托运人姓名地址
（SHIPPER'S NAME AND ADDRESS）</td></tr>
<tr><td colspan="5">托运人声明价值
（SHIPPER'S DECLARED VALUE）</td><td colspan="5" rowspan="2">保险金额
（AMOUNT OF INSURANCE）</td><td colspan="3" rowspan="2">所附文件
（DOCUMENTS TO ACCOMPANY AIR WAYBILL）</td></tr>
<tr><td colspan="2">供运输用
（FOR CARRIAGE）</td><td colspan="3">供海关用
（FOR CUSTOMS）</td></tr>
<tr><td colspan="2">件数
（No OF PACKAGES）</td><td colspan="3">实际毛重/千克
（ACTUAL GROSS WEIGHT/KG）</td><td colspan="3">运价类别
（RATE CLASS）</td><td colspan="2">收费重量
（CHARGEABLE WEIGHT）</td><td colspan="2">费率
（RATE CHARGE）</td><td>货物名称及数量（包括体积或尺寸）
[NATURE AND QUANTITY OF GOODS (INCL DIMENSIONS OR VOLUME)]</td></tr>
<tr><td colspan="2"></td><td colspan="3"></td><td colspan="3"></td><td colspan="2"></td><td colspan="2"></td><td></td></tr>
<tr><td colspan="13">在货物不能交与收货人时，托运人指示的处理办法
（SHIPPER'S INSTRUCTION IN CASE OF INABILITY TO DELIVER SHIPMENTS AS CONSIGNED）</td></tr>
<tr><td colspan="13">处理情况（包括包装方式、货物标记及号码等）
[HANDLING INFORMATION (INCL METHOD OF PACKING INDENTIFYING MARKS AND NUMBERS)]</td></tr>
</table>

托运人证实以上所填全部属实并愿遵守托运人的一切载运章程

（THE SHIPPER CERTIFYS THAT THE PARTICULIARS ON THE FACE HERE OF ARE CORRECT AND AGREE TO THE CONDITIONS OF THE CARRIAGE OF THE CARRIER）

托运人签字　　日期　　经手人　　日期

（SIGNATURE OF SHIPPER）　（DATE）　（AGENT）　（DATE）

表 3-9　航空货运委托书样例 2

<table>
<tr><td colspan="2" rowspan="3">发货人（Shipper）：</td><td colspan="2">目的港（Air port
Of Destination）</td><td></td></tr>
<tr><td colspan="3">运费支付　　　预付（Prepaid）□
到付（Collect）□</td></tr>
<tr><td colspan="3">运费（Weight Charge）/其他费用（Other Charges）</td></tr>
<tr><td colspan="2" rowspan="5">收货人（Consignee）：

Tel:　　　　　Fax:
Attn:</td><td>空运费：</td><td colspan="2">RMB</td></tr>
<tr><td>内陆及代理费：</td><td colspan="2">RMB</td></tr>
<tr><td>包干运费：</td><td colspan="2">RMB</td></tr>
<tr><td>月结协议号：</td><td colspan="2">ZYMP</td></tr>
<tr><td colspan="3" rowspan="2">注意事项（Handling Information）

收货地址：

收货联系人：　　　　　电话：

（本委托书的传真具原件同等效力）</td></tr>
<tr><td colspan="2">通知人（Also Notify）：</td></tr>
<tr><td colspan="5">随附文件：　　发票 □　　装箱清单 □　　订货清单□　　其他 □</td></tr>
<tr><td>唛头
（Marks）</td><td>件数
（No.of Pcs）</td><td>货物名称
（Description of Goods）</td><td>毛重
（Gross weight）</td><td>体积
（Measurement）</td></tr>
<tr><td></td><td></td><td></td><td></td><td></td></tr>
<tr><td>发货人声明</td><td colspan="3">1. 以上所填各项均完整属实，货物符合国家、海关及承运人的有关规定，我公司（或本人）愿对此负责。
2. 如发生收货人拒提货物，本公司愿承担所有由此产生的费用，如运费、地面费用、清关费及仓储费等。
3. 在运费到付时，如收货人拒付运费，本公司愿支付运费及相关费用。</td><td rowspan="2">电话（Tel）：

传真（Fax）：

联系人（Linkman）：

日期（Date）：</td></tr>
<tr><td rowspan="2">货代公司声明</td><td colspan="3" rowspan="2">1. 货物的计费重量以航空公司出具的运单为准
2. 货物的运费以我公司开出的发票为准。
3. 请在货物出运后，按双方约定日期付款，支付现金以我公司出具的凭证并加盖现金收讫章为收款依据。
4. 到付运费的外币结算，汇率按中国银行当日牌价计。
5. 客户应委托书中填写的内容确认，在航班起飞前的 24 小时若无通知视为默认其内容。我们将按委托书的内容出具运单。
6. 客户送货到我公司仓库时，应按照海关要求仔细填写出口货物入交接清单，内容要与申报内容一致。若由于出口货物入库交接清单错误而导致货物无法正常出运或被海关扣货，一切责任及损失由客户自负。
仓库地址：</td></tr>
<tr><td>客户签名：</td></tr>
</table>

货代公司地址：　　　　　电话：　　　　　　　传真：

二、航空运单

1．航空运单的定义

航空运单（Air Waybill）是航空运输中承运人与托运人之间签订的运输合同，也是承运人或其代理人签发的货物收据。航空运单还可作为核收运费的依据和海关查验放行的基本单据。但航空运单不是代表航空公司的提货通知单。在航空运单的“收货人”栏内，必须详细填写收货人的全称和地址，而不能做成指示性抬头，航空运单不可转让，持有航空运单也并不能说明可以对货物要求所有权。

2．航空运单的作用

（1）航空运单是托运人与航空运输承运人之间的运输合同。与海运中的提单性质不同，航空运单不仅证明航空运输合同的存在，而且航空运单本身就是托运人与航空运输承运人之间缔结的货物运输合同，在双方共同签署后产生效力，并在货物到达目的地交付给运单上所记载的收货人后失效。

（2）航空运单是承运人签发的已接收货物的证明。在发货人将货物发运后，承运人或其代理人就会将航空运单其中一份交给发货人（即发货人联），作为已经接收货物的证明。除非另外注明，它是承运人收到货物并在良好条件下装运的证明。

（3）航空运单是承运人据以核收运费的账单。航空运单分别记载着属于收货人负担的费用，属于应支付给承运人的费用和应支付给代理人的费用，并详细列明费用的种类、金额，因此可作为运费账单和发票。承运人往往也将其中的承运人联作为记账凭证。

（4）航空运单是报关单证之一。在航空运输出口过程中，航空运单是主要的出口报关单证之一。在货物到达目的地机场后，进行进口报关时，航空运单也通常是海关查验放行的基本单证。

（5）航空运单同时可作为保险证书。如果承运人承办保险或发货人要求承运人代办保险，则航空运单也可用来作为保险证书。

（6）航空运单是承运人内部业务的依据。航空运单随货同行，证明了货物的身份。运单上载有有关该票货物发送、转运、交付的事项，承运人会据此对货物的运输做出相应安排。

航空运单的正本一式三份，每份都印有背面条款，其中一份交发货人，是承运人或其代理人接收货物的依据；第二份由承运人留存，作为记账凭证；最后一份随货同行，在货物到达目的地，交付给收货人时作为核收货物的依据。

3．航空运单的种类

（1）按有无承运人的名称分类。

1）航空公司运单（Airline Air Waybill）：印有出票航空公司（Issue Carrier）名称及标志（航徽、代码等）的航空货运单。这类空运单代表出票航空公司的身份，如图 3-8 所示。

2）中性运单（Neutral Air Waybill）：没有预先在运单上打印任何承运人名称及标志的货运单。这类空运单不代表任何一个航空公司，是中立货运单。表 3-10 即中性运单。

（2）按照不同作用分类。

1）航空主运单（Master Air Waybill，MAWB）：凡由航空公司签发的航空运单称为主运单。它是航空公司据以办理货物运输和交付的依据，是航空公司和发货人订立的运输合同，每一批航空运输的货物都有自己相对应的航空主运单，如图 3-8 所示航空运单即为航空主运单。

2）航空分运单（House Air Waybill，HAWB）：集中托运人在办理集中托运业务时签发的航空运单被称作航空分运单。在集中托运的情况下，除了航空公司签发主运单外，集中托运人还要签发航空分运单，如表 3-10 所示航空运单即为航空分运单。

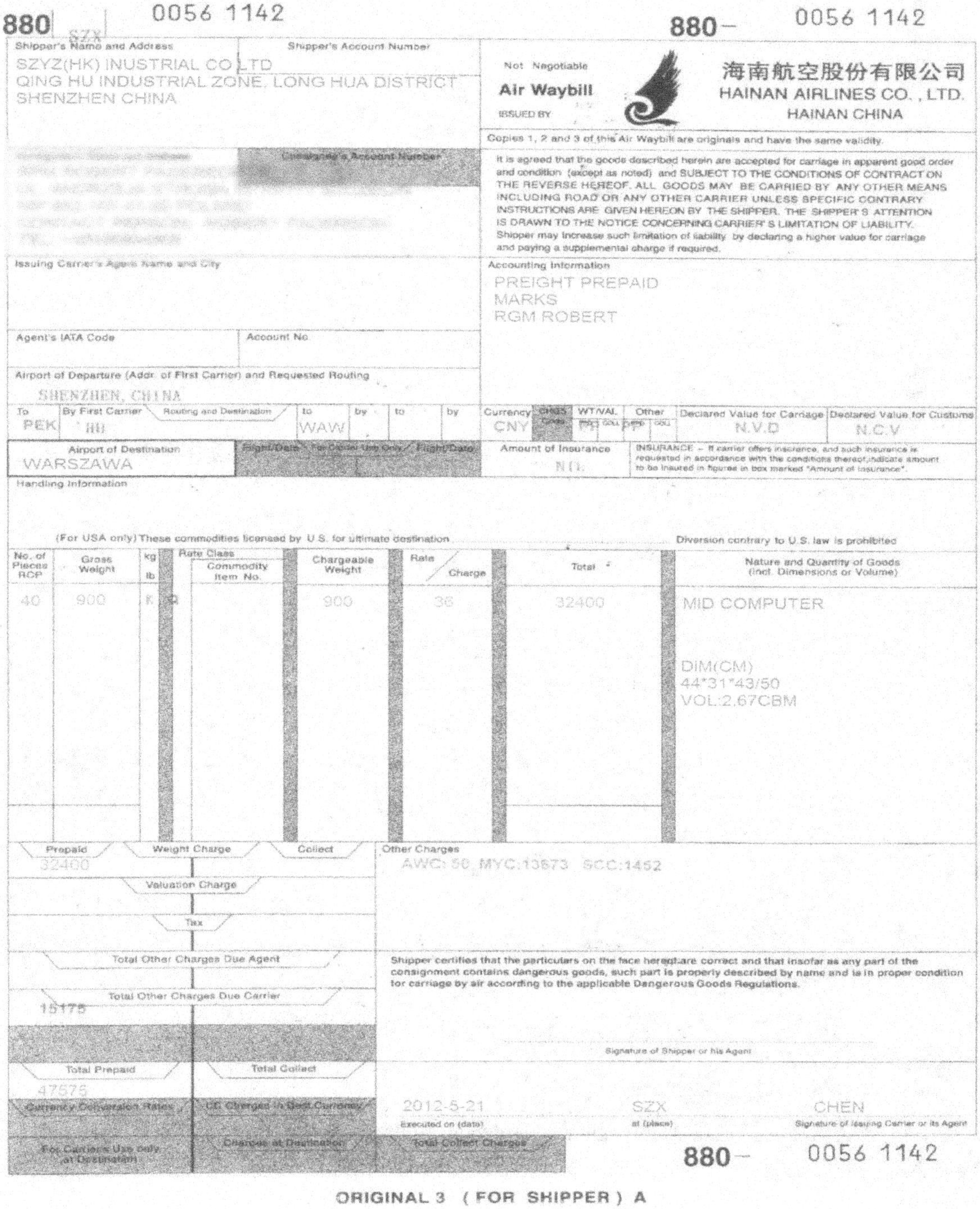

880 | SZX | 0056 1142

880- 0056 1142

Shipper's Name and Address: SZYZ(HK) INUSTRIAL CO.,LTD
QING HU INDUSTRIAL ZONE, LONG HUA DISTRICT
SHENZHEN CHINA

Shipper's Account Number

Not Negotiable
Air Waybill
ISSUED BY

海南航空股份有限公司
HAINAN AIRLINES CO., LTD.
HAINAN CHINA

Copies 1, 2 and 3 of this Air Waybill are originals and have the same validity.

Consignee's Name and Address

Consignee's Account Number

It is agreed that the goods described herein are accepted for carriage in apparent good order and condition (except as noted) and SUBJECT TO THE CONDITIONS OF CONTRACT ON THE REVERSE HEREOF. ALL GOODS MAY BE CARRIED BY ANY OTHER MEANS INCLUDING ROAD OR ANY OTHER CARRIER UNLESS SPECIFIC CONTRARY INSTRUCTIONS ARE GIVEN HEREON BY THE SHIPPER. THE SHIPPER'S ATTENTION IS DRAWN TO THE NOTICE CONCERNING CARRIER'S LIMITATION OF LIABILITY. Shipper may increase such limitation of liability by declaring a higher value for carriage and paying a supplemental charge if required.

Issuing Carrier's Agent Name and City

Accounting Information: PREIGHT PREPAID
MARKS
RGM ROBERT

Agent's IATA Code | Account No.

Airport of Departure (Addr. of First Carrier) and Requested Routing: SHENZHEN, CHINA

To	By First Carrier	Routing and Destination	to	by	to	by	Currency	CHGS Code	WT/VAL	Other	Declared Value for Carriage	Declared Value for Customs
PEK	HU		WAW				CNY		PP	PP	N.V.D	N.C.V

Airport of Destination: WARSZAWA | Flight/Date | For Carrier Use Only | Flight/Date | Amount of Insurance: NIL

INSURANCE – If carrier offers insurance, and such insurance is requested in accordance with the conditions thereof, indicate amount to be insured in figures in box marked "Amount of Insurance".

Handling Information

(For USA only) These commodities licensed by U.S. for ultimate destination. Diversion contrary to U.S. law is prohibited

No. of Pieces RCP	Gross Weight	kg / lb	Rate Class	Commodity Item No.	Chargeable Weight	Rate / Charge	Total	Nature and Quantity of Goods (incl. Dimensions or Volume)
40	900	K	Q		900	36	32400	MID COMPUTER DIM(CM) 44*31*43/50 VOL:2.67CBM

Prepaid	Weight Charge	Collect
32400		

Valuation Charge

Tax

Total Other Charges Due Agent

Total Other Charges Due Carrier: 15175

Other Charges: AWC:50 MYC:13673 SCC:1452

Shipper certifies that the particulars on the face hereof are correct and that insofar as any part of the consignment contains dangerous goods, such part is properly described by name and is in proper condition for carriage by air according to the applicable Dangerous Goods Regulations.

Signature of Shipper or his Agent

Total Prepaid: 47575 | Total Collect

Currency Conversion Rates | CC Charges in Dest. Currency

2012-5-21 (Executed on (date)) | SZX (at (place)) | CHEN (Signature of Issuing Carrier or its Agent)

For Carrier's Use only at Destination | Charges at Destination | Total Collect Charges

880- 0056 1142

ORIGINAL 3 (FOR SHIPPER) A

图 3-8　航空公司运单样本

4. 航空运单的各联作用

航空运单一式八联。其中正本三联，副本五联。三联正本具有同等法律效力。

第一联，甲联：正本 3，蓝色，为托运人联。此联作为托运人支付货物运费、并将货物交由承运人运输的凭证。

第二联，乙联：正本 1，绿色，为财务联。此联作为收取货物运费的凭证交财务部门。

第三联，丙联：副本 7，白色，为第一承运人联。此联由第一承运人留交其财务部门作为结算凭证。

第四联，丁联：正本 2，粉红色，为收货人联。此联在目的站交收货人。

第五联，戊联：副本 4，黄色，为货物交付联。收货人提取货物时在此联签字，由承运人留存，作为货物已经交付收货人的凭证。

第六联，己联：副本 5，白色，为目的站联。此联由目的站机场留存，也可作为第三承运人联，由第三承运人留交其财务部门作为结算凭证。

第七联，庚联：副本 6，白色，为第二承运人联。此联由第二承运人留交其财务部门作为结算凭证。

第八联，辛联：副本 8，白色，为代理人联（存根联）。此联由货运单填置人留存备查。

货运单的三联正本具有同等法律效力。一联交承运人，一联交收货人，一联交托运人，分别由托运人签字或盖章，由承运人接收货物后签字或盖章。货运单的承运人联应当自填开次日起保存两年。

5. 航空运单的填制说明

根据《华沙公约》第五条第（1）和（5）款规定，货运单应由托运人填写，也可由承运人或其代理人代为填写；实际上，目前货运单均由承运人或其代理人填制。

航空运单与海运提单类似也有正面、背面条款之分，不同的航空公司也会有自己独特的航空运单格式。所不同的是，航运公司的海运提单可能千差万别，但各航空公司所使用的航空运单则大多借鉴 IATA 所推荐的标准格式，差别并不大。所以我们这里只介绍这种标准格式，也称中性运单（见表 3-10）。

需要填写的栏目说明如下：

（1）始发站机场。此栏需填写 IATA 统一制定的始发站机场或城市的三字代码，这一栏应该和 11 栏相一致。1A：IATA 统一编制的航空公司代码，如我国的国际航空公司的代码就是 999；1B：运单号。

（2）发货人姓名、住址（Shipper's Name and Address）。此栏填写发货人姓名、地址、所在国家及联络方法。

（3）发货人账号。此栏只在必要时填写。

（4）收货人姓名、住址（Consignee's Name and Address）。此栏应填写收货人姓名、地址、所在国家及联络方法。与海运提单不同，因为空运单不可转让，所以“凭指示”之类的字样不得出现。

（5）收货人账号。此栏同 3 栏一样只在必要时填写。

（6）承运人代理的名称和所在城市（Issuing Carrier's Agent Name and City）。

（7）代理人的 IATA 代号。

（8）代理人账号。

（9）始发站机场及所要求的航线（Airport of Departure and Requested Routing）。这里的始发站应与 1 栏填写的相一致。

（10）支付信息（Accounting Information）。此栏只有在采用特殊付款方式时才填写。

（11）A（C、E）. 去往（To）。此栏分别填入第一（二、三）中转站机场的 IATA 代码。B（D、F）. 承运人（By）：分别填入第一（二、三）段运输的承运人。

（12）货币（Currency）。此栏填入 ISO 货币代码。

（13）收费代号。此栏内容表明支付方式。

（14）运费及声明价值费（WT/VAL，Weight Charge/Valuation Charge）。此时可以有两种情况：预付（PPD，Prepaid）或到付（COLL，collect）。如预付在 14A 中填入“*”，否则填在 14 日中。需要注意的是，航空货物运输中运费与声明价值费支付的方式必须一致，不能分别支付。

（15）其他费用（Other）。此栏内容也有预付和到付两种支付方式。

（16）运输声明价值（Declared Value for Carriage）。在此栏填入发货人要求的用于运输的声明价值。如果发货人不要求声明价值，则填入“NVD（No value declared）”。

（17）海关声明价值（Declared Value for Customs）。发货人在此填入对海关的声明价值，或者填入“NCV（No customs valuation）”，表明没有声明价值。

（18）目的地机场（Airport of Destination）。此栏填写最终目的地机场的全称。

（19）航班及日期（Flight/Date）。此栏填入货物所搭乘航班及日期。

（20）保险金额（Amount of Insurance）。此栏只有在航空公司提供代保险业务而客户也有此需要时才填写。

（21）操作信息（Handling Information）。此栏一般填入承运人对货物处理的有关注意事项，如“Shipper’s certification for live animals（托运人提供活动物证明）”等。

（22）A—L 货物运价、运费细节。

1）货物件数和运价组成点（No. of Pieces/RCP，Rate Combination Point）。此栏填入货物包装件数。例如，10 包即填“10”。当需要组成比例运价或分段相加运价时，在此栏填入运价组成点机场的 IATA 代码。

2）毛重（Gross Weight）。此栏填入货物总毛重。

3）重量单位。此栏可选择千克（kg）或磅（lb）。

4）运价等级（Rate Class）。针对不同的航空运价共有 6 种代码，它们是 M（Minimum，起码运费）、C（Specific Commodity Rates，特种运价）、S（Surcharge，高于普通货物运价的等级货物运价）、R（Reduced，低于普通货物运价的等级货物运价）、N（Normal，45 千克以下货物适用的普通货物运价）、Q（Quantity，45 千克以上货物适用的普通货物运价）。

5）商品代码（Commodity Item No.）。在使用特种运价时需要在此栏填写商品代码。

6）计费重量（Chargeable Weight）。此栏填入航空公司据以计算运费的计费重量，该重量可以与货物毛重相同也可以不同。

7）运价（Rate/Charge）。此栏填入该货物适用的费率。

8）运费总额（Total）。此栏数值应为起码运费值或者是运价与计费重量两栏数值的乘积。

9）货物的品名、数量，含尺码或体积（Nature and Quantity of Goods incl. Dimensions or

Volume)。货物的尺码应以厘米或英寸为单位，尺寸分别以货物最长、最宽、最高边为基础。体积则是上述三边的乘积，单位为立方厘米或立方英寸。

10）该运单项下货物总件数。

11）该运单项下货物总毛重。

12）该运单项下货物总运费。

（23）其他费用（Other Charges）。此栏指除运费和声明价值附加费以外的其他费用。根据 IATA 规则各项费用分别用三个英文字母表示。其中前两个字母是某项费用的代码，如运单费就表示为 AW（Air Waybill Fee）。第三个字母是 C 或 A，分别表示费用应支付给承运人（Carrier）或货运代理人（Agent）。

（24～26）分别记录运费、声明价值费和税款金额，有预付与到付两种方式。

（27～28）分别记录需要付与货运代理人（Due Agent）和承运人（Due Carrier）的其他费用合计金额。

（29）需预付或到付的各种费用。

（30）预付、到付的总金额。

（31）发货人的签字。

（32）签单时间（日期）、地点、承运人或其代理人的签字。

（33）货币换算及目的地机场收费纪录。以上所有内容不一定要全部填入空运单，IATA 也并未反对在运单中写入其他所需的内容。但这种标准化的单证对航空货运经营人提高工作效率，促进航空货运业向电子商务的方向迈进有着积极的意义。

表 3-10　航空分运单样本

<table>
<tr><td colspan="2">Shipper's name and address（托运人姓名地址）</td><td>NOT NEGOTIABLE
Air Waybill
Issued by</td></tr>
<tr><td colspan="2">Consignee's name and address（收货人姓名地址）</td><td rowspan="3">It is agreed that the goods described herein are accepted in apparent good order and condition (except as noted) for carriage SUBJECT TO THE CONDITIONS OF CONTRACT ON THE REVERSE HEREOF, ALL GOODS MAY BE CARRIED BY ANY OTHER MEANS. INCLUDING ROAD OR ANY OTHER CARRIER UNLESS SPECIFIC CONTRARY INSTRUCTIONS ARE GIVEN HEREON BY THE SHIPPER. THE SHIPPER'S ATTENTION IS DRAWN TO THE NOTICE CONCERNING CARIER'S LIMITATION OF LIABILITY.
Shipper may increase such limitation of liability by declaring a higher value of carriage and paying a supplemental charge if required.</td></tr>
<tr><td colspan="2">Issuing Carrier's Agent Name and City
（航空货代名称和城市）</td></tr>
<tr><td>Agents IATA Code
（货代的 IATA 号码）</td><td>Account No.</td></tr>
<tr><td colspan="2">Airport of Departure(Add. of First Carrier) and Requested Routing
（始发地机场和要求的航线）</td><td>Accounting Information（支付信息）</td></tr>
</table>

（续）

to	By first carrier	to	By	to	by	Currency（货币）	Declared Value for Carriage（用作承运用的声明价值）	Declared Value for Customs（用作海关用的声明价值）

Airport of Destination（目的地机场）	Flight/Date（航班/日期）	Amount of Insurance（保险费）	

No. of Pieces（件数）	Gross Weight（毛重）	Rate Class（运价种类）	Chargeable Weight（计费重量）	Rate/Charge（费率）	Total（总运费）	Nature and Quantity of Goods

Prepaid Weight charge Collect AS ARRANGED（需要预付或到付的各种费用）	Other Charges（其他费用）
Valuation Charge（声明价值费）	
Tax（税收）	
Total Other Charges Due Agent（需付给代理人的其他费用）	Shipper certifies that the particulars on the face hereof are correct and that insofar as any part of the consignment contains dangerous goods, such part is properly described by name and is in proper condition for carriage by air according to the applicable Dangerous Goods Regulations. Signature of Shipper or his agent
Total Other Charges Due Carrier（需付给承运人的其他费用）	

任务实施

一、任务实施的环境

2014 年 8 月 15 日，小五分别接到来自上海市两个客户的空运委托，两个客户均需要往美国休斯敦发货。小五查看了有关航班信息，并帮助客户安排了航班线路，请帮助小五完成有关航空单据的制作。

二、任务实施的步骤

航空运输单据制作工作任务的完成可参考下面的步骤：

第一步：认真阅读航空货运委托书和航空运单填制说明。

第二步：查询有关航空运单中常见的缩略语，如机场、航空公司等。

第三步：学生自行制作三种单据。

第四步：教师进行评价。

三、技能训练及相关实践知识

航空运输单据制作技能训练

【训练任务 3-2】 2014 年 8 月 15 日，小五分别接到两个客户的空运委托：

第一个客户为上海市浦东新区客户，该客户需要紧急发往美国休斯敦一台通信设备，该仪器采用木质包装，尺寸规格为 0.5 米×0.6 米×0.4 米，毛重为 50 千克，声明价值 10 000 美元。发货人为上海贝尔信息技术有限公司，地址为上海市浦东新区张江路 11 号。收货人为 Metro Bank CO. , LTD，收货人地址为 9600 Bellaire Blvd. Suite 252, Houston, Texas, USA。

第二个客户为上海市闵行区客户，该客户需要发往美国休斯敦 100 台笔记本电脑，该批电脑采用木质包装，尺寸规格为 0.8 米×0.8 米×0.6 米，毛重为 200 千克，声明价值 70 000 美元。发货人为上海华硕电脑有限公司，地址为上海市闵行区虹槽路 100 号。收货人为 Lansum Co. , Ltd，收货人地址为 137 W San Bernardino Rd. , Houston, Texas, USA。

于是小五查看了有关航班信息，拟选择上海—台北—洛杉矶—休斯敦航线，将上述两个客户的货物向中国国际航空公司办理了集中托运手续，货物在上海浦东国际机场出发，由中国国航（航班号 CA195）承运至台北桃园机场，然后由长荣航空（航班号 BR012）承运至洛杉矶机场，再由联合航空（航班号 UA220）承运至休斯敦乔治·布什国际机场，最后由上海葵克国际货物运输代理有限公司在美国休斯敦的代理 Saint Freight Agency Co. , Ltd（62 W Market St, Houston, Texas ,USA）完成机场提货并分发给实际收货人。

请帮助第一个客户完成航空托运委托书的内容填写，帮助小五制作签发给第二个客户的航空分运单，代表中国国际航空公司制作用于签发给的小五所在公司（上海葵克国际货物运输代理有限公司）的主运单。（关于费用部分可先不填，待任务三学习之后再补填）。

【训练建议 3-2】 个人独立完成。每位学生分别制作一份航空托运委托书、一份航空分运单和一份航空主运单，要求必须使用英文制作。

【评价建议 3-2】 可用航空运输单据制作技能训练评价表（见表 3-11）对学生操作技能进行评价。

表 3-11　航空运输单据制作技能训练评价表

学生姓名					
测评日期		测评地点			
测评内容	航空运输单据制作				
考评标准	内　容	分值/分	自　评	互　评	师　评
	单据内容完整、无遗漏项目	50			
	英文翻译正确	30			
	有关缩略语使用得当	20			
合　计		100			
最终得分（自评 30%+互评 30%+师评 40%）					

说明：测评满分为 100 分，60～74 分为及格，75～84 分为良好，85 分以上为优秀。60 分以下的学生，需重新进行知识学习、任务训练，直到任务完成达到合格为止。

归纳总结

航空货运委托书和航空运单的填制是航空货物运输委托阶段和订舱阶段的主要工作。上述单据的制作相对来说比较复杂，其原因为单据中许多内容必须采用英文表达方式，对于高职学生来说，英文往往属于薄弱环节，因此，要正确地填制航空货运委托书和航空运单，需要加强航空运输中有关英文术语的学习。同时，要注意航空主运单和航空分运单中发货人、收货人等栏目的区别。当采用集中托运方式时，航空主运单中发货人、收货人栏目应该填写出发地代理和目的地代理，而航空分运单中的发货人、收货人才是实际的发货人和收货人。

通过本任务内容的学习，作为航空货运代理操作员或业务员的你应该对航空运输单据的制作有了一定的掌握。单据的制作正确与否，关系到发货人、航空货运代理、航空公司、收货人的权利与义务，要真正掌握这些知识和操作技能，还要不断地思考与总结。下面提供一组思考问题，请客观地作答，并结合本任务内容，对自己的学习工作进行反思。

思考问题

一、问答题

1. 航空主运单和航空分运单的区别是什么？
2. 航空运单有几联？各联的作用是什么？
3. 航空运单的作用是什么？

二、名词解释

1. 航空货运委托书
2. 航空主运单
3. 航空分运单

三、单选题

1. 由航空公司签发的航空运单均称为（　　）。

A. 航空分运单　　B. 航空主运单

C. 航空货运单　　D. 国内航空分运单

2. 由航空货运公司在办理集中托运业务时签发给每一发货人的运单称为（　　）。

A. 航空分运单　　B. 航空主运单

C. 航空货运单　　D. 国内航空分运单

3. 航空运单第一联为（　　）。

A. 托运人联　　B. 财务联

C. 第一承运人联　　D. 收货人联

4. 航空运单第四联为（　　）。

A. 托运人联　　B. 财务联

C. 第一承运人联　　D. 收货人联

5. 航空运单中“CONSIGNEES'NAME AND ADDRESS”一栏填写，不能填写（　　）。

A. “to order”字样　　B. 实际收货人或者目的地货运代理

C. “to order of Consignee”　　D. to order of Agent

四、单据制作题

现有一批电视机从北京运往日本东京，发货人为 Beijing Television system Co. Ltd，地址：北京市长安街 100 号，邮编：100030。收货人为 Tokyo Supermarket Co. Ltd，地址：东京市广岛路 200 号，邮编：00230。货物为电视机 10 台，每台体积 60 厘米×60 厘米×100 厘米，每台重量为 50 千克，每台价值 1 000 元人民币。航空货代公司为北京捷特国际货运代理有限公司，航空公司为中国国际航空股份有限公司。已知普通货物运价为见表 3-12。

表 3-12　北京至东京普通货物运价表

N	45	300	500	750
40 元人民币	36 元人民币	34 元人民币	31 元人民币	28 元人民币

请根据上述信息填制航空运单（空白航空运单见表 3-10）。

拓展提高

航空货物运输声明价值和声明价值附加费

航空货物运输声明价值是托运人在办理货物托运时向航空公司特别声明的托运货物在目的地交付时的价值，运输声明价值应当填写在货运单对应的栏目内。

托运人托运货物时可以办理货物运输声明价值。如中国国际货运航空有限公司规定，货物运输声明价值毛重每千克超过 17 特别提款权或其等值货币的，托运人应当支付声明价值附加费。其声明价值附加费计算公式为：

（货物运输声明价值-（货物毛重×17 特别提款权））×0.75%

附：特别提款权（Special Drawing Right，SDR）是国际货币基金组织创设的一种储备资产和记账单位，亦称“纸黄金（Paper Gold）”。它是基金组织分配给会员国的一种使用资金的权利。会员国在发生国际收支逆差时，可用它向基金组织指定的其他会员国换取外汇，以偿付国际收支逆差或偿还基金组织的贷款，还可与黄金、自由兑换货币一样充当国际储备。但由于其只是一种记账单位，不是真正货币，使用时必须先换成其他货币，不能直接用于贸易或非贸易的支付。因为它是国际货币基金组织原有的普通提款权以外的一种补充，所以称为特别提款权。

课外阅读

航空运输鲜活易腐产品的“门道”

近年来，随着人们生活水平的提高，消费者对鲜活易腐产品的需求量正在不断增长，鲜活易腐产品的航空货运量也在不断增长。各种新鲜水果、蔬菜、鱼、肉、花甚至巧克力都在全球“飞来飞去”。

对于航空公司而言，鲜活易腐产品带来的是一系列挑战，毕竟这不像运输普通货物那样容易。鲜活易腐产品具有易腐变质的特性，这就意味着需要中转时间短和维持该产品在适当的温度范围内，这是确保鲜活易腐产品运输的先决条件，但是，这不是轻而易举之事。保持冷链需要一定水平的技能，并且对相关设施进行投资，以及小心谨慎地监控，所有这一切都是为了都是鲜活易腐产品的运输保障。

首先，经营鲜活易腐产品运输业务的航空公司需要专门组建一支拥有专业技能的队伍。阿联酋航空公司就曾表示：“我们就有一支由专家组成的队伍，研究合适的运输产品，同时在全球CCA（冷链协会）中发挥着积极作用。鲜活易腐产品占公司业务中25%的比例，因此，我们必须高效地运作。”

同时，要对鲜活易腐产品进行严密的监控并予以记录。其中，最主要的就是记录运输过程中的温度变化情况，确保冷链措施得以正确持续。如果运输途中温度急剧变化，这对鲜活易腐产品的影响相当大。对于保持温度而言，其他设备也是需要的，比如卢森堡货运航空公司使用真空冷藏车存储鲜花，然后运往仓库。

另外，发货人在将鲜活易腐产品交给机场和航空公司之前，必须先做好预冷工作。同样，航空公司也必须实施严格的标准操作流程。阿联酋航空公司规定：从飞机卸下到冷库或是到另一架转运飞机的操作时间不能超过90分钟。

（资料来源：倪海云，民航报　2014-07-15）

任务三　航空运输费用的计算

知识点： 航空运输费用的构成；航空货物计费重量的计算方法；航空货物运价种类。

能力点： 根据货物信息正确计算计费重量；根据航空运价表和货物信息选择正确的航空货物运价；正确计算航空运费。

任务情境

小五面临的选择

小五在实习时，每次面对客户的价格咨询，总是手忙脚乱，不知如何应答，显得很是纠结。原来，小五觉得公司给的运价表太复杂，很多专业知识还没有掌握，另外公司的航空运价及运费计算较为复杂，一不小心就会算错。算多了，接不到客户；算少了，给公司带来的损失得自己补上。运费的计收真是考验人。看来，要做一位合格的航空货运代理人必须熟练掌握国际航空货物运价与运费计算。

任务分析

该任务是航空货物运输出口代理中的主要工作。完成此任务需要了解航空运输费用的构成；掌握航空货物计费重量的计算方法；根据货物类型及运价表为货物选择最合适的运价，并计算最终航空运费。

任务实施的相关专业知识

航空货物运费是指航空公司将一票货物从始发地机场运输到目的地机场所应收取的运输费用。一般而言，影响货物的航空运费高低因素主要由两个部分构成，即货物所适用的运价和货物对应的计费重量，由于航空公司所运输货物的种类不一，货物运输的起讫地点所在航空区域也不尽相同，每种货物所适用的运价亦不同。同时，由于飞机承载能力受飞机最大起飞重量和货舱本身容积的限制，因此，货物的计费重量需要同时考虑其体积重量和实际重量两个因素。又因为航空货物运价的“递远递减”的原则，产生了一系列重量等级运价，而重量等级运价的起码重量也影响着货物运费的计算。

一、航空运输费用的基本知识

1．航空货物运价

航空货物运价（Rates）（以下简称运价）是指承运人为运输货物对规定的重量单位（或体积）收取的费用，该运价只适用于单一的方向。

运价所使用的货币一般以运输始发地所在国的本国货币来公布。有的国家以美元代替其本国货币公布运价，此时，美元即为运输始发地货币。

货物运价的有效期：销售航空运单所使用的运价应为填制运单之日的有效运价，即在运价有效期内适用的运价。

2．航空运费

航空运费（Transportation Charges）是指承运人将一票货物自始发地机场运至目的地机场所收取的航空运输费用。该费用根据每票货物所适用的运价和货物的计费重量计算而得。每票货物是指使用同一份航空运单的货物。航空运费仅仅指机场与机场间的空中费用，不包括承运人、代理人或机场收取的其他费用。

其他费用（Other Charges）是指由承运人、代理人或其他部门收取的与航空货物运输有关的费用。在组织一票货物自始发地至目的地运输的全过程中，除了航空运输外，还包括地面运输、仓储、制单、国际货物的清关等环节，提供这些服务的部门所收取的费用以及货物申明价值产生的申明价值费等。

二、计费重量

计费重量是指用以计算货物航空运费的重量。货物的计费重量或者是货物的实际毛重，或者是货物的体积重量，或者是较高重量分界点的重量，当然，还可能有其他情况出现（后面再述）。

1．实际毛重

包括货物包装在内的货物重量，称为货物的实际毛重。

2．体积重量

按照国际航协规则，将货物的体积按一定的比例折合成的重量，称为体积重量。换算标准为每 6 000 立方厘米折合成 1 千克。可以用如下公式计算出货物的体积重量：

体积重量（千克）=货物的体积[长（厘米）×宽（厘米）×高（厘米）] /6 000

3．计费重量

一般而言，在航空运输中，货物的计费重量选取货物的实际毛重与货物的体积重量中较高者。但也有特例，如在采用重量分界点运价时，当货物按较高重量分界点所对应的运价（此运价相对较低）计算出的航空运费较低时，则此较高重量分界点的对应的重量要作为该货物的实际最终计费重量，而前面通过比较实际毛重和体积重量后取得的较高重量只能是暂时的计费重量。

4．计费重量的单位规定

根据国际航空运输协会的相关规定，国际货物的计费重量以 0.5 千克为最小单位，重量尾数不足 0.5 千克的，按 0.5 千克计算；0.5 千克以上不足 1 千克的，按 1 千克计算。

三、航空货物运价种类

目前，我国的航空货物运价种类繁多，一般而言，可以按照如下两种方式进行分类：按运价的组成形式划分，包括协议运价、公布直达运价和非公布直达运价；按货物的性质划分，包括最低运费、普通货物运价、指定商品运价、等级运价和集装货物运价。

1．最低运费

最低运费（Minimum Charge，代号为 M）是指一票货物自始发地机场至目的地机场航空运费的最低限额。它是航空公司办理一批货物所能接受的最低运费，是航空公司在考虑办理即使很小的一批货物也会产生固定费用后判定的。如果承运人收取的运费低于起码运费，就不能弥补其运输成本。

货物按其适用的航空运价与计费重量计算所得的航空运费，应与货物最低运费相比，取其中高者。

2．普通货物运价

普通货物运价（又称为一般货物运价，General Cargo Rate，GCR）是指除了等级货物运价和指定商品运价以外的适合于普通货物的运价。

一般而言，普通货物运价根据货物重量不同，分为若干个重量分界点运价。例如，“N”

表示标准普通货物运价（又称为基础运价）(Normal General Cargo Rate)，指的是 45 千克以下的普通货物运价。另外，普通货物运价还有“Q45”“Q100”“Q300”等不同重量分界点的运价。这里“Q45”表示 45 千克以上（包括 45 千克）普通货物的运价，依此类推。对于 45 千克以上的不同重量分界点的普通货物运价均用“Q”表示。

用货物的计费重量和其适用的普通货物运价计算而得的航空运费不得低于运价资料上公布的航空运费的最低运费。

【例 3-2】已知某国内航空公司由上海始发的国内航线货物运价表见表 3-13，现有一批普通货物要从上海托运至长沙，该批货物总重量 60 千克，体积 0.54 立方米，请计算该批普通货物的计费重量和运费分别是多少？

表 3-13　上海始发国内普通运价表

国内航线货物运价表（上海始发）						
航　线	代　码	普通货物运价				等级货物运价
		基础运价	45 千克以上	100 千克以上	300 千克以上	S
		N	Q45	Q100	Q300	
安庆	AQG	3.5	2.8	2.5	2.1	5.3
包头	BAV	7.6	6.1	5.3	4.6	11.4
北海	BHY	7.6	6.1	5.3	4.6	11.4
北京	PEK	5.9	4.7	4.1	3.5	8.9
长春	CGQ	7.7	6.2	5.4	5.8	11.6
常德	CGD	5.6	4.5	3.9	3.4	8.4
长沙	CSX	5.1	4.1	3.6	3.1	7.7
成都	CTU	8	6.4	5.6	4.8	12
重庆	CKG	7.2	5.8	5	4.3	
大连	DLC	5.5	4.4	3.9	3.3	8.3
丹东	DDG	6.2	5	4.3	3.7	9.3
大同	DAT	6.9	5.5	4.8	4.1	10.4
福州	FOC	4	3.2	2.8	2.4	6
广州	CAN	6.4	5.1	4.5	3.8	9.6
桂林	KWL	6.7	5.4	4.7	4	10.1
贵阳	KWE	7.8	6.2	5.5	4.7	11.7
海口	HAK	8	6.4	5.6	4.8	12

解：首先计算该批货物的计费重量：

实际毛重=60 千克

体积重量=0.54 立方米/6 000 立方厘米=90 千克

因此，其计费重量为 90 千克，根据表 3-14，先选取计费重量为 90 千克货物所对应的运价为 4.1 元/千克，运费为 90 千克×4.1 元/千克=369 元。

另外，要考虑计费重量为 100 千克的货物，其对应的运价为 3.6 元/千克，运费为 100 千克×3.6 元/千克=360 元。

综合考虑，对于题目所给的货物，应该从 369 元和 360 元中选取较小者作为该批货物的运费，与此同时，该批货物最终的计费重量应该为 100 千克，也就是说，前面所计算出的 90

千克只能是暂时的计费重量。

【例 3-3】 由北京运往大阪一箱服装，毛重 35.3 千克，体积尺寸为 90 厘米×60 厘米×60 厘米，计算该票货物的航空运费。

公布的国际航线运价结构图见表 3-14。

表 3-14　北京至大阪航空运价表

BEIJING Y.RENMINBI		CN CNY		BJS KGS
OSAKA		JP	M	230.00
N	35.52			
45	27.13			

解：

体积=90 厘米×60 厘米×60 厘米=324 000 立方厘米

体积重量=324 000 立方厘米÷6 000 立方厘米=54.0 千克

毛重=35.3 千克

计费重量=54.0 千克

运价=27.13 元/千克

运费=54.0 千克×27.13 元/千克=1 465.02 元

【例 3-4】 北京运往新加坡一箱毛绒玩具，毛重 25.3 千克，0.22 立方米，计算其航空运费。公布的国际航线运价结构图见表 3-15。

表 3-15　北京至新加坡航空运价表

BEIJING Y.RENMINBI		CN CNY		BJS KGS
SINGAPORE		SG	M	230.00
N	36.66			
45	27.50			
300	23.46			

解： 1）按实际重量计算：

毛重=25.3 千克

体积重量=0.22 ×1 000 000 立方厘米÷6 000 立方厘米=36.66 千克

计费重量=37.0 千克

运价=36.66 元/千克

运费=37.0 千克×36.66 元/千克=1 356.42 元

2）采用较高重量分界点对应的运价进行计算：

计费重量=45.0 千克

运价= 27.50 元/千克

运费=27.50 元/千克×45.0 千克=1 237.50 元

1）与 2）进行比较，取运费较低者。即航空运费为 1 237.50 元，同时，可以认为该批毛绒玩具的最终计费重量不再是 37 千克，而是 45 千克，该批毛绒玩具对应的运价为 27.50 元/千克。

【例 3-5】 由上海运往日本大阪一瓶化妆品样品 0.3 千克，体积 0.000 6 立方米，计算其航空运费。

公布运价见表 3-16。

表 3-16　上海至大阪航空运价表

SHANGHAI		CN		SHA
Y.RENMINBI		CNY		KGS
OSAKA		JP	M	230.00
N	30.22			
45	22.71			

解：

毛重=0.3 千克

体积重量=0.000 6 立方米×1 000 000 立方厘米÷6 000 立方厘米/千克=0.1 千克

计费重量=0.5 千克（注意：不足 0.5 千克的，按 0.5 千克计算）

运价=30.22 元/千克

运费=0.5 千克×30.22 元/千克=15.11 元

最低运费=230.00 元

此票货物的航空运费应为 230.00 元。

3．指定商品运价

（1）定义。指定商品运价（Specific Commodity Rates，代号 C，又叫优惠价，特种货物运价）是指适用于自规定的始发地至规定的目的地运输特定品名货物的运价。通常情况下，指定商品运价低于相应的普通货物运价。就其性质而言，该运价是一种优惠性质的运价。鉴于此，指定商品运价在使用时，对于货物的起讫地点、运价使用期限、货物运价的最低重量起点等均有特定的条件。

指定商品运价产生的原因一般有两条：①在特定的航线上，较为稳定的货主经常或者定期地托运特定商品的货物，托运人要求承运人提供一个较低的优惠运价；②航空公司为了有效地利用其运力，争取货源并保证飞机有较高的装载率，向市场推出的一个具有一定竞争力的优惠运价。

使用指定商品运价计算航空运费的货物，其航空货运单的“Rate Class”一栏，用字母“C”表示。

（2）指定商品运价传统的分组和编号。在《空运货物运价表》（*The Air Cargo Tariff*，*TACT*）中，根据货物的性质、属性以及特点等对货物进行分类，共分为十大组，每一组又分为十个小组。同时，对其分组形式用四位阿拉伯数字进行编号。该编号即为指定商品货物的品名编号，具体的编号情况如下：

1）0001～0999 食用动物和植物产品。

2）1000～1999 活动物和非食用动物及植物产品。

3）2000～2999 纺织品、纤维及其制品。

4）3000～3999 金属及其制品，但不包括机械、车辆和电器设备。

5）4000～4999 机械、车辆和电器设备。

6）5000～5999 非金属矿物质及其制品。

7）6000～6999 化工品及相关产品。

8）7000～7999 纸张、芦苇、橡胶和木材制品。

9）8000～8999 科学、精密仪器、器械及配件。

10）9000～9999 其他货物。

（3）指定商品运价的使用规则。在使用指定商品运价时，只要所运输的货物满足下述三个条件，则运输始发地和运输目的地就可以直接使用指定商品运价：①运输始发地至目的地之间有公布的指定商品运价；②托运人所交运的货物品名与有关指定商品运价的货物品名相吻合；③货物的计费重量满足指定商品运价使用时的最低重量要求。

（4）计算步骤。

1）查询运价表，如有指定商品代号，则考虑使用指定商品运价。

2）查找《空运货物运价表》的品名表，找出与运输货物品名相对应的指定商品代号。如果货物的计费重量超过指定商品运价的最低重量，则优先使用指定商品运价；如果货物的计费重量没有达到指定商品运价的最低重量，则需要比较计算。

【例 3-6】北京运往东京 20 箱鲜柑橘共 370.0 千克，每件体积长、宽、高分别为 60 厘米、40 厘米、25 厘米，计算航空运费。

公布运价见表 3-17。

表 3-17　北京至东京航空运价表

BEIJING Y.RENMINBI			CN CNY		BJS KGS
TOKYO			JP	M	230.00
N	37.51				
45	28.13				
0008	300	18.80			
0300	500	20.61			
1093	100	18.43			
2195	500	18.80			

解：首先查找《空运货物运价表》的品名表，查到柑橘可以使用编号为 0008（新鲜蔬菜和水果）的指定商品运价。由于货物重量符合“0 008”指定商品运价使用时的最低重量要求，运费计算如下：

体积=60 厘米×40 厘米×25 厘米×20=1 200 000 立方厘米

体积重量=1 200 000 立方厘米÷6 000 立方厘米/千克=200 千克

计费重量=370.0 千克

运价=18.80 元/千克

运费=370.0 千克×18.80 元/千克=6 956.00 元

注：在使用指定商品运价计算运费时，如果其指定商品运价直接使用的条件不能完全满足，例如货物的计费重量没有达到指定商品运价使用的最低重量要求，使得按指定商品运价计得的运费高于按普通货物运价计得的运费时，则按低者收取航空运费。

【例 3-7】上例中，如果发货人托运 10 箱柑橘，毛重为 185 千克，计算其航空运费。

解：1）按指定商品运价使用规则计算：

实际毛重=185.0 千克，未达到使用指定商品运价的最低重量要求，若要使用，则：

计费重量=300.0 千克

运价=18.80 元/千克

运费=300.0 千克×18.80 元/千克=6 768.00 元

2）按普通运价使用规则计算：

实际毛重=185.0 千克　体积重量=100 千克

计费重量=185.0 千克

运价=28.13 元/千克

运费=185.0 千克×28.13 元/千克=5 204.05 元

对比 1）与 2），取运费较低者，即航空运费为 5 204.05 元。

【例 3-8】 如果发货人托运 2 箱柑橘，毛重为 37 千克，计算其航空运费。

解： 由于货物计费重量仅 37 千克，而指定商品运价最低重量要求 300 千克。

若采用指定商品运价，则有：

实际毛重=37.0 千克

计费重量=300.0 千克

运价=18.80 元/千克

运费=300.0 千克×18.80 元/千克=6 768.00 元

若采用普通货物运价，则又分为如下两种情况：

1）按普通货物运价计算运费：

实际毛重=37.0 千克

计费重量=37.0 千克

运价=37.51 元/千克

运费=37.0 千克×37.51 元/千克=1 387.87 元

2）按 Q45 运价计算运费：

实际毛重=37.0 千克

计费重量=45.0 千克

运价=28.13 元/千克

运费=45.0 千克×28.13 元/千克=1 265.85 元

对比采用指定商品运价和采用普通货物运价的结果 1）和 2），取运费最低者，即航空运费为 1 265.85 元。最终可以这样认为，发货人托运 2 箱柑橘，毛重为 37 千克，其最终计费重量应该是 45 千克，采用的运价为 28.13 元/千克。

4．等级货物运价

（1）定义与货物种类。等级货物运价是指在规定的区域内或区域之间运输特定的货物所对应的运价，由普通货物运价附加或附减一定百分比所构成，附加或附减规则公布在 *TACT Rules* 中，运价的使用须结合 *TACT Rates* 一同使用。IATA 规定，等级货物包括以下各种货物：活动物；贵重货物；书报杂志类货物；作为货物运输的行李；灵柩、骨灰；汽车等。

（2）运价代号及使用规则。通常附加的等级货物用代号“S”表示（Surcharged Class Rate）。附减的等级货物用代号“R”表示（Reduced Class Rate）。使用等级货物运价计算航空运费的货物，其航空货运单的“Rate Class”一栏，用字母“S”或“R”表示。

IATA 规定，对于等级货物运输，如果属于国际联运，并且参加联运的某一承运人对其承运的航段有特殊的等级货物百分比，即使运输起讫地点间有公布的直达运价，也不可以直接使用。此时，应采用分段相加的办法计算运输始发地至运输目的地的航空运费。此项规则在此将不详细说明。

以下所述的各种等级货物运价均为运输始发地至运输目的地之间有公布的直达运价，并且可以直接使用情况下的运价计算。

（3）*TACT Rules* 中的活动物运价（见图 3-9）。

	IATA AREA (see Rule 1.2.2. "Definitions of Areas")								
	Within 1		Within 2 *(see also Rule 3.7.1.3)*	Within 3	Between 1 & 2		Between 2 and 3	Between 3 & 1	
	to/from Canada	other sectors			to/from Canada	other sectors		to/from Canada	other sectors
ALL LIVE ANIMALS *except:* A. Baby Poultry less than 72 hours old B. Monkeys and Primates C. Cold blooded animals)	150% of appl. GCR *Except:8 below*	Normal GCR *Except: 9 below*	150% of Normal GCR *Except:1 below*	Normal GCR *Except:2, 3,16 below*	150% of appl. GCR *Except:11 below*	Normal GCR *Except:13 below*	Normal GCR *Except:3, 6, 15 below*	150% of appl. GCR *Except:3 below*	Normal GCR *Except:3, 12, 14 below*
A. BABY POULTRY less than 72 hours old	150% of appl. GCR *Except:8 below*	appl. GCR	Normal GCR *Except:4 below*	Normal GCR or over 45 kgs. *Except:3, 16 below*	150% of appl. GCR *Except:11 below*	Normal GCR or over 45 kgs. *Except:5, 13 below*	Normal GCR or over 45 kgs. *Except:3, 15 below*	150% of appl. GCR *Except:3 below*	Normal GCR or over 45 kgs. *Except:3, 12, 14 below*
B. MONKEYS and PRIMATES	150% of appl. GCR *Except:8 below*	appl. GCR	150% of Normal GCR *Except:1 below*	Normal GCR *Except:3,16 below*	150% of appl. GCR *Except:11 below*	appl. GCR *Except:13 below*	Normal GCR *Except:3, 15 below*	150% of appl. GCR *Except:3 below*	appl. GCR *Except:3, 14 below*
C. COLD BLOODED ANIMALS)	125% of appl. GCR *Except:7 below*	Normal GCR *Except: 9 below*	150% of Normal GCR *Except:1 below*	Normal GCR *Except:2, 3, 16 below*	125% of appl. GCR *Except:10 below*	Normal GCR *Except:13 below*	Normal GCR *Except:3, 15 below*	125% of appl. GCR *Except:3 below*	Normal GCR *Except:3, 12, 14 below*

图 3-9　*TACT RULES* 活动物运价规定

图 3-9 中“BABY POULTRY”为幼禽类，指出生不足 72 小时的幼禽；“MONKEYS and PRIMATES”为猴类和灵长类；“COLD BLOODED ANIMALS”为冷血动物类；“ALL LIVE ANIMAL”为除上述三类以外的所有活动物。

当图中出现“Normal GCR”时，表示使用该运价表中 45 千克以下的普通运价，此时运价的使用与货物的计费重量无关，也就是不考虑较高重量分界点较低运价，不需要比较。

当图中出现“Normal GCR or Over45kg”时，使用 45 千克以下普通货物运价，或者 45 千克以上普通货物运价；即使有较高重量分界点的较低运价，也不可以使用，不需要比较（请注意与“Appl.GCR”的区别）。

当图中出现“Appl.GCR”时，使用相适应的普通货物运价；此时运价的使用与货物的计费重量有关，也就是要考虑较高重量点较低运价，需要比较后取小的运费。

当图中出现“percentage of Appl.GCR”时，按相应的普通货物运价附加某个百分比使用，不需要比较。

TACT Rules 中的活动物运输的最低收费标准为：IATA 三区内收取相应等级货物运价的 200%；IATA 二区与三区之间收取相应等级货物运价的 200%；IATA 一区与三区之间（除到/从美国、加拿大以外）收取相应等级货物运价的 200%；从 IATA 三区到美国收取相应等级货物运价的 110%；从美国到 IATA 三区收取相应等级货物运价的 150%；IATA 三区与加拿大之间收取相应等级货物运价的 150%。

（4）*TACT Rules* 中对贵重货物运价。*TACT Rules* 中对贵重货物运价按照普通货物运价的200%收取，同时不低于 50 美元或其等值货币。例外情况为，IATA 一区与三区之间且经北或中太平洋（除朝鲜半岛至美国本土各点外），1 000 千克或 1 000 千克以上贵重货物的运费，按普通货物 45 千克以下运价 150%收取（150% of the Normal GCR）。

（5）*TACT Rules* 中对书报、杂志类运价。

书报杂志类货物主要包括报纸、杂志、期刊、图书、目录、盲人读物及设备等货物。

IATA 一区内及一区与二区之间的运输采用普通货物运价的 67%，其他地区采用普通货物运价的 50%，最低运费按公布的最低运费的等级货物运价收取。可以使用普通货物的较高重量分界点的较低运价。

【例 3-9】从上海运往温哥华一只宠物狗，重 200.0 千克，其尺寸为 120 厘米×130 厘米×100 厘米，计算航空运费。

公布运价见表 3-18。

表 3-18　上海至温哥华航空运价表

Shanghai Y.RENMINBI		CN CNY		BJS KGS
VANCOUVER	BC	CA	M	420.00
N	59.61			
45	45.68			
100	41.81			
300	38.79			
500	35.77			

解：查找 *TACT Rules* 活动物运价表，得知从北京运往温哥华，属于自三区运往一区的加拿大，采用“150%of Appl.GCR”运价结构。运费计算如下：

（1）按查找的运价构成形式来计算：

体积=120 厘米×130 厘米×100 厘米=1 560 000 立方厘米

体积重量=1 560 000 立方厘米÷6 000 立方厘米/千克=260.0 千克

计费重量=260.0 千克

运价=S 150% of Applicable GCR

=150%×41.81 元/千克=62.715 元/千克=62.72 元/千克

运费=260 千克×62.72 元/千克=16 307.2 元

（2）由于计费重量已经接近下一个较高重量分界点 300 千克，用较高重量分界点的较低运价计算：

计费重量=300.0 千克

运价=S 150% of Applicable GCR

=150%×38.79 元/千克=58.185 元/千克=58.19 元/千克

运费=300.0 千克×58.19 元/千克=17 457.00 元

对比（1）与（2），取运费较低者。

因此，运费为 16307.2 元。

任务实施

一、任务实施的环境

2014 年 8 月 15 日，小五分别接到来自上海市两个客户的空运委托，两个客户均需要往美国休斯敦发货。小五查看了有关航班信息，并帮助客户安排了航班线路，请帮助小五完成航空运费的计算。

二、任务实施的步骤

航空运输费用核算工作任务的完成可参考下面的步骤：

第一步：根据相关规则计算货物的计费重量。

第二步：查看有关航空运价表，为货物选择最合适的运价种类。

第三步：计算航空运输费用。

三、技能训练及相关实践知识

航空运输费用核算技能训练

【训练任务 3-3】2014 年 8 月 15 日，小五分别接到两个客户的空运委托：

第一个客户为上海市浦东新区客户，该客户需要紧急发往美国休斯敦一台通信设备，该仪器采用木质包装，尺寸规格为 0.5 米×0.6 米×0.4 米，毛重为 50 千克，声明价值 10 000 美元。

第二个客户为上海市闵行区客户，该客户需要发往美国休斯敦 100 台笔记本电脑，该批电脑采用木质包装，尺寸规格为 0.8 米×0.8 米×0.6 米，毛重为 200 千克，声明价值 70 000 美元。发货人为上海华硕电脑有限公司，地址为上海市闵行区虹槽路 100 号。收货人为 Lansum Co. , Ltd，收货人地址为 137 W San Bernardino Rd., Houston, Texas, USA。

已知上海葵克国际货物运输代理有限公司的货运价格表见表 3-19。

表 3-19　上海葵克国际货物运输代理有限公司航空运价表

中 美 国 际 专 线				
国家	首重（500 克）	续重（每 500 克）	21 千克以上	100 千克以上
美国	160 元	45 元	48 元/千克	48 元/千克
中 欧 国 际 专 线				
国家	首重（500 克）	续重（每 500 克）	21 千克以上	100 千克以上
西欧	160 元	45 元	48 元/千克	48 元/千克
中 日 国 际 专 线				
国家	首重（500 克）	续重（每 500 克）	21 千克以上	100 千克以上
日本	120 元	25 元	42 元/千克	35 元/千克
中 韩 国 际 专 线				
国家	首重（500 克）	续重（每 500 克）	21 千克以上	100 千克以上
韩国	120 元	25 元	42 元/千克	35 元/千克

【训练建议 3-3】个人独立完成。

【评价建议 3-3】可用航空运输费用计算技能训练评价表 3-21 对学生操作技能进行评价。

表 3-20 上海至新加坡航空运价表

Shanghai Y.RENMINBI	CN CNY		BJS KGS	
SINGAPORE	SG	M	230.00	
N 36.66				
45 27.50				
100 23.46				
150 20.77				
特种货物运价如下：				
3020（水龙头）			400	18
6201（油漆）			200	15
7031（纺织品）			300	17
1808（活鱼）			200	16

表 3-21 航空运输费用计算技能训练评价表

学生姓名					
测评日期		测评地点			
测评内容	航空运输费用计算				
考评标准	内 容	分值/分	自 评	互 评	师 评
	计费重量计算正确	20			
	运价种类选择正确	40			
	运费计算正确	40			
合 计		100			
最终得分（自评 30%+互评 30%+师评 40%）					

说明：测评满分为 100 分，60～74 分为及格，75～84 分为良好，85 分以上为优秀。60 分以下的学生，需重新进行知识学习、任务训练，直到任务完成达到合格为止。

【训练建议 3-4】个人独立完成。

【评价建议 3-4】可用航空运输费用计算技能训练评价表 3-21 对学生操作技能进行评价。

【训练任务 3-4】2014 年 8 月 16 日，小五接到四个客户的托运申请，均运往新加坡。四个客户的货物分别为：一箱水龙头接管（3 020）毛重 35.6 千克，体积 0.3 立方米；油漆（6 201）一桶，毛重 150 千克，体积 1.5 立方米；活鱼（1 808）一塑料袋，毛重 50 千克，体积 0.8 立方米；宠物狗一只，重量 10 千克，笼子体积 0.5 立方米。已知航空公司已公布植物、活鱼等活动物及尸体或骨灰、枪械、弹药、押运货物有等级货物运价，为普通运价的 150%。公布运价见表 3-20，请帮助小五计算上述四种货物的运费。

归纳总结

航空运输费用计算是航空运输组织中的核心工作，要完成该任务的学习，需要首先了解航空运输费用的构成，然后根据货物的尺寸、毛重正确地计算货物的计费重量，根据货物的种类和运价表选择合适的运价，当然，在计算过程中，还需要进行比较。

通过本任务内容的学习，作为航空货运代理操作员或业务员的你应该对航空运输费用计算有了一定的了解。熟练地掌握航空运输费用计算是一个较为复杂的过程，需要不断地思考与总结，并付诸行动训练。下面提供一组思考问题，请客观地作答，并结合本任务内容，对自己的学习工作进行反思。

思考问题

一、问答题

1. 托运人在办理航空运输时，一般支付给航空货代公司的费用包括哪些费用？
2. 航空运输货物的计费重量与铁路运输、公路运输比较，有何区别？
3. 普通货物运价中，针对“递远递减”的原则，采用了什么措施？

二、名词解释

1. 最低运费
2. 普通货物运价
3. 指定商品运价

三、单选题

1. 普通货物运价适用于（　　）。

A. 指定等级的货物　　B. 指定商品运价

C. 特定商品、特定品名的运价　　D. 一般普通货物

2. 航空货物运输费用包括运费和（　　）。

A. 附加费　　B. 声明价值附加费

C. 地面运费　　D. 中转手续费

3. 航空公司规定计费质量按（　　）统计。

A. 实际质量

B. 实际质量和体积质量两者之中较高的一种

C. 体积质量

D. 实际质量和体积质量两者之中较低的一种

4. A点至B点，某种普通货物为4千克，M级运费为人民币37.5元，而45千克以下货物运价即等级运价为人民币8元/千克，应收运费为（　　）元。

A. 32　　B. 37.5　　C. 32或37.5　　D. 35

5. 当一笔普通航空货物计费重量很小时，航空公司规定按（　　）计收运费。

A. 特种运价　　B. 声明价值费用　　C. 起码运费　　D. 指定运价

四、计算题

广州到北京航空运价分类如下：N类运价为10元/千克；Q类中，45千克计费质量分界点的运价为8元/千克，100千克计费质量分界点的运价为7.5元/千克，300千克计费质量分界点的运价为6.8元/千克。有一件普通货物为280千克，体积为1.7立方米，从广州运往北京，请计算该件货物的运费。

拓展提高

非公布的直达航空运价

如果甲地至乙地没有可适用的公布的直达运价，则要选择比例运价或利用分段相加运价。

一、比例运价（Construction Rate）

在运价手册上除公布的直达运价外还公布一种不能单独使用的附加数（Add-on amounts）。当货物的始发地或目的地无公布的直达运价时，可采用比例运价与已知的公布的直达运价相加，构成非公布的直达运价。

需要注意的是在利用比例运价时，普通货物运价的比例运价只能与普通货物运价相加，特种货物运价、集装设备的比例运价也只能与同类型的直达运价相加，不能混用。此外，可以用比例运价加直达运价，也可以用直达运价加比例运价，还可以在以计算中使用两个比例运价，但这两个比例运价不可连续使用。

二、分段相加运价（Combination of Rate）

所谓分段相加运价是指在两地间既没有直达运价也无法利用比例运价时可以在始发地与目的地之间选择合适的计算点，分别找到始发地至该点、该点至目的地的运价，两段运价相加组成全程的最低运价。

无论是比例运价还是分段相加运价，中间计算点的选择，也就是不同航线的选择将直接关系到计算出来的两地之间的运价，因此承运人允许发货人在正确使用的前提下，以不同计算结果中最低值作为该货适用的航空运价。

课外阅读

国际航空运输承运人赔偿责任限额提高 13.1%

据中国民用航空局公布，2009 年 12 月 30 日起，国际航空运输公约《统一国际航空运输某些规则的公约》（简称 1999 年《蒙特利尔公约》）中最新修改的承运人责任限额开始生效，这些责任主要涉及四个方面：旅客伤亡、航班延误、行李运输、货物运输。

新责任限额生效后，对于因旅客死亡或者身体伤害而产生的损失，对每名旅客第一梯度的赔偿责任限额由 100 000 特别提款权，提高至 113 100 特别提款权；在人员运输中因延误造成损失的，对每名旅客的赔偿责任限额由 4 150 特别提款权，提高至 4 194 特别提款权；在行李运输中造成毁灭、遗失、损坏或者延误的，对每名旅客的赔偿责任限额从 1 000 特别提款权，提高至 1 131 特别提款权；在货运运输中造成毁灭、遗失、损坏或者延误的，对每公斤货物的赔偿责任限额从 17 特别提款权，提高至 19 特别提款权。

（资料来源：中国民航报）

任务四　航空运输的流程操作

知识点： 发票、装箱单、委托书、外汇核销单、许可证、商检证、货运标签、提货通知单。

能力点： 正确地填制航空进出口中除航空运单之外的其他单据；以小组为单位完成航空货物出口运输代理业务操作；以小组为单位完成航空货物进口运输代理业务操作。

任务情境

小五的航空进出口业务操作

小五经过一段时间的实习后，终于对航空运输的相关知识有了一定的了解。部门经理决定安排小五到操作部门工作，小五接下来的主要任务就是处理客户的进出口操作业务。

任务分析

该任务是航空运输组织的主要工作。完成此任务需要熟悉航空货物进出口操作的流程；了解整个流程中涉及的角色；掌握进出口业务所涉及的报关单、检验检疫证书等单据的填制；能对货物进行相应的检查、贴标、入库出库等操作。

任务实施的相关专业知识

国际货物运输的出口业务流程是指从托运人委托运输货物到航空承运人将货物装上飞机的货物流、信息流的运输组织与控制管理的全过程。

一般地，国际货物运输的出口业务流程包括航空货物出口运输代理业务程序和航空公司出港货物的业务操作程序两个环节。

一、航空货物出口运输代理业务程序

1. 市场销售

航空货代公司需要根据出口企业的需求，及时向出口企业介绍该货代公司的服务项目、业务范围、各项服务的收费标准，特别是要向出口企业介绍该公司现有的优惠运价和服务优势等。

2. 委托运输

委托运输时，由托运人填写航空货运委托书。委托书应包括下列内容栏：托运人、收货人、始发站机场、目的地机场、要求的路线/申请订舱、供运输用的声明价值、供海关用的声明价值、保险金额、处理事项、货运单所附文件、实际毛重、运价类别、计费重量、费率、货物的品名及数量、托运人签字、日期等。具体的航空货运委托书格式请参考表 3-8 或表 3-9。

3. 审核单证

单证应包括：发票、装箱单、委托书、报送单项式、外汇核销单、许可证、商检证、进料/来料加工核销本、索赔/返修协议、到会保函、关封。

4．预配舱

代理人汇总所接受的委托和客户的预报，并输入计算机，计算出各航线的件数、重量、体积，按照客户的要求和货物重、泡情况，根据各航空公司不同机型对不同板箱的重量和高度要求，制订预配舱方案，并对每票货配上运单号。

5．预订舱

代理人根据所指定的预配舱方案，按航班、日期打印出总运单号、件数、重量、体积，向航空公司预订舱。

6．接受单证

航空货运代理公司接受托运人或其代理人送交的已经审核确认的委托书及报送单证和收货凭证，将收货记录与收货凭证核对，制作操作交接单（见表 3-22），填上所收到的各种报关单证份数，给每份交接单配一份总运单或分运单。

表 3-22　交　接　单

<table>
<tr><td colspan="2">日期：</td><td colspan="2"></td><td colspan="2"></td><td></td><td></td></tr>
<tr><td rowspan="17">业务员填写</td><td>业务员</td><td colspan="2"></td><td colspan="2">操作员</td><td></td><td>操作专员填写（跟进过程）</td></tr>
<tr><td>托运方</td><td colspan="5"></td><td rowspan="20"></td></tr>
<tr><td>联系人</td><td colspan="2"></td><td colspan="2">电话</td><td></td></tr>
<tr><td>起运港</td><td colspan="2"></td><td colspan="2">目的港</td><td></td></tr>
<tr><td>件数</td><td colspan="2"></td><td colspan="2">重量</td><td></td></tr>
<tr><td>体积</td><td colspan="5"></td></tr>
<tr><td>品名</td><td colspan="5"></td></tr>
<tr><td>销售价</td><td colspan="5"></td></tr>
<tr><td>收款期</td><td colspan="5"></td></tr>
<tr><td rowspan="8">单证</td><td>委托书</td><td colspan="2">☐</td><td colspan="2" rowspan="3">文件随机
是☐　　否☐</td></tr>
<tr><td>发票</td><td colspan="2">☐</td></tr>
<tr><td>装箱单</td><td colspan="2">☐</td></tr>
<tr><td>报关单</td><td colspan="2">☐</td><td colspan="2" rowspan="3">需退税
是☐　　否☐</td></tr>
<tr><td>商检证</td><td colspan="2">☐</td></tr>
<tr><td>合同</td><td colspan="2">☐</td></tr>
<tr><td>许可证</td><td colspan="2">☐</td><td colspan="2" rowspan="2">其他单证</td></tr>
<tr><td>产地证</td><td colspan="2">☐</td></tr>
<tr><td rowspan="4">空运部文员填写</td><td>文员</td><td colspan="3"></td><td>订舱代理</td><td></td></tr>
<tr><td>提单号</td><td colspan="3"></td><td>中港单号</td><td></td></tr>
<tr><td colspan="2">航空公司</td><td colspan="4"></td></tr>
<tr><td colspan="2">航班&日期</td><td colspan="4"></td></tr>
</table>

（续）

空运部文员填写	支出	重量		
		体积		
		空运费		
		中港费		
		单证费		
		其他费		
		总支出		
	收入	空运费用		
		单证费		
		其他费用		
		总收入		
	总　毛　利			
确认无误请打钩！	□	签名：		

7．填制运单

航空货运代理操作员将制作好的交接单、配好的总运单或分运单、报关单证移交填制航空运单。航空运单包括总运单和分运单，填制航空运单的主要依据是发货人提供的航空货运委托书，委托书上的各项内容都应体现在运单项式上，一般用英文填写。

8．接收货物

接收货物，是指航空货运代理公司把即将发运的货物从发货人手中接过来并运送到自己的仓库。接收货物一般与接单同时进行（即与第6步同时进行）。

对于通过空运或铁路从内地运往出境地的出口货物，货运代理公司按照发货人提供的前程运输的运单号或航班号、接货地点、日期，代其提取货物。如货物已在始发地办理了出口海关手续，发货人应同时提供始发地海关的关封。

接货时，航空货运代理操作员应对货物进行过磅和丈量，并根据发票、装箱单或送货单清点货物，核对货物的数量、品名、合同号或唛头等是否与货运单上所列一致。

9．标记和标签

标记：包括托运人、收货人的姓名、地址、联系电话、传真；合同号等；操作（运输）注意事项；单件超过150千克的货物需要标记。

标签：航空公司标签上三位阿拉伯数字代表所承运航空公司的代号，后八位数字是总运单号码。分标签是代理公司对出具分标签的标识，分标签上应有分运单号码和货物到达城市或机场的三字代码。

一件货物贴一张航空公司标签，有分运单的货物，再贴一张分标签，如图3-10所示。

图3-10　航空货物标签

10. 配舱

航空货运代理操作员核对货物的实际件数、重量、体积与委托书上预报数量的差别，对预订舱位、板箱有效利用、合理搭配，按照各航班机型、板箱型号、高度、数量进行配载。

11. 订舱

航空货运代理操作员接到发货人的发货预报后，向航空公司领取并填写订舱单，同时提供相应的信息：货物的名称、体积、重量、件数、目的地、要求出运的时间等。航空公司根据实际情况安排舱位和航班。货运代理操作员订舱时，可依照发货人的要求选择最佳的航线和承运人，同时为发货人争取最低、最合理的运价。

订舱后，航空公司签发舱位确认书（舱单），同时给予装货集装器领取凭证，以表示舱位订妥。

12. 出口报关

航空货运代理操作员首先将发货人提供的出口货物报关单的各项内容输入计算机，即计算机预录入，在通过计算机填制的报关单上加盖报关单位的报关专用章；然后将报关单与有关的发票、装箱单和货运单综合在一起，并根据需要随附有关的证明文件。以上报关单证齐全后，由持有报关证的报关员正式向海关申报；海关审核无误后，海关官员即在用于发运的运单正本上加盖放行章，同时在出口收汇核销单和出口报关单上加盖放行章，在发货人用于产品退税的单证上加盖验讫章，粘上防伪标志；完成出口报关手续。

13. 出仓单

配舱方案制订后，航空货运代理操作员就可着手编制出仓单：出仓单的日期、承运航班的日期、装载板箱形式及数量、货物进仓顺序编号、总运单号、件数、重量、体积、目的地三字代码和备注。

14. 提板、箱

航空货运代理操作员向航空公司申领板、箱并办理相应的手续。提板、箱时，航空货运代理操作员应领取相应的塑料薄膜和网，对所使用的板、箱要登记、销号。

15. 货物装箱装板

货物装箱装板的注意事项：不要用错集装箱、集装板，不要用错板型、箱型；不要超装箱板尺寸；要垫衬，封盖好塑料纸，防潮、防雨淋；集装箱、板内货物尽可能配装整齐，结构稳定，并接紧网索，防止运输途中倒塌；对于大宗货物、集中托运货物，尽可能将整票货物装一个或几个板、箱内运输。

16. 签单

运单在盖好海关放行章后还需要到航空公司签单，只有签单确认后才允许将单、货交给航空公司。

17. 交接发运

交接是向航空公司交单交货，由航空公司安排航空运输。

交单就是将随机单据和应由承运人留存的单据交给航空公司。随机单据包括第二联航空运单正本、发票、装箱单、产地证明、品质鉴定证书。

交货即把与单据相符的货物交给航空公司。交货前，航空货运代理操作员必须粘贴或拴挂货物标签，清点和核对货物，填制货物交接清单。大宗货、集中托运货，以整板、整箱称重交接。零散小货按票称重，计件交接。

18. 航班跟踪

需要联程中转的货物，在货物运出后，要求航空公司提供二程、三程航班中转信息，确认中转情况。航空货运代理操作员应及时将上述信息反馈给客户，以便遇到有不正常情况及时处理。

19. 信息服务

从多个方面做好信息服务：订舱信息、审单及报关信息、仓库收货信息、交运称重信息、一程二程航班信息、单证信息。

20. 费用结算

与发货人结算费用：在运费预付的情况下，收取航空运费、地面运输费、各种服务费和手续费。

与承运人结算费用：向承运人支付航空运费及代理费，同时收取代理佣金。

与国外代理结算主要涉及付运费和利润分成。

二、航空公司出港货物的操作程序

航空公司出港货物的操作程序是指自代理人将货物交给航空公司，直到货物装上飞机的整个业务操作流程。航空公司出港货物的操作程序分为以下主要环节：

（1）预审 CBA（Cargo Booking Advance），CBA 即国际货物订舱单。

（2）整理货物单据，主要包括已入库的大宗货物、现场收运的货物、中转的散货三个方面的单据。

（3）货物过磅、入库。

（4）货物出港，对于货物出港环节，重点处理好制作舱单及转运舱单的业务。①货运舱单（Cargo Manifest）是每一架飞机所装载货物、邮件的运输凭证清单；是每一航班总申报单的附件；是向出境国、入境国海关申报飞机所载货邮情况的证明文件；也是承运人之间结算航空运费的重要凭证之一。②货物转港舱单（Cargo Transfer Manifest，CTM）由交运承运人填写，是货物交运承运人和货物接运承运人之间交接货物的重要运输凭证；也是承运人之间结算航空运费的重要凭证之一。

三、航空公司进港货物的操作程序

国际货物运输的进口业务流程主要包含两大部分：航空公司进港货物的操作程序和航空货物进口运输代理业务程序。

航空公司进港货物的操作程序是指从飞机到达目的地机场，承运人把货物卸下飞机直到交给代理人整个操作流程。该流程包括：①进港航班预报；②办理货物海关监管；③分单业务，其中，联程货运单交货物中转部门；④核对货运单和运输舱单；⑤制作国际进口货物航班交接单；⑥货物交接。

四、航空货物进口运输代理业务程序

航空货物进口运输代理业务程序，是指空运货物从入境到提取或转运的整个流程所需通过的环节、所需办理的手续以及必备的单证。

在入境地海关清关的进口货物，大致要经过以下几个环节：接单接货→货物驳运进仓→单据录入和分类→发到货通知或查询单→制报关单、预录入→检验、报关→送货或转运。

1. 接单接货

航空货物入境时，与货物有关的单据（运单、发票和装箱单等）也随机到达。运输工具及货物处于海关监管之下。航空公司的地面代理公司（即机场货运站）从飞机卸货后，将货物存入其海关监管库（一级海关监管仓库）内，同时根据运单上的收货人及地址寄发取单提货通知。若运单上的收货人或通知方为海关及民航总局共同认可的一级航空货运代理公司，则把运输单据及与之相关的货物交给该一级航空货运代理公司（一级航空货运代理公司的海关监管仓库为二级海关监管仓库）。

一级航空货运代理公司在与机场货运站办理交接手续时，应根据总运单核对实际货物。若存在有单无货或有货无单的现象，货运代理操作员应及时告知机场货运站，并要求其在国际货物交接清单上注明，同时在舱单数据中做相应说明。若发现货物短少、破损或有其他异常情况，货运代理操作员应向机场货运站索要商务事故记录，作为实际收货人交涉索赔事宜的根据。

2. 货物驳运进仓

一级航空公司代理公司与机场货运站单货交接手续办理完毕后，即根据货量安排运输工具，驳运至该一级货运代理公司自行使用的海关监管仓库内。

3. 单据录入和分类

为便于用户查询和统计货量的需要，一级航空货运代理公司或海关授权的数据录入公司，负责将每票空运运单的货物信息及实际入库的相关信息，通过终端，输入到海关监管系统内。

一般按集中托运货物和单票直单货物，按照不同发货代理，不同实际收货人、收货人所在的特殊监管区域（如出口加工区、保税区等）进行单证分类。

集中托运货物需要对总运单项下的货物进行分拨，对每一份分运单对应的货物分别处理。单票直单货物则无须分拨。

4. 发到货通知单

单据录入后，根据运单或合同上的收货人名称及地址寄发到货通知单（见图 3-11）。到货通知单一般发给实际收货人，告知其货物已到空港，催促其速办报关、提货手续。到货通知单需要填写的项目有：公司名称、运单号、到货日期、应到件数及重量、实到件数及重量、合同号、货物名称、是否为特种货物、货运代理公司业务联系人及其电话等。

国际货运有限公司

国际空运货运到货通知书

致金海华玲珑酒窖　　　　　　　　　　　　　　　　　　　查询编号 007

兹有贵单位下列空运进口货物已于 2011 年 12 月 15 日运抵上海，总运单号 999-83254311，分运单号 999-83254311A 件数 100CTNS，重量 85kgs。

请带合同、商业发票等报关所需文件，前往我公司机场办公室办理海关和提货手续。

接待时间：09:00—11:30；13:00—16:30

提货时间：09:00—11:30；13:00—17:30

本公司自货物到达之日起免费保管三天（外地五天），逾期我公司将收取保管费每天每公斤 RMB100 元，10 天后保管费用加倍计收；冷藏物品、贵重物品、危险品无免费保管期，仓储费率按 RMB20 元/公斤/天计收，七天以后加倍，到付运费必须在提货前付清。

自货物到达上海 14 天后未办理海关手续和逾期三个月未提货的，我公司将根据《中华人民共和国海关法》第十八条和第二十一条处理。

为了方便客户，本公司设有代理报检、代理报关和送货上门等服务项目，如委托我公司办理上述业务，请填写委托书与本公司进口部联系，联系方式如下：

机场办公室：021-86457832

提货仓库地址：上海浦东机场 8823 号

以上货物完好无损，已提取，此据。

提货单位盖章签字：启航国际货运代理公司

2011 年 12 月 15 日

备注：提货前请在本通知书上盖单位公章，如需国定假日替货，请事先联系。

图 3-11　到货通知单样例

5. 制报关单并预录入

制单就是缮制“进口货物报关单”（格式见表 3-23）。制单的依据是运单、发票及证明货物合法进口的有关批准文件。因此，制单一般在收到客户的回复及确认，并获得必备的批文和证明之后方可进行。不需批文和证明的，可直接制单。

报关单上需由申报单位填报的项目有：进口口岸、经营单位、收货单位、合同号、批准机关及文号、运输工具名称及号码、贸易性质（方式）、贸易国别（地区）、原产国别（地区）、进口日期、提单或运单号、运杂费、件数、毛重、海关统计商品编码、货名规格及货号、数量、成交价格、价格条件、货币名称、申报单位、申报日期，等等。

在手工完成制单后，航空货运代理操作员将报关单的各项内容通过终端输入到海关报关系统内，并打制出报关单一式多联（具体份数按不同贸易性质而定）；完成计算机预录入后，在报关单右下角加盖申报单位的“报关专用章”；然后将报关单连同有关的运单、发票、装箱单、合同，并随附批准货物进口的证明和批文，由经海关认可并持有海关签发的报关员证件的报关员，正式向海关申报。

表 3-23　进口货物报关单

中华人民共和国海关进口货物报关单

预录入编号：　　　　　　　　　　　　　　　　　　海关编号：

<table>
<tr><td>进口口岸</td><td>备案号</td><td>进口日期</td><td colspan="2">申报日期</td></tr>
<tr><td>经营单位</td><td>运输方式</td><td>运输工具名称</td><td colspan="2">提运单号</td></tr>
<tr><td>收货单位</td><td>贸易方式</td><td>征免性质</td><td colspan="2">征税比例</td></tr>
<tr><td>许可证号</td><td>起运国（地区）</td><td>装货港</td><td colspan="2">境内目的地</td></tr>
<tr><td>批准文号</td><td>成交方式</td><td>运费</td><td>保费</td><td>杂费</td></tr>
<tr><td>合同协议号</td><td>件数</td><td>包装种类</td><td>毛重（千克）</td><td>净重（千克）</td></tr>
<tr><td>集装箱号</td><td colspan="2">随附单据</td><td colspan="2">用途</td></tr>
<tr><td colspan="5">标记唛码及备注</td></tr>
<tr><td colspan="5">项号　商品编号　商品名称、规格型号　数量及单位　原产国　单价　总价　币制　征免</td></tr>
<tr><td colspan="5">税费征收情况</td></tr>
<tr><td>录入员　录入单位</td><td rowspan="2">兹声明以上申报无讹并承担法律责任
申报单位（盖章）
填制日期</td><td colspan="3">海关审单批注及放行日期（盖章）
审单　审价</td></tr>
<tr><td rowspan="2">报关员
单位地址
邮编　电话</td><td colspan="3">征税　统计</td></tr>
<tr><td></td><td colspan="3">查验　放行</td></tr>
</table>

6. 进行商品的相关检验

根据进口商品的种类和性质，按照进口国家的有关规定，由出入境检验检疫机构对其进行商品检验、卫生检验、动植物检验等。上述检验前要填制“中华人民共和国出入境检验检疫入境货物报检单”（格式见表 3-24），并到当地的出入境检验检疫局进行报检报验。

报检报验一般发生在报关前，即“先报检报验、后报关”。报检报验时，一般需由经出入境检验检疫局认可，并持有出入境检验检疫局签发的报验员证件的报验员，凭报关单、发票、装箱单（正本或复印件），向当地的出入境检验检疫局进行报检报验。出入境检验检疫局核查无误后，或当即盖章放行，或加盖“待检章”。如是前者，则单证货物可转入报关程序，且在海关放行后，可直接从监管仓库提货；如是后者，则单证货物可先办理报关手续，海关放行后，必须由出入境检验检疫局对货物进行查验，无误后方能提货。

表 3-24　入境货物报检单样本

中华人民共和国出入境检验检疫入境货物报检单

报检单位（加盖公章）：　　　　　　　　　　* 编号____________

报检单位登记号：　　联系人：　　电话：　　报检日期：　年　月　日

发货人	（中文）					
	（外文）					
收货人	（中文）					
	（外文）					
货物名称（中/外文）	H. S. 编码	产地	数/重量	货物总值	包装种类及数量	
运输工具名称号码		贸易方式		货物存放地点		
合同号		信用证号		用途	其他	
发货日期		输往国家（地区）		许可证/审批号		
启运地		到达口岸		生产单位注册号		
集装箱规格、数量及号码						

合同订立的检验检疫条款或特殊要求	标 记 及 号 码	随附单据（划“√”或补填）	
		□合同 □信用证 □发票 □换证凭单 □装箱单 □厂检单	□包装性能结果单 □许可/审批文件 □ □ □ □

需要证单名称（划“√”或补填）		* 检验检疫费	
□品质证书　_正_副 □重量证书　_正_副 □数量证书　_正_副 □兽医卫生证书　_正_副 □健康证书　_正_副 □卫生证书　_正_副 □动物卫生证书　_正_副	□植物检疫证书　_正_副 □熏蒸/消毒证书　_正_副 □出境货物换证凭单 □出境货物通关单 □ □	总金额 /人民币元	
		计费人	
		收费人	

报检人郑重声明：	领　取　证　单	
1. 本人被授权报检。 2. 上列填写内容正确属实，货物无伪造或冒用他人的厂名、标志、认证标志，并承担货物质量责任。 签名：____________	日 期	
	签 名	

注：有“*”号栏由出入境检验检疫机关。　　　　◆国家出入境检验检疫局制

7. 进口报关

进口报关，就是向海关申报办理货物进口手续的过程。

报关是进口程序中最关键的环节，任何货物都必须在向海关申报并经海关放行后才能提出海关监管仓库或场所。把报关称为一个过程，是因为其本身还包含许多环节，大致可分为初审、审单、征税、验放四个阶段。

（1）初审。它是指从总体上对报关单证做粗略的审查。它一般只审核报关单所填报的内

容与原始单证是否相符，申报价格是否严重偏离市场平均水平（海关建有商品价格档案库），商品的归类编号是否准确，报关单的预录入是否有误等。也就是说，初审只对报关单证做形式上的审核，不做实质性的审查。

如果报关单证在形式上符合海关要求，负责初审的关员就在报关单左下角的“初审”一栏内签章，以示初审通过。

（2）审单。审单是报关的中心环节，狭义的报关就是审单。海关的“报关”窗口也是履行审单的职责。审单是从形式上和内容上对报关单证进行全面的、详细的审核。审核内容包括：报关单所填报的货物名称、规格、型号、用途及金额与批准文件所批注的是否一致；确定关税的征收与减免事宜，等等。

如果报关单证不符合《中华人民共和国海关法》（以下简称《海关法》）的有关规定，海关则不接受申报。可以通关时，审单的关员则在报关单左下角的“审单”一栏内签章。

（3）征税。不管货物是否应该征税，征税作为报关的一个重要环节是必须经过的。征税关员的职责是根据报关单证所填报的货物名称、用途、规格、型号及构成材料等确定商品的归类编号和税率。如商品的归类编号或税率难以确定，海关可先查看实物或实物图片及有关资料后再行征税。若申报的价格过低或未注明价格，海关可以估价征税。征税部门除征收关税外，还负责征收增值税、消费税、行邮税及免税货物的监管手续费等。

货主在按照海关出具的税单如数缴纳税款后，征税的关员即在报关单左下角的“征税”一栏内签章，并通过计算机核销税单。

（4）验放。验放是报关程序的最后一个环节。货物放行的前提是海关报关系统终端上显示；必须提供的单证已经齐全，税款和有关费用已经结清，报关未超过报关期限，实际货物与报关单证所列完全一致。放行的标志是在运单正本上加盖放行章。

验放关员在放行货物的同时，将报关单据（报关单、运单、发票各一份）及核销完的批文和证明全部留存海关。如果报关超过了《海关法》规定的报关期限，必须在向海关缴纳滞报金之后才能放行。

如果验放关员对货物有疑义，可以要求开箱，查验货物。此时查货与征税查货，其目的有所不同，征税关员查看实物主要是为了确定税率，验放关员查验实物是为了确定货物的物理性质、化学性质以及货物的数量、规格、内容是否与报关单证所列完全一致，有无伪报、瞒报、走私等问题。

除经海关总署特准免检的货物以外，所有货物都在海关查验范围之内。

（5）报关期限与滞报金。报关期限与滞报金的问题虽不属于报关环节，却是进口货物报关不容忽视的一个问题，收货人及其报关代理人都必须对它有充分的了解。

报关期限是指货物运抵口岸后，收货人或其货运代理公司、报关行向海关报关的时间限制。海关法规定的进口货物报关期限为自运输工具申报进境之日起的 14 日内。超过这一期限报关的，由海关征收滞报金。

滞报金的计征时间为自运输工具申报进境之日起的第 15 日到货物报关之日。滞报金每天的征收金额为货物到岸价格的 0.05%。

8．送货或转运

货物无论送到进境地当地还是转运到进境地以外的地区，收货人或其货运代理公司、报关行都必须首先完成清关或转关手续，然后才能从海关监管仓库或场所提取货物。提取货物的凭证是海关及出入境检验检疫局盖有放行章的正本运单。未经海关放行的货物处于海关的监管之下，不能擅自提出监管仓库或场所。货主或其货运代理公司、报关行在提取货物时须结清各种费用，如国际段到付运费、报关费、仓储费、劳务费等。货物出库时，提货人应与仓库保管员仔细检查和核对货物外包装上的合同号、运单号、唛头及件数、重量等与运输单据所列是否完全一致。

若出现单货不符或货物短少、残缺或外包装异形，航空货运代理公司应将机场货运站出具的商务事故记录交给货主，以便后者办理必要的索赔事宜。

航空货运代理公司可以接受货主的委托送货上门或办理转运。航空货运代理公司在将货物移交货主时，办理货物交接手续，并向其收取货物进口过程中所发生的一切费用。

任务实施

一、任务实施的环境

2014 年 8 月 15 日，小五分别接到来自上海市两位客户的空运委托，两个客户均需要往美国休斯敦发货。小五查看了有关航班信息，并帮助客户安排了航班线路，请协助小五完成两票货物的出口运输代理业务操作。2014 年 8 月 16 日，小五收到一份来自上海浦东机场货运站的取单提货通知，该提货通知单记载的是来自于美国休斯敦的两票货物，请协助小五完成进口运输代理的业务操作。

二、任务实施的步骤

1．航空货物出口运输代理业务操作

航空货物出口运输代理业务操作可参考下面的步骤：

第一步：先将学生进行分组，每组 6 人。分别扮演不同的角色，其中货主 2 人（分别代表第一个客户和第二个客户），货代操作员 1 人（小五），货代仓库员 1 人，航空公司业务员 1 人，海关工作人员 1 人。

第二步：准备相关空白单证，包括发票、装箱单、委托书、报送单项式、外汇核销单、许可证、商检证、进料/来料加工核销本、索赔/返修协议、到会保函、关封等。

第三步：准备相关尺寸货物、托盘（模拟航空运输中的板箱）。

第四步：模拟出口运输代理业务操作。具体操作流程如下：

1）货主填写“航空货物委托书”，并制作相关单证，包括发票、装箱单、委托书、报送单项式、外汇核销单、许可证、商检证、进料/来料加工核销本、索赔/返修协议、到会保函、关封等。

2）货主将航空货物委托书和相关单证交予货代操作员，由货代操作员审核航空货物委托书及其他单证。

3）货代操作员进行预配舱操作，制订预配舱方案。

4）货代操作员向航空公司业务员预订舱。

5）货代操作员填制航空运单。

6）货代仓库员接收货物，并贴标签。

7）货代操作员进行配舱操作，并向航空公司业务员订舱。

8）货代操作员代表货主向海关人员办理出口报关。

9）货代仓库员编制出仓单，并向航空公司业务员申领板箱，将货物装板。

10）货代仓库员找航空公司业务员签单，并将货交给航空公司业务员完成交接发运。

2．航空货物进口运输代理业务操作

航空货物进口运输代理业务操作技能训练可参考下面的步骤：

第一步：先将学生进行分组，每组 8 人。分别扮演不同的角色，其中航空公司业务员 1 人，目的地货代操作员 1 人（小五），目的地货代仓库员 1 人，实际收货人 2 人（分别代表第一个收货人和第二个收货人），货代仓库员 1 人，海关人员 1 人，商检局人员 1 人。

第二步：准备相关单证，包括提货通知、航空运单、到货通知单、进口货物报关单、入境货物报检单等。

第三步：准备相关尺寸货物。

第四步：模拟进口运输代理业务操作。具体操作流程如下：

1）航空公司业务员向目的地货代公司操作员寄发取单提货通知。

2）目的地货代仓库员将货物驳运至海关监管仓库内。

3）目的地货代操作员将单据录入和分类。

4）目的地货代操作员向实际收货人发到货通知单。

5）目的地货代操作员制作“进口货物报关单”并预录入。

6）目的地货代操作员填制“入境货物报检单”向商检局人员进行商品的检验。

7）目的地货代操作员向海关人员办理进口报关。

8）收货人提货。

三、技能训练及相关实践知识

航空货物出口运输代理业务操作技能训练

【训练任务 3-5】2014 年 8 月 15 日，小五分别接到两位客户的空运委托：

第一位客户为上海市浦东新区客户，该客户需要紧急发往美国休斯敦一台通信设备，该仪器采用木质包装，尺寸规格为 0.5 米×0.6 米×0.4 米，毛重为 50 千克，声明价值 10 000 美元。发货人为上海贝尔信息技术有限公司，地址为上海市浦东新区张江路 11 号。收货人为 Metro Bank CO. , Ltd，收货人地址为 9600 Bellaire Blvd. Suite 252, Houston, Texas, USA。

第二位客户为上海市闵行区客户，该客户需要发往美国休斯敦 100 台笔记本电脑，该批电脑采用木质包装，尺寸规格为 0.8 米×0.8 米×0.6 米，毛重为 200 千克，声明价值 70 000 美元。发货人为上海华硕电脑有限公司，地址为上海市闵行区虹槽路 100 号。收货人为 Lansum Co. ,Ltd，收货人地址为 137 W San Bernardino Rd., Houston, Texas, USA。

于是小五查看了有关航班信息，拟选择上海—台北—洛杉矶—休斯敦航线，将上述两位客户的货物向中国国际航空公司办理了集中托运手续，货物在上海浦东国际机场出发，由中国国航（航班号 CA195）承运至台北桃园机场，然后由长荣航空（航班号 BR012）承运至洛杉矶机场，再由联合航空（航班号 UA220）承运至休斯敦乔治·布什国际机场，最后由上海葵克国际货物运输代理有限公司在美国休斯敦的代理 Saint Freight Agency Co., Ltd（62 W Market St, Houston, Texas, USA）完成机场提货并分发给实际收货人。

请以小组形式完成航空货物出口运输代理的集中托运操作。

【训练建议 3-5】 分组完成。学生根据所担任的角色进行模拟操作，要求团队协作良好、单据流转正确，货物操作规范。

【评价建议 3-5】 可用航空运输的流程操作技能训练评价表（见表 3-25）对学生操作技能进行评价。

航空货物进口运输代理业务操作技能训练

【训练任务 3-6】 2014 年 8 月 16 日，小五收到一份来自上海浦东机场货运站的取单提货通知，该提货通知单记载的是来自于美国休斯敦的两票货物。

第一票货物为一台通信设备，该仪器采用木质包装，尺寸规格为 0.5 米×0.6 米×0.4 米，毛重为 50 千克。收货人为上海贝尔信息技术有限公司，地址为上海市浦东新区张江路 11 号。发货人为 MetroBank Co., Ltd，发货人地址为 9600 Bellaire Blvd. Suite 252, Houston, Texas, USA。

第二票货物为 100 台笔记本电脑，该批电脑采用木质包装，尺寸规格为 0.8 米×0.8 米×0.6 米，毛重为 200 千克。收货人为上海华硕电脑有限公司，收货人地址为上海市闵行区虹槽路 100 号。发货人为 Lansum Co., Ltd，发货人地址为 137 W San Bernardino Rd. , Houston, Texas, USA。

请以小组形式完成进口运输代理的业务操作。

【训练建议 3-6】 分组完成。学生根据所担任的角色进行模拟操作，要求团队协作良好、单据流转正确，货物操作规范。

【评价建议 3-6】 可用航空运输的流程操作技能训练评价表 3-25 对学生操作技能进行评价。

表 3-25　航空运输的流程操作技能训练评价表

学生姓名					
测评日期		测评地点			
测评内容	航空运输的流程操作				
考评标准	内　容	分值/分	自　评	互　评	师　评
	单据填写正确	30			
	单据流转正确	20			
	货物操作规范	30			
	体现团队协作	20			
合　计		100			
最终得分（自评 30%+互评 30%+师评 40%）					

说明：测评满分为 100 分，60～74 分为及格，75～84 分为良好，85 分以上为优秀。60 分以下的学生，需重新进行知识学习、任务训练，直到任务完成达到合格为止。

归纳总结

航空运输的流程分为出口和进口两个部分。其中出口部分又分为航空货物出口运输代理业务和航空公司出港货物的业务操作，进口部分分为航空公司进港货物的业务操作和航空货物进口运输代理业务。总体来说，航空运输的环节多、角色多、单据多，要进行航空运输的业务流程操作，首先需要梳理航空运输的整个流程，然后分析其中的角色，明确每个角色对应的职责。

通过本任务内容的学习，作为航空货运代理操作员或业务员的你应该对航空运输的流程有了一定的了解，要真正掌握这些知识和操作技能，还要不断地思考与总结，在实训条件允许的情况下，多进行模拟操作。下面提供一组思考问题，请客观地作答，并结合本任务内容，对自己的学习工作进行反思。

思考问题

一、问答题

1. 航空货物出口运输代理业务的程序包括哪些？
2. 航空货物进口运输代理业务的程序包括哪些？
3. 航空运输中使用标记和标签，其作用是什么？

二、名词解释

1. 预配舱
2. 标签
3. 到货通知单

三、单选题

1. 在集中托运情况下，同一总运单下会有多件货物，其中有重货也有轻泡货物，其计费质量采用（　　）计算。

A. 整批货物的总实际质量或总的体积质量，按两者中较高的一个

B. 整批货物的总实际质量

C. 整批货物的总体积质量

D. 重货按实际质量，轻泡货物按体积质量分别计算

2. 航空运费计算时，首先适用（　　）。

A. 起码运费　　B. 指定商品运价

C. 等级货物运价　　D. 普通货物运价

3. 当采用指定商品运价、等级货物运价和普通货物运价计算的运费总额均低于所规定的起码运费时，按（　　）计收。

A. 指定商品运价　　B. 等级货物运价

C. 普通货物运价　　　　　　　　　　D. 起码运费

4. 下列哪项符合航空货物出口运输代理业务的程序（　　）。

A. 审核单证→预配舱→预订舱→接受单证→填制运单

B. 预配舱→审核单证→接受单证→预订舱→填制运单

C. 审核单证→预订舱→预配舱→接受单证→填制运单

D. 审核单证→预配舱→接受单证→预订舱→填制运单

5. 下列哪项符合航空货物进口运输代理业务的程序（　　）。

A. 接单接货→货物驳运进仓→单据录入和分类→发到货通知单

B. 接单接货→单据录入和分类→货物驳运进仓→发到货通知单

C. 接单接货→发到货通知单→单据录入和分类→货物驳运进仓

D. 货物驳运进仓→接单接货→单据录入和分类→发到货通知单

四、案例分析题

某托运人将4件机器配件从北京运往伦敦，在巴黎中转，货运单号555-44783442，每件货物重量为25千克。当在巴黎中转时，由于临时出现问题，发货人向航空公司提出停止运输，且将货物运回北京。

问题：

（1）发货人的请求是否可以得到航空公司的许可？为什么？

（2）返回的机器配件的运费由谁来支付？

拓展提高

国内航空运输承运人赔偿责任限额规定

第一条　为了维护国内航空运输各方当事人的合法权益，根据《中华人民共和国民用航空法》（以下简称《民用航空法》）第一百二十八条，制定本规定。

第二条　本规定适用于中华人民共和国国内航空运输中发生的损害赔偿。

第三条　国内航空运输承运人（以下简称承运人）应当在下列规定的赔偿责任限额内按照实际损害承担赔偿责任，但是《民用航空法》另有规定的除外：

（一）对每名旅客的赔偿责任限额为人民币40万元。

（二）对每名旅客随身携带物品的赔偿责任限额为人民币3 000元。

（三）对旅客托运的行李和对运输的货物的赔偿责任限额，为每千克人民币100元。

第四条　本规定第三条所确定的赔偿责任限额的调整，由国务院民用航空主管部门制定，报国务院批准后公布执行。

第五条　旅客自行向保险公司投保航空旅客人身意外保险的，此项保险金额的给付，不免除或者减少承运人应当承担的赔偿责任。

第六条　本规定自2006年3月28日起施行。

（资料来源：中国民航局官网 www.caac.gov.cn）

课外阅读

中转联运：中国发展航空货运法宝

根据近几年中国民用航空局公布的数据显示，我国的民航运输规模已经上升为世界第二，但是我国航空运输企业所占市场份额却与运输规模的增长成反比，特别是航空货运一直实力较弱，航空货运企业在国内的市场份额，最高时仅为30%。

而几家国际快递巨头，如联邦快递（FedEx）、联合包裹（UPS）、敦豪（DHL）、荷兰天地快运TNT为何能不断地发展壮大？其主要原因在于它们全球完善的航线网络。显然，国内航空公司无法与四大国际快递巨头在网络上媲美，但是，至少可利用其现有网络资源，与其他航空公司、公路运输企业等进行合作，构建自己的货运中转网络，形成独有的高效联运产品。

首先，航空公司要与公路运输企业合作，利用发达的公路网络，从周边地区组织货源，开展“地空”联运。不仅使汽运模式和空运模式的优势互补，而且变低端货源为中高端货源，增加市场可运输量的供给。

其次，在本公司范围内不同航班之间实现异地衔接，实现航线网络延伸。此模式可提高联运的时效性，使空运的优势得到最大程度的体现。

另外，航空公司之间和可以进行合作，实现不同承运人之间的联运中转。例如，2011年中国国际货运航空有限公司（简称“国货航”）重庆营业部与四川航空股份有限公司（简称“川航”）正式签订了重庆至北京航段SPA合作协议，国货航通过川航空中客车A330宽体客机将货物运输至北京，再由国货航北京始发的航班转运全球各大城市。

（资料来源：吕毅慧，中国民航报，2011-08-31）

单元四　水路运输组织

学习目标

通过本单元任务的学习，你将了解我国水路运输的发展现状；了解全球著名的船公司、全球主要集装箱航线和全球主要港口；了解集装箱的作用、尺寸、标识；掌握集装箱运输中不同交接地点和方式下各方的责任；了解水路运输的特点和适用范围；熟悉水路运输的种类；熟悉租船运输的种类及各种租船方式的区别；熟悉水路运输中的各种单据及其作用；掌握集装箱运费的构成；熟悉拼箱和整箱方式下的运费计算方法；熟悉集装箱出口和进口的业务流程。

能够：

- ⇨ 能识读船期表。
- ⇨ 能根据客户需求信息完成海运出口询价、航次选择。
- ⇨ 能根据货物的尺寸、数量选择合适的集装箱，完成货物的装箱计算。
- ⇨ 根据客户需求信息填制海运相关单据。
- ⇨ 能正确地计算拼箱货和整箱货运费。
- ⇨ 根据集装箱班轮出口业务流程和进口流程，按照不同的角色，分别进行模拟。

工作任务

货运代理操作员，根据出口企业委托要求，审核相关单证，并制作订舱单，向船公司办理订舱，同时受托运人的委托，办理报检、报关、安排空箱调运、集装箱集港、换取提单等手续，科学地组织各环节的作业，完成委托订舱任务，并委托目的地代理完成进口任务，根据委托代理任务完成集装箱运费的收取。

水路运输组织主要包括水路运输认知、集装箱班轮运输单据填制、集装箱班轮运输费用计算、集装箱班轮运输流程操作等工作。

任务一　水路运输认知

知识点： 全球著名船公司的代码；全球主要航线和港口英文翻译；船舶的种类；船期表的主要内容；集装箱的种类；集装箱的作用；集装箱的尺寸；集装箱的标识；集装箱的装箱方式；集装箱运输中的当事人；集装箱的交接地点及方式；水路运输的定义和种类、特点；班轮运输的特点；租船运输的种类；租船运输合同。

能力点： 能根据客户需求信息完成海运出口询价、航次选择；能根据货物的尺寸、数量选择合适的集装箱，完成货物的装箱计算；能区别集装箱不同交接方式中船公司、发货人、收货人的责任范围。

任务情境

某外贸公司的出口业务

小红是宁波港兴国际货运代理有限公司的货代操作实习生。自从2014年6月1日实习以来，第一个月主要由师傅传帮带，师傅给了小红一沓内部资料，让小红学习。小红现阶段要学习的内容就是了解该货代公司代理的相关航线、了解全球港口、认识船期表，认识船公司等相关英文术语，会根据客户货物的数量、尺寸选择相应的集装箱。

任务分析

该任务是从事海运货运代理操作等岗位所需的知识储备工作。完成此任务需要了解全球著名船公司、主要航线和港口及相关英文术语；能识读船期表的主要内容；了解集装箱的种类、作用、尺寸、标识；集装箱的装箱方式；集装箱的交接地点及方式；水路运输的定义和种类、特点；能根据客户需求信息完成海运出口询价、航次选择；能根据货物的尺寸、数量选择合适的集装箱，完成货物的装箱计算。

任务实施的相关专业知识

一、我国水路运输现状

1. 我国水路运输基础设施现状

（1）内河航道。截至2014年年末，全国内河航道通航里程12.63万公里，比2013年年末增加427公里。等级航道6.54万公里，占总里程的51.8%，提高0.2个百分点。其中，三级及以上航道10 854公里，五级及以上航道2.85万公里，分别占总里程8.6%和22.5%，分别提高 0.5 个和 0.6 个百分点。

各等级内河航道通航里程分别为：一级航道 1 341 公里，二级航道 3 443 公里，三级航道 6 069 公里，四级航道 9 301 公里，五级航道 8 298 公里，六级航道 18 997 公里，七级航道 17 913 公里。等外航道 6.09 万公里。内河各级航道通航里程占比如图 4-1 所示。

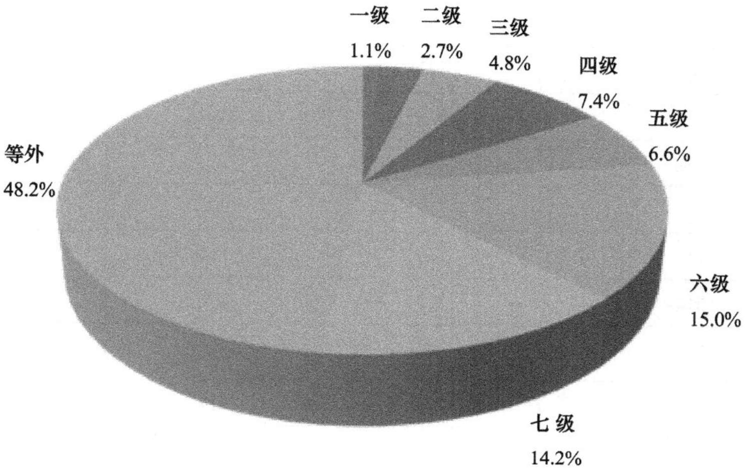

图 4-1　2014 年全国内河各级航道通航里程占比

各水系内河航道通航里程分别为：长江水系 64 374 公里，珠江水系 16 444 公里，黄河水系 3 488 公里，黑龙江水系 8 211 公里，京杭运河 1 438 公里，闽江水系 1 973 公里，淮河水系 17 338 公里。

（2）港口。截至 2014 年年末，全国港口拥有生产用码头泊位 31 705 个，比 2013 年年末减少 55 个。其中，沿海港口生产用码头泊位 5 834 个，增加 159 个；内河港口生产用码头泊位 25 871 个，减少 214 个。

全国港口拥有万吨级及以上泊位 2 110 个，比 2013 年年末增加 109 个。其中，沿海港口万吨级及以上泊位 1 704 个，增加 97 个；内河港口万吨级及以上泊位 406 个，增加 12 个。各级别泊位数量见表 4-1。

表 4-1　2014 年全国港口万吨级及以上泊位　　（单位：个）

泊位吨级	全国港口	比上年末增加	沿海港口	比上年末增加	内河港口	比上年末增加
合计	2 110	109	1 704	97	406	12
1～3 万吨级（不含 3 万）	755	19	586	19	169	—
3～5 万吨级（不含 5 万）	365	9	261	7	104	2
5～10 万吨级（不含 10 万）	684	36	558	26	126	`10
10 万吨级以上	306	45	299	45	7	—

全国万吨级及以上泊位中，专业化泊位 1 114 个，通用散货泊位 441 个，通用件杂货泊位 360 个，比 2013 年年末分别增加 52 个、27 个和 15 个。具体情况见表 4-2。

表 4-2　2014 年全国万吨级及以上泊位构成　（单位：个）

泊 位 用 途	2014 年	2013 年	比上年增加
专业化泊位	1 114	1 062	52
集装箱泊位	322	321	1
煤炭泊位	219	206	13
金属矿石泊位	64	61	3
原油泊位	72	68	4
成品油泊位	130	124	6
液体化工泊位	172	157	15
散装粮食泊位	36	36	—
通用散货泊位	441	414	27
通用件杂货泊位	360	345	15

2. 我国水路运输船舶现状

2014 年年末全国拥有水上运输船舶 17.20 万艘，比 2013 年年末减少 0.3%；净载重量 25 785.22 万吨，增长 5.7%（见图 4-2 和表 4-3）；平均净载重量 1 499.34 吨/艘，增长 6.0%；载客量 103.23 万客位，减少 0.1%；集装箱箱位 231.87 万 TEU，增长 36.3%；船舶功率 7 059.85 万千瓦，增长 8.9%。

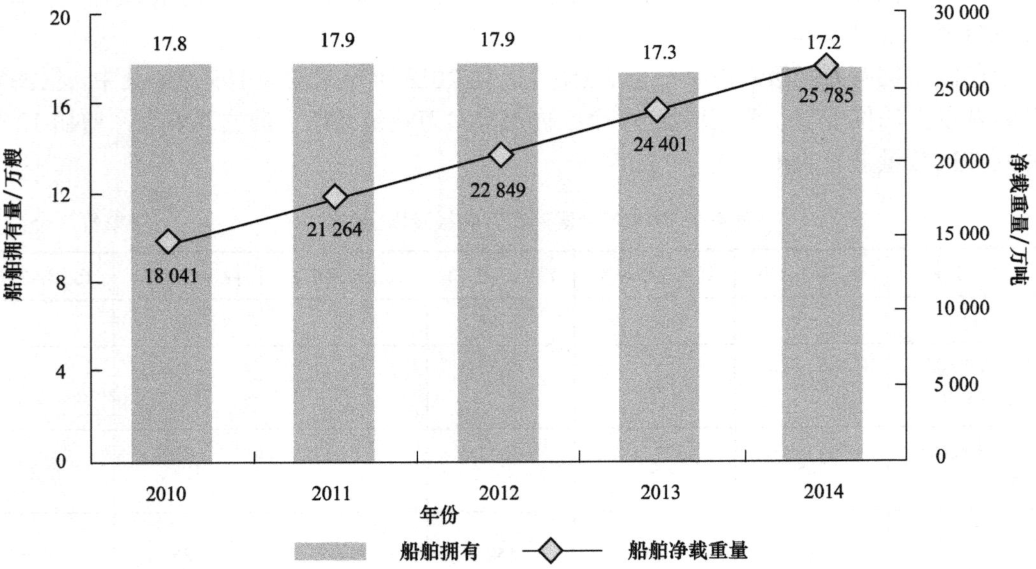

图 4-2　2010—2014 年全国水上运输船舶拥有量及净载重量

表 4-3　2013 年水上运输船舶构成（按航行区域分）

指　标		计 量 单 位	实　绩	比上年增长（%）
内河运输船舶	运输船舶数量	万艘	15.83	-0.5
	净载重量	万吨	11 274.71	10.4
	平均净载重量	吨/艘	712	10.9
	载客量	万客位	80.71	-1.1
	集装箱箱位	万标箱	25.78	5.4
	船舶功率	万千瓦	3 150.45	4.6
沿海运输船舶	运输船舶数量	艘	11 048	0.2
	净载重量	万吨	6 920.93	1.5
	平均净载重量	吨/艘	6 264	1.3
	载客量	万客位	19.88	1.6
	集装箱箱位	万标箱	47.22	68.5
	船舶功率	万千瓦	1 893.61	9.0
远洋运输船舶	运输船舶数量	艘	2 603	5.9
	净载重量	万吨	7 589.59	3.0
	平均净载重量	吨/艘	29 157	-2.8
	载客量	万客位	2.58	26.4
	集装箱箱位	万标箱	158.87	35.0
	船舶功率	万千瓦	2 015.78	16.1

3. 我国水路货物运输现状

截至 2014 年年末，全国完成水路货运量 59.83 亿吨、货物周转量 92 774.56 亿吨·公里，比 2013 年分别增长 6.9%和 16.8%，平均运距 1 550.68 公里。图 4-3 为 2010 年至 2014 年全国公路运输和水路运输完成货运量比较。

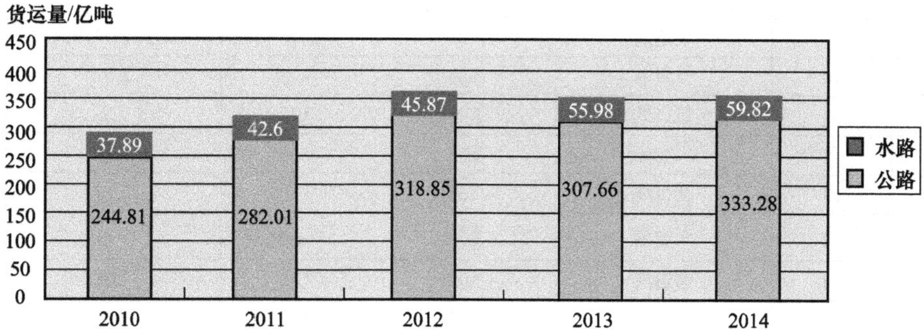

图 4-3　2010—2014 年全国公路、水路货运量

2014 年在全国水路货运中，内河运输完成货运量 33.43 亿吨、货物周转量 12 784.90 亿吨·公里；沿海运输完成货运量 18.92 亿吨、货物周转量 24 054.59 亿吨·公里；远洋运输完成货运量 7.47 亿吨、货物周转量 55 935.06 亿吨·公里。

2014 年全年全国港口完成货物吞吐量 124.52 亿吨，比 2013 年增长 5.8%。其中，沿海港口完成 80.33 亿吨，内河港口完成 44.19 亿吨，分别增长 6.2%和 5.1%。2010—2014 年全国港口货物吞吐量如图 4-4 所示。

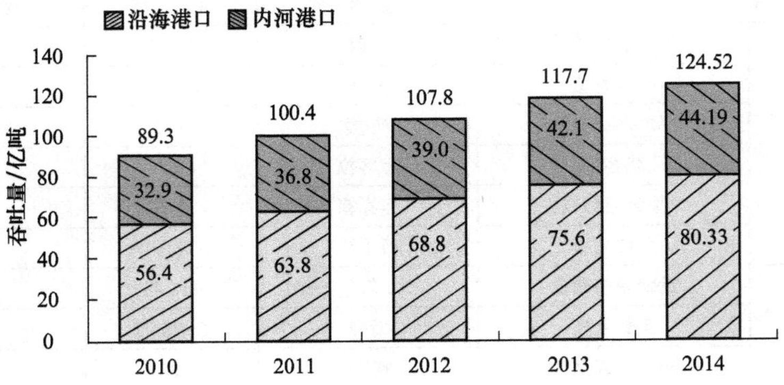

图 4-4　2010—2014 年全国港口货物吞吐量

2014 年货物吞吐量超过亿吨的港口由上年的 26 个增加到 29 个。其中，沿海亿吨港口 19 个，内河亿吨港口 10 个。表 4-4 为 2014 年中国主要港口货物吞吐量前 20 排名结果。

表 4-4　2014 年中国主要港口货物吞吐量前 20 排名　　（单位：亿吨）

排名		港　口	2014 年	增幅（%）	2013 年	增幅（%）
2014 年	2013 年					
1	1	宁波—舟山港	8.73	7.86	8.10	8.84
2	2	上海港	7.55	−2.67	7.76	5.46
3	3	天津港	5.40	7.86	5.01	4.96
4	7	唐山港	5.01	12.24	4.46	22.23
5	4	广州港	4.99	9.58	4.55	4.60
6	5	苏州港	4.79	5.42	4.54	6.16
7	6	青岛港	4.65	3.32	4.50	10.60
8	8	大连港	4.28	5.15	4.07	8.87
9	10	日照港	3.53	14.10	3.09	10.10
10	9	营口港	3.45	7.74	3.20	6.33
11	11	秦皇岛港	2.75	0.94	2.73	0.59
12	13	烟台港	2.38	7.30	2.22	9.16
13	12	深圳港	2.23	−4.69	2.34	2.59
14	14	南通港	2.20	7.35	2.05	10.62
15	15	南京港	2.20	8.91	2.02	5.23
16	16	连云港港	2.10	4.18	2.02	8.84
17	17	厦门港	2.05	7.40	1.91	10.80
18	18	北部湾港	2.04	9.13	1.87	7.09
19	19	湛江港	2.03	12.59	1.80	5.35
20	20	黄骅港	1.78	3.92	1.71	35.42

2014 年全国港口完成集装箱吞吐量 2.02 亿 TEU，比 2013 年增长 6.4%。其中，沿海港口完成 1.82 亿 TEU，内河港口完成 2 066 万 TEU，比 2013 年分别增长 7.1%和 0.6%。

2010—2014 年全国港口集装箱吞吐量如图 4-5 所示。

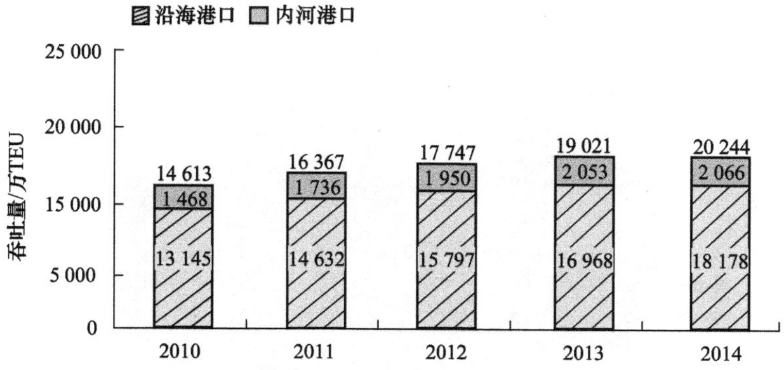

图 4-5　2010—2014 年全国港口集装箱吞吐量

2014 年集装箱吞吐量超过 100 万 TEU 的港口由 2013 年的 19 个增加到 22 个。其中，沿海港口 18 个，内河港口 4 个。表 4-5 为 2014 年全国集装箱吞吐量超过 100 万 TEU 的港口分布。

表 4-5　2014 年全国集装箱吞吐量前 20 排名　　（单位：万 TEU）

排名		港口	2014 年	增幅（%）	2013 年	增幅（%）
2014 年	2013 年					
1	1	上海港	3 528.50	4.96	3 361.70	3.34
2	2	深圳港	2 403.00	3.23	2 327.90	1.47
3	3	宁波—舟山港	1 945.00	12.10	1 735.07	7.27
4	4	青岛港	1 662.44	7.10	1 552.2	7.03
5	5	广州港	1 616.00	5.54	1 531.10	5.25
6	6	天津港	1 405.00	7.98	1 301.20	5.76
7	7	大连港	1 012.76	1.12	1 001.50	24.19
8	8	厦门港	857.24	7.05	800.80	11.19
9	11	营口港	576.82	8.81	530.10	9.28
10	9	连云港港	500.54	−8.79	548.80	9.32
11	10	苏州港	445.00	−16.12	530.50	−9.52
12	12	佛山港	287.26	4.46	275.00	3.11
13	17	虎门港	283.60	49.82	189.29	36.25
14	13	南京港	276.00	3.41	266.90	15.94
15	15	日照港	242.00	19.39	202.70	15.89
16	14	烟台港	236.12	9.82	215.00	16.22
17	16	福州港	223.94	13.22	197.80	8.38
18	18	泉州港	188.45	10.79	170.10	0.24
19	19	丹东港	167.00	10.74	150.80	24.80
20	20	中山港	135.70	2.80	132.00	6.45

2014 年全国港口完成液体散货吞吐量 9.97 亿吨，比 2013 年增长 5.1%；干散货吞吐量 72.46 亿吨，增长 4.9%；件杂货吞吐量 12.52 亿吨，增长 7.3%；集装箱吞吐量（按重量计算）

23.49 亿吨，增长 7.5%；滚装汽车吞吐量（按重量计算）6.09 亿吨，增长 9.4%。2014 年各形态货种吞吐量构成如图 4-6 所示。

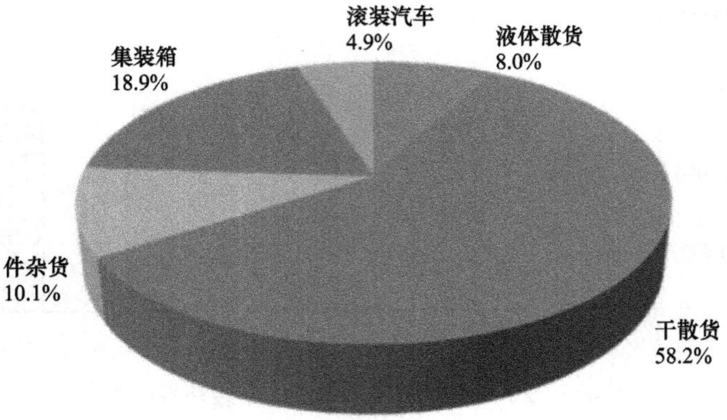

图 4-6　2014 年各形态货种吞吐量构成

2014 年全国规模以上港口完成货物吞吐量 111.88 亿吨，比 2013 年增长 5.1%。其中，完成煤炭及制品吞吐量 21.89 亿吨，石油、天然气及制品吞吐量 7.86 亿吨，金属矿石吞吐量 17.97 亿吨，分别增长 0.7%、3.7%和 7.6%。2014 年规模以上港口各货类吞吐量及增长速度见表 4-6。

表 4-6　2014 年规模以上港口各货类吞吐量及增长速度

货 类 名 称	吞吐量/亿吨	比上年增长（%）	外贸吞吐量/亿吨	比上年增长（%）
煤炭及制品	21.89	0.7	2.81	−10.4
石油、天然气及制品	7.86	3.7	3.89	7.6
#原油	4.29	5.8	2.95	8.4
金属矿石	17.97	7.6	11.04	8.0
#铁矿石	16.28	11.1	10.05	13.0
钢铁	4.69	3.7	0.96	34.2
矿建材料	16.53	1.3	0.35	8.3
水泥	3.09	8.0	0.14	4.5
木材	0.81	13.6	0.65	11.2
非金属矿石	2.48	5.8	0.50	−20.4
化学肥料及农药	0.52	33.9	0.33	54.6
盐	0.17	7.0	0.08	0.8
粮食	2.41	7.1	0.95	17.0
机械、设备、电器	2.18	11.3	1.35	13.6
化工原料及制品	2.36	9.0	0.88	−0.1
有色金属	0.16	−2.4	0.12	−8.4
轻工、医药产品	1.15	3.6	0.47	−2.1
农林牧渔业产品	0.49	18.2	0.25	10.1
其　他	27.11	8.0	10.55	6.6
合　　计	111.87	5.1	35.32	6.2

二、全球著名船公司

目前，在我国港口有海运业务的船公司数量非常多，以宁波为例，在宁波开展海运业务的具备一定规模的国内外船公司至少有 300 多家。表 4-7 列出了部分国内外船公司中文名称和代码。

表 4-7 全球著名船公司中文名称和代码一览表

代 码	船公司中文名称	代 码	船公司中文名称	代 码	船公司中文名称
ABC	ABC 货柜航运公司	GLE	大湖和欧洲班轮公司	PCC	港口货运公司（斯里兰卡）
ACBL	美国商业驳船航运公司	GOL	高洲轮船有限公司	PCS	凡洲海运株式会社
ACGR	冠航集团	GONC	海昌航运有限公司	PE	泛亚捷运轮船公司
ACL	大西洋集装箱航运公司	GSC	加纳航运公司	PENA	中国外轮代理公司
ACT	联合集装箱运输公司（英）	GSL	金星航运公司	PGST	巴拿马环球轮船公司
AECS	澳大利亚欧洲集装箱服务公司	GSNC	通用轮船运输公司（英）	PIL	太平洋船务（香港）有限公司
AEL	美欧轮船公司	GST	金斯塔租箱公司（美国）	Pan Ocean	泛洋海运
AEXL	美国出口航运公司	HAIX	上海海兴船务公司	POL	波兰远洋运输公司
AFS	亚运香港船务有限公司	HAKAI	八产海运公司（日本）	PON	铁行渣华（中国）船务有限公司
AFSC	非洲轮船公司（英）	HEUNG—A	兴亚海运株式会社	POW	建恒海运公司
AJCL	澳大利亚－日本集装箱航运公司	HAM	向大	PSC	巴基斯坦海运公司
AMCL	美国商业轮船公司	HAMBURGER	汉堡南美	PSL	釜山远洋
AMISCL	美国伊拉克轮船公司	HASCO	上海海华轮船有限公司	PSN	太平洋轮船航运公司（英）
AML	美国邮船公司	HASAGY	上海海华国际船务代理有限公司	PSS	太平洋轮船公司（美）
AMPTC	阿拉伯海上石油运输公司	HJS	韩进海运	PWK	宝威船务有限公司上海办事处
AND	亚得利亚航运公司（意大利）	HKEL	香港邮船有限公司	ZEN	美国全通船舶货运有限公司
ANL	澳大利亚国家航运	HKIS	香岛轮船有限公司	RC	瑞克麦斯轮船公司
ANST	阿里亚国家航运公司（伊朗）	HKM	香港海运	RCL	宏海箱运有限公司

（续）

代　码	船公司中文名称	代　码	船公司中文名称	代　码	船公司中文名称
AOR	挪亚	HKY	日本海阳通商株式会社	RNG	荷兰渣华集团
APL	美国总统轮船公司	HLC	赫伯罗特航运公司（德国）	RVM	国营海运公司（扎依尔）
ASC	阿拉斯加轮船公司（美）	HMM	现代商船株式会社	SAKA	三协海运公司（日本）
ASS	阿莱德	HSL	富泽有限公司	SAL	瑞典美洲轮船公司
ASTA	朝日油轮公司（日）	ICCU	ICCU 集装箱集团（意大利）	SAM	南非航运公司
ATL	亚洲货运中心	ICSN	印华轮船公司	SCI	印度航运公司
ATTL	大西洋轮船运输公司	IEA	多式联运设备公司（美国）	SCL	森马
AWP	澳大利亚西太平洋轮船公司	ILO	国际海洋租箱公司（美国）	SEAC	海洋集装箱运输有限公司（英国）
BEN	边行集装箱运输公司（英国）	INB	英特浦尔集装箱公司（美国）	SEAW	南泰箱
BK	刚兴船务有限公司	IRI	伊朗	SETH	狮富
BOL	波罗的海远东航运公司	ISA	国际航运公司（波多黎各）	SFC	上海国际轮渡有限公司
BONA	邦拿美	ITL	伊特尔国际租箱公司（美国）	SHWA	新和海运
BRN	保加利亚河运公司	IWT	依洛瓦底江航运公司（缅甸）	SIF	上海仁川国际渡轮有限公司
BSA	蓝星海运	JCS	日本集装箱服务公司	SINOTRAN	中外运
BSC	孟加拉国海运公司	JCT	日欧集装箱运输公司（日本）	SIT	山东海丰
BSP	巴尔的摩定期轮船公司（美）	JL	约翰逊航运公司	SJJ	上海锦江航运有限公司
BTC	伯利恒运输公司（美）	JLA	日本海运公司	SKH	新港航
CAT	美国加拿大大西洋转运公司	JSM	江苏海洋运输公司	SL	美商海陆联运
CAU	澳大利亚集装箱航运公司	JUG	南斯拉夫航运公司	SLT	海陆中转箱
CBC	世桥集运	KAIKA	开发海运公司（日本）	SM	联华印尼
CCC	罗经集装箱运输公司（美）	KAKA	神田海运公司（日本）	SMSK	海马有限公司

（续）

代　码	船公司中文名称	代　码	船公司中文名称	代　码	船公司中文名称
CCCO	加利福尼亚货物集装箱运输公司	KANKA	观光海运公司（日本）	SNKO	长锦有限公司
CCL	加利福尼亚集装箱航运公司（美）	KAUN	关西运输公司（日本）	SNL	中外运集装箱运输有限公司
CCNI	华林船公司	KC	凯兴	SOAEM	西非海运公司
CCX	嘉庆航运公司（台湾）	KL	川崎汽船株式会社	SONATRAM	国营海运公司（加蓬）
CGL	加拿大海湾航运公司	KMT	高丽海运株式会社	SPAL	中富运通
CGM	法国航海总公司	KNOW	冠华船务有限公司	SPC	邮船公司（英）
CHF	侨丰船务有限公司	KNSM	荷兰皇家轮船公司	SPIF	中富国际联运有限公司
CHP	中波轮船有限公司	KOTC	科威特油船公司	SPL	西班牙大西洋运输公司
CJF	中日国际轮渡有限公司	KSC	科威特海运公司	SPSS	南太平洋轮船公司（美）
CKS	天敬海运株式会社	KSL	韩国航运公司（韩国）	SSGP	海峡船务有限公司
CLA	南美邮船公司	KYKI	协和汽船公司（日本）	SSL	南方轮船公司（美）
CLO	克卢租箱公司（德国）	LAL	劳埃德航运公司（意大利）	SSLSA	萨姆达拉船务有限公司
CLS	朝联货柜有限公司	LAND	大陆桥	STRA	中艺
CLSA	亚川船务代理有限公司	LHS	联发	STT	寿星集装箱运输公司（英国）
CMA	法国达飞轮船有限公司	LIBRA	巴西轮船公司	SUD	汉堡南方航运公司
CMCL	招商货柜航运有限公司	LLB	巴西劳埃德航运公司	SWAL	昭和海运
CMSNC	招商局轮船股份有限公司（香港）	LNB	玻利维亚轮船公司	SWIR	太古船务代理有限公司
CNC	正利航业股份有限公司	LS	外代利发	SWS	志晓船务有限公司
CNCC	中国租船公司	LT	意大利邮船公司	SYM	山东省烟台国际海运集装箱公司
CNS	加拿大国家轮船公司	LUSC	吕宋码头运输公司（菲律宾）	TAL	全美租箱公司（美国）
COCENAVE	多西和流域航运公司（巴西）	LYK	莱克斯航运公司（美国）	TAS	塔斯曼（中国）有限公司

（续）

代　码	船公司中文名称	代　码	船公司中文名称	代　码	船公司中文名称
COH	京汉船务有限公司	MAT	麦逊航运公司（美国）	TEL	铁运轮船公司（美国）
COMANAV	摩洛哥航运公司	MCP	菲律宾海运公司	TEX	美国货柜集团
COMAUNAM	毛里塔尼亚航运公司	MH	铭鸿船务有限公司	THI	台骅国际有限公司
CON	康曲兰士集装箱公司（德国）	MIS	马来西亚国际航运有限公司	THK	天津市海运股份有限公司
COSCO	中国远洋运输集团	MOB	美孚	TJST	天津外运
CPN	太平洋西北集装箱航运公司	MOSK	大阪商船三井船舶株式会社	TKSL	天神国际海运有限公司
CPV	秘鲁轮船公司	MS1	民生神原新日本海航线	TMM	墨西哥航运有限公司
CQH	重庆海运海华联合办公室	MSC	瑞士地中海航运有限公司	TOHO	东航船务有限公司
CRN	联华航业有限公司	MSH	民生神原海运有限公司	TOL	泛洋租箱公司
CSAV	南美洲轮船公司（智利）	MSK	马士基(中国)航运有限公司	TPH	蒂夫克租箱公司（英国）
CSC	中海船公司	MSKT	马士基中转箱	TPL	泛太航运有限公司
CSL	加拿大轮船公司	MSL	民生轮船公司上海分公司	TR	腾龙
CTI	国际集装箱运输公司（美国）	MSS	神原汽船株式会社	TRC	意格
CTN	突尼斯航运公司	MSW	民生轮船公司台湾航线经营部	TRI	特来顿国际租箱公司（美国）
CUCMS	苏伊士运河货运总公司	NAEI	内海油船公司（日本）	TRMA	连捷海运有限公司
CYL	朝阳海运	NAGDI	名古屋汽船公司（日本）	TRNO	腾皇
DFDS	联合轮船公司（丹麦）	NAKA	永本海运公司（日本）	TRPC	泛茂
DMS	法国达贸轮船有限公司	NAKI	长崎汽船公司（日本）	TRWL	威伦
DNA	东南亚海运株式会社	NANTA	浪速油船公司（日本）	UAC	科威特
DSR	德意志罗斯托克航运公司（德国）	NASC	荷兰海运咨询委员会	UASC	阿拉伯联合国家轮船公司
DVR	戴尔马维埃热航运公司（法国）	NBC	国营散货装船公司	UFC	富列克西租箱公司（美国）

（续）

代　码	船公司中文名称	代　码	船公司中文名称	代　码	船公司中文名称
DY	东映海运株式会社	NCL	日本租箱公司	UNG	立荣海运股份有限公司
DYWW	东映自备箱	NCY	日本集装箱运输公司	UNI	环球船务有限公司
DZ	德利船公司	NEDL	渣华邮船公司	UNISCO	联合船代
E&A	东方及澳大利亚航运公司	NIC	日本国际租箱公司	UNS	利迅船务公司
EAC	宝隆轮船公司（丹麦）	NIKA	西九州海运公司（日本）	VANE	稳航船务公司
EANSL	东非国营航运公司	NIPK	日本汽船公司	WCL	世界租箱公司（日本）
ECT	欧洲联合码头公司	NISK	日商汽船公司（日本）	WEL	威高航运公司
EFFDEA	阿根廷国家内河航运公司	NISL	日清航运公司（日本）	WHL	万海航运有限公司
EGSEL	和荣船务企业有限公司（香港）	NITC	伊朗国家油船公司	WORMA	世界海运公司
ELMA	阿根廷轮船公司	NNSL	尼日利亚国家海运公司	WRDL	兰格尔航运公司
EMPREMAR	国家海运公司（智利）	NOL	东方海皇轮船公司	WSDL	香港宏光发展有限公司
ENASA	亚马逊河航运公司（巴西）	NOR	北欧亚航运有限公司	WTP	华园公司
ESCO	东方轮船公司	NOS	新东船务有限公司	WW	伟航船务有限公司
ESL	东方轮船公司（菲律宾）	NS	南星海运株式会社	WYLY	外运陆运科
EVG	长荣海运股份有限公司	NSCP	巴基斯坦国家航运公司	XCD	跨国租箱公司（欧洲）
EXC	昌宏船务有限公司	NSCSA	沙特阿拉伯国际航运有限公司	XTR	美国 XTRA 租箱公司
FEC	外总	NSL	新三洋航运公司（日本）	XXX	无持箱人
FESC	远东国际海运公司	NSN	新海航业有限公司	YAKA	矢吹海运公司（日本）
FINL	芬兰轮船公司	NTL	南泰航运	YH	育海
FPL	远东航运公司（俄罗斯）	NYK	日本邮船有限公司	YICT	盐田国际集装箱码头
FRONAPE	国家油船公司（巴西）	NZSC	新西兰轮船公司	YK	阳凯

（续）

代　码	船公司中文名称	代　码	船公司中文名称	代　码	船公司中文名称
FSC	远东海洋轮船有限公司	NZUE	新西兰快航	YML	阳明
FSPL	中央汽船	O&P	东方及太平洋航运公司	YSNL	山下新日本近海汽船
FTI	富腾船务有限公司	OCC	德兰考租箱公司（德国）	ZCS	以星集装箱服务公司（以色列）
FUJL	富士汽船	OCL	海外集装箱公司（英国）	ZFU	中福
FWSC	陆海英之杰船务有限公司	OL	东方航运公司（英）	ZIM	以星轮船有限公司
FWSL	友航轮船有限公司	OOCL	东方海外货柜航运有限公司	ZJYY	浙江远洋
GBE	金庆联运有限公司	P&O	铁行	ZXTW	志晓台湾
GEKA	通用海运公司（日本）	PACE	太平洋澳大利亚集装箱捷运公司	—	—
GF	金发船务有限公司	GG	源源船务有限公司	—	—

三、国际货运代理

1．国际货运代理的定义

1995 年 6 月 29 日国务院批准颁布的《中华人民共和国国际货物运输代理行业管理规定》中对国际货运代理的定义表述为：国际货运代理是指接受进出口收货人、发货人的委托，以委托人的名义，为委托人办理货物运输及相关业务并收取服务报酬的行业。

国际货运代理协会联合会（FIATA）对货运代理的定义为：国际货运代理是根据客户的指示，并为客户的利益而揽取货物运输的人，其本身并不是承运人。

2．国际货运代理种类

（1）以委托人性质分类。

1）货主的代理。它是指接受进出口货物收发货人的委托，为了托运人的利益办理国际货物运输及相关业务，并收取相应报酬的国际货运代理。通常所说的货代就属于此类，代表货主办理有关货物交接、包装、报关、检验、仓储、调拨、转运、订舱等有关运输业务。

2）承运人的代理。它是指接受从事国际运输业务的承运人的委托，为了承运人的利益办理国际货物运输及相关业务，并收取相应报酬的国际货运代理。

通常所说的船务代理（简称船代，Shipping Agent）就属于承运人的代理，其职责一般包括为船舶办理引水、检疫、拖轮、靠泊、装卸货、物料、证件等。船代负责船舶业务，办理船舶进出口手续，协调船方和港口各部门，以保证装卸货顺利进行，另外完成船方的委办事项，如更换船员，物料及伙食补给，船舶航修等。有时船方也会委托船代接受订舱、收取费用、获得承运人授权的前提下签发承运人提单。依托船公司的支持，船代公司在运价、船期、签单等方面具较强优势。

另外，还有一类租船代理，又称租船经纪人（Shipping Broker），主要业务是在市场上为租船人寻找合适的运输船舶或为船东寻找货运对象，以中间人身份使租船人和船东双方达成租赁交易，从中赚取佣金。因此，根据它所代表的委托人身份的不同又分为租船代理人和船东代理人。当租船经纪人接受租船人也就是货主的委托时，其身份是货主的代理（为货找船），当其接受船公司（船东）的委托时，其身份是承运人的代理（为船找货）。

以上各类代理之间的业务往往互相交错，如不少船务代理也兼营货运代理，有些货运代理也兼营船务代理等。

（2）以运输方式为标准分类

1）水运代理。它是指提供水上货物运输服务及相关服务的国际货运代理。其可具体划分为海运代理和河运代理两种类型。

2）空运代理。它是指提供航空货物运输服务及相关服务的国际货运代理。

3）陆运代理。它是指提供公路、铁路等货物运输服务及相关服务的国际货运代理。

4）联运代理。它是指提供联合运输服务及相关服务的国际货运代理。

（3）以代理业务的内容为准分类。

1）国际货物综合代理。它是指接受进出口货物收货人、发货人的委托，以委托人的名义或以自己的名义，为委托人办理国际货物运输及相关业务，并收取服务报酬的代理。

2）国际船舶代理。它是指接受船舶所有人、经营人或承租人的委托，在授权范围内代表委托人办理与在港国家运输船舶及船舶运输有关的业务，提供有关服务，并收取服务报酬的代理，也就是前面所说的船务代理。

3）报关代理。它是指接受进出口货物收货人、发货人或国际运输企业的委托，代为办理进出口货物报关、纳税、结关事宜，并收取服务报酬的代理。

4）报检代理。它是指接受出口商品生产企业、进出口商品发货人、收货人及其代理人或其他贸易关系人的委托，代为办理进出口商品的卫生检验、动植物检疫事宜，并收取服务报酬的代理。

5）报验代理。它是指接受出口商品生产企业、进出口商品发货人、收货人及其代理人或其他贸易关系人的委托，代为办理进出口商品质量、数量、包装、价值、运输器具、运输工具等的检验、鉴定事宜，并收取服务报酬的代理。

3．货运代理业务流程

（1）接受货主询价。

1）海运询价。在接受货主海运询价之前，货运代理业务人员需掌握发货港至各大洲、各大航线主要港口的各价格；熟练掌握主要船公司的船期信息；需要时应向询价货主问明一些货名，危险级别等。

2）陆运询价。在接受货主陆运询价之前，货运代理业务人员需掌握各大主要城市公里数和拖箱价格；各港区装箱价格；报关费、商检、动植检收费标准。

不能及时提供的，货运代理业务人员需请货主留下电话、姓名等重要信息，以便在尽可能短的时间内回复货主。

（2）接单（接受货主委托）。货运代理业务人员接受货主委托后（一般为传真件）需明确的重点信息包括船期、件数、箱型、箱量、毛重、体积、付费条款、货主联系方式、做箱情况，以及门到门还是内装。

（3）订舱。

1）缮制委托书（十联单）。货运代理业务人员制单时应最大限度地保证原始托单数据的正确性、相符性，以减少后续过程的频繁更改。

2）加盖公司订舱章订舱。需提供订舱附件的（如船公司价格确认件），应一并备齐方能去订舱。

3）取得配舱回单，货运代理业务人员摘取船名、航次、提单号信息。

（4）做箱。

1）门到门。货运代理业务人员应填妥装箱计划中的做箱时间、船名、航次、关单号、中转港、目的港、毛重、件数、体积、门点、联系人、电话等要因，先于截关日（船期前两天）1～2 天排好车班。

2）内装。货运代理业务人员应填妥装箱计划中的船期船名航次、关单号、中转港、目的港、毛重、件数、体积、进舱编号等要因，先于截关日（船期前两天）1～2 天排好车班。

货运代理业务人员应取得两种做箱方法所得的装箱单（CLP）。

（5）报关（有时同时、有时先于做箱）。

1）货运代理业务人员应了解常出口货物报关所需资料：①需商检；②需配额；③需许可证；④需产地证；⑤需提供商标授权、商标品名；⑥出口香港地区货值超过$10 万，其他地区超过$50 万，核销时需提供结汇水单（复印件）；⑦需提供商会核价章。

2）货运代理业务人员应填妥船名航次、提单号、对应装箱单（Packing List）、发票、所显示的毛重净重、件数、包装种类、金额、体积，审核报关单的正确性（单证一致）。

3）显示报关单所在货物的“中文品名”，货运代理业务人员应对照海关编码大全，查阅商品编码，审核两者是否相符，按编码确定计量单位，并根据海关所列的监管条件点阅所缺乏报关要件。

4）货运代理业务人员应备妥报关委托书、报关单、手册、发票、装箱单、核销单、配舱回单（十联单第五联以后）、更改单（需要的话）和其他所需资料，于截关前一天通关。

（6）跟踪场站收据，确保配载上船。

凡是退关改配的，若其中有下个航次，出运仍然需要，诸如许可证、配额、商检、动植检之类的文件资料，退关、改配通知应先于该配置船期一个星期到达，以便（报运部）顺利抽回资料，重新利用。否则只会顺延船期，造成麻烦。

（7）提单确认和修改。

1）货运代理业务人员应问明顾客“提单”的发放形式。①电放：需顾客提供正本“电放保函”（留底），后出具公司“保函”到船公司电放；②预借（如可行）：需顾客提供正本“预借保函”（留底），后出具公司“保函”到船公司预借；③倒签（如可行）：需顾客提供正本“倒签保函”（留底），后出具公司“保函”到船公司倒签。此种情况下，多半是签发 HOUSE B/L；④分单：应等船开以后 3～4 天（候舱单送达海关，以保证退税），再将一票关单拆成多票关单；⑤并单：应等船开以后 3～4 天（候舱单送达海关，以保证退税），再将多票关单合成一票关单；⑥异地放单：须经船公司同意，并取得货主保函和异地接单的联系人、电话、传真、公司名、地址等资料方可放单。

2）货运代理业务人员应依据原始资料，传真于货主确认，并根据回传确立提单正确内容。

（8）签单。

1）货运代理业务人员应查看每张正本提单是否都签全了证章。

2）货运代理业务人员应查看是否需要手签。

（9）航次费用结算。

1）海运费：①预付（FREIGHT PREPAID）；②到付（FREIGHT COLLECT）。

2）陆运费：①订舱；②报关（包括返关之前已经报关的费用）；③做箱（内装/门到门）；④其他应考虑的费用，如冲港费/冲关费、商检、动植检、提货费、快递费、电放、更改。

（10）提单、发票发放（提单样本）。

1）货主自来取件的，需签收。

2）通过EMS和快递送达的，应在“名址单”，上标明诸如：“提单号”“发票号”“核销单号”“许可证号”“配额号"等要素以备日后查证。

（11）货运代理业务人员应在一个月内督促航次费用的清算并及时返还货主的“核销退税单”。

（12）海关退税有问题的，需更改并提供如下资料。

1）报关数据正确、舱单不正确的：

① 经预录后的（海关返还的）报关单复印件。

② 场站收据复印件（十联单的第七联即黄联）。

③ 提单正本复印件两张。

④ 装箱单（Container Load Plan）复印件。

⑤ 更正单（三联、正本）。

2）短装（多报少出）、溢装（少报多出）。

① 船开5天（工作日）内没能及时更正的：货代操作员让货主先交纳罚款金3 000～5 000元；并重新提供发票、装箱单（Packing List）、报关单、提单副本复印件（加盖“提单副本确认章”）。

② 船开5天（工作日）内更改的：货代操作员让货主提供提单副本复印件（加盖“提单副本确认章”）、正本、正确的报关单正本、正确的发票、装箱单。

四、全球主要航线

目前，全球海运主要航线主要分为太平洋航线组、印度洋航线组、大西洋航线组、北冰洋航线组共四组，如图4-7所示。我国主要远洋航线也居于其中，如图4-8所示。

1．太平洋航线组

太平洋航线主要可分为以下航线组。

（1）远东—北美西海岸各港航线。该航线是指东南亚国家、中国、东北亚国家各港，沿大圆航线横渡北太平洋至美、加西海岸各港。该航线随季节也有波动，一般夏季偏北、冬季南移，以避开北太平洋的海雾和风暴。本航线是第二次世界大战后货运量增长最快、货运量最大的航线之一。

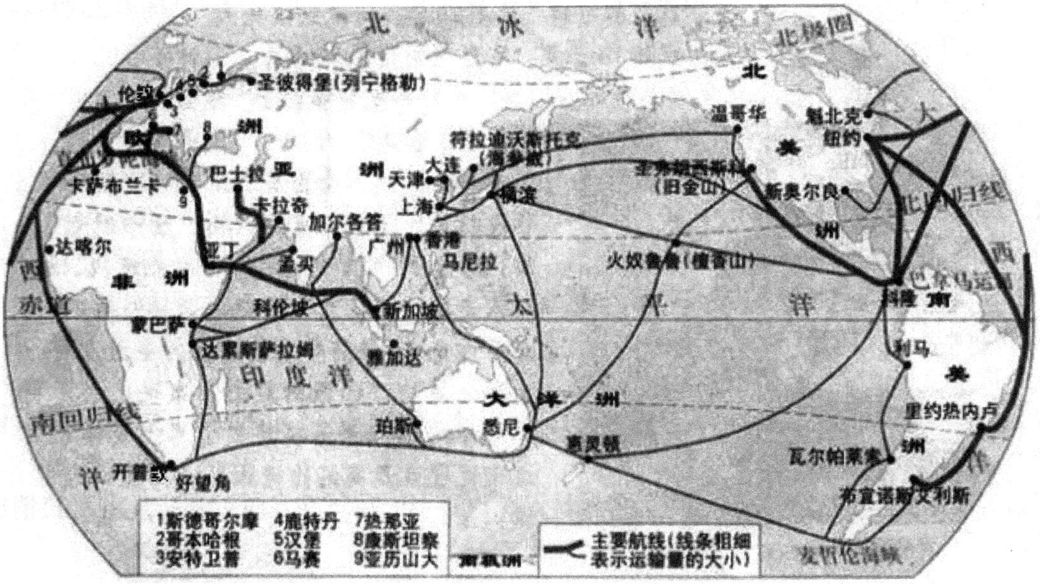

图 4-7　全球主要远洋航线图

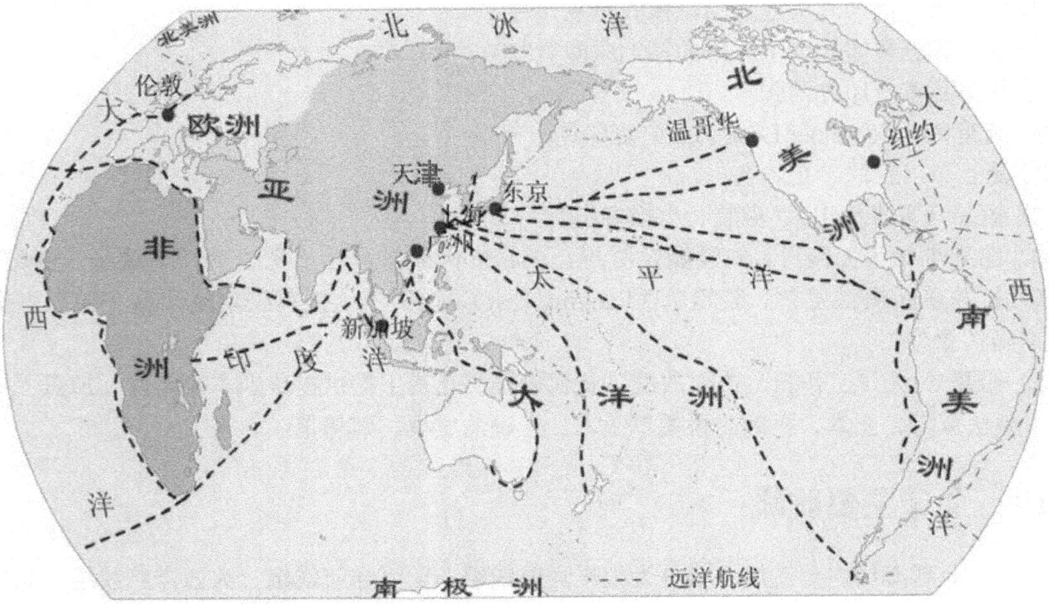

图 4-8　我国主要远洋航线图

（2）远东—加勒比海、北美东海岸各港航线。该航线不仅要横渡北太平洋，还越过巴拿马运河，因此一般偏南，横渡大洋的距离也较长，夏威夷群岛的火奴鲁鲁港是它们的航站，船舶在此添加燃料和补给品等。本航线也是太平洋货运量最大的航线之一。

（3）远东—南美西海岸各港航线。该航线与上一条航线相同的是都要横渡大洋、航线长，要经过太平洋中枢纽站；但不同的是不用过巴拿马运河。该线也有先南行至南太平洋的枢纽港，后横渡南太平洋到达南美西岸的。

（4）远东—澳大利亚、新西兰及西南太平洋岛国各港航线。该航线不需要横跨太平洋，而在西太平洋南北航行，离陆近，航线较短。但由于北部一些岛国（地区）工业发达而资源贫乏，而南部国家资源丰富，因而初级产品运输特别繁忙。

（5）东亚—东南亚各港航线。该航线是指日本、韩国、朝鲜、俄罗斯远东及中国各港西南行至东南亚各国港口。该航线短，但往来频繁，地区间贸易兴旺，并且发展迅速。

（6）远东—北印度洋、地中海、西北欧航线。该航线大多经马六甲海峡往西，也有许多初级产品经龙目海峡与北印度洋国家间往来，如石油等。经苏伊士运河至地中海、西北欧的运输以制成品集装箱运输为多。本航线货运繁忙。

（7）东亚—东南非、西非、南美东海岸航线。该航线大多经东南亚过马六甲海峡或过巽他海峡西南行至东南非各港，或者再过好望角去西非国家各港，或者横越南大西洋至南美东海岸国家各港。该航线也以运输资源型货物为主。

（8）澳大利亚、新西兰—北美西、东海岸航线。澳大利亚、新西兰至北美西海岸各港，一般都经过苏瓦和火奴鲁鲁等这些太平洋航运枢纽。澳大利亚、新西兰至北美东海岸各港及加勒比海国家各港，需经巴拿马运河。

（9）澳大利亚、新西兰—南美西海岸国家各港航线。该航线需横越南太平洋。由于两岸国家和人口均少，故贸易量最少，航船稀疏。

（10）北美东、西海岸—南美西海岸航线。本航线都在南北美洲大陆近洋航行，由于南美西岸国家、人口少，面积小，南北之间船舶往来较少。南北美西海岸至北美东海岸各港要经巴拿马运河。

2. 印度洋航线组

印度洋航线组主要有以下航线。

（1）中东海湾—远东各国港口航线。该航线东行都以石油为主，特别是往日本、韩国的石油运输，西行以工业品、食品为多。

（2）中东海湾—欧洲、北美东海岸港口航线。该航线的超级油轮都经莫桑比克海峡、好望角绕行。由于苏伊士运河的不断开拓，通过运河的油轮日益增多，目前 25 万吨级满载轮已能安全通过。

（3）远东—苏伊士运河航线。该航线多半仅为通过，连接远东与欧洲、地中海两大贸易区各港，航船密度大，尤以集装箱船运输繁忙。

（4）澳大利亚—苏伊士运河、中东海湾航线。该航线把澳大利亚、新西兰与西欧原有“宗主国”间传统贸易连接在一起，也把海湾的石油与澳大利亚、新西兰的农牧产品进行交换。

（5）南非— 远东航线。该航线巴西、南非的矿产输往日本、韩国、中国，也把工业品回流。

（6）南非—澳、新航线。该南印度洋横渡航线在印度洋中航船最少。

3. 大西洋航线组

大西洋上的航线组主要有以下航线。

（1）西北欧—北美东岸各港航线。该航线连接北美和西北欧这两个经济发达的地区，航运贸易的历史也悠久，船舶往来特别繁忙，客货运量大。

（2）西北欧—地中海、中东、远东、澳新各港航线。西北欧至地中海航线主要是欧洲西北部与欧洲南部国家之间的连线，距离较短。但过苏伊士运河至中东、远东、澳新地区航线就大大增长，然而它们是西北欧与亚太地区、中东海湾间最便捷的航线，货运量也大，是西北欧地区第二大航线。

（3）西北欧—加勒比海岸各港航线。该航线横渡北大西洋，过向风、莫纳海峡，有的还与过巴拿马运河的太平洋航线连接。

（4）欧洲—南美东海岸或非洲西海岸各港航线。该航线多经加纳利群岛货达喀尔港歇脚，是欧洲发达国家与南大西洋两岸发展中国家的贸易航线，欧洲国家输出的大多是工业品，输入的都以初级产品为多。

（5）北美东岸—地中海、中东、亚太地区航线。该航线与西北欧—地中海、中东、远东航线相似，但航线更长，需横渡北大西洋。货物以石油、集装箱货为主。

（6）北美东海岸— 加勒比海沿岸各国港口航线。该航线较短，但航船密度频繁，不仅有该两地区各国港口间往来船只，还有过巴拿马运河至远东、南北美西海岸国家港口间往来船只。

（7）北美东海岸—南美东海岸港口航线。该航线是南北美洲之间工业品与农矿产品对流航线。

（8）南北美洲东岸— 好望角航线。北美东海岸港口经好望角至中东海湾是巨型油轮的运输线，20 万吨级以上油轮需经此，还有西北欧的巨型油轮也经此。南美洲东岸港口过好望角航线不仅有原油，还有铁矿石等初级产品。中国、日本、韩国等运输巴西的铁矿石经过此航线。

4. 北冰洋航线

由于北冰洋系欧、亚、北美三洲的顶点，为联系三大洲的捷径。鉴于地理位置的特殊性，目前，北冰洋已开辟有从摩尔曼斯克经巴伦支海、喀拉海、拉普捷夫海、东西伯利亚海、楚科奇海，白令海峡至俄罗斯远东港口的季节性航海线；以及从摩尔曼斯克直达斯瓦尔巴群岛、冰岛的雷克雅未克和英国的伦敦等航线。随着航海技术的进一步发展和北冰洋地区经济的开发，北冰洋航线也将会有更大的发展。

五、全球主要港口

港口是海运中最重要的基础设施，根据船公司是否具有定期挂靠的计划，一般可以将港口分为基本港和非基本港两种类型。

基本港是运价表限定班轮公司的船一般要定期挂靠的港口。大多数基本港位于中心的较大口岸，港口设备条件比较好，货载多而稳定。规定为基本港口就不再限制货量。运往基本港口的货物一般均为直达运输，无须中途转船。但有时也因货量太少，船方决定中途转运，由船方自行安排，承担转船费用。按基本港口运费率向货方收取运费，不得加收转船附加费或直航附加费，并应签发直达提单。

凡基本港口以外的港口都称为非基本港口。非基本港口一般除按基本港口收费外，还需另外加收转船附加费。达到一定货量直航时则改为加收直航附加费。

六、船舶

普通货船（General Cargo Ship）又称杂货船，其特征是货舱设计成多层甲板结构通常为2～

3 层甲板，为了便于装卸，各货舱的舱口尺寸均较大，并配吊杆（2～5 吨）或起重机（120 吨），一般设 3～6 个货舱。

杂货船一般是指定期航行于货运繁忙的航线，以装运零星杂货为主的船舶。这种船航行速度较快，船上配有足够的起吊设备，船舶构造中有多层甲板把船舱分隔成多层货柜，以适应装载不同货物的需要。

散装船（Bulk Cargo Vessel）专门运粮、矿、煤等，由于散货不怕压，为装卸方便，其货舱均为单甲板。

矿石船（Ore Carrier）由于矿石比重大，占舱容小，使船舶重心偏低，故为提高重心高度，其双层底特别高，而货舱两侧的压载舱也大。

集装箱船（Container Ship）是指以装运集装箱货物为主的船舶。货舱多为单层甲板，双船壳，可堆放 3～9 层集装箱，事先将货物装入集装箱内，再把集装箱装上船。这种运输方式的优点是装卸效率高、降低劳动强度、减少货损货差和便于开展多式联运。目前，集装箱运输发展很快，已成为件杂货的主运输方式。目前，已建造第六代集装箱船，可装载 8 000 个集装箱。

滚装船，又称开上开下船或滚上滚下船（Roll on/Roll off Ship），船舶靠码头装卸时，先从船尾放下跳板到岸上，由拖车把货箱拖入船舱。这种船本身无须装卸设备，装卸时，在船的尾部、舷侧或首部，有跳板放到码头上、汽车或者是集装箱（装在拖车上的）直接开进或开出船舱。

木材船（Timber Carrier）是指专门用以装载木材或原木的船舶。这种船舱口大，舱内无梁柱及其他妨碍装卸的设备。船舱及甲板上均可装载木材，为防甲板上的木材被海浪冲出舷外，在船舷两侧一般设置不低于一米的舷墙。其货舱要求长而大，舱内无支柱。

载驳船（Barge Carrier）又称子母船，它先将货物装在规格相同的小驳船里，再将这些小驳船装到母船上一起运输。也就是说在大船上搭载驳船，驳船内装载货物的船舶。

冷藏船（Refrigerated Ship）是运送肉、鱼、蔬菜和水果等易腐货物的专用船舶，其船舶结构与杂货船相近，但货舱口较小，货舱具良好的隔热功能，并配有大能量的制冷装置。由于受货源批量的限制，冷藏船的吨位一般在万吨以下。

油船（Oil Tanker）是主要用来装运液体货物的船舶。油船根据所装货物种类不同，又可分为油轮和液化天然气船。目前世界上最大的油轮载重吨位已达到 60 多万吨。习惯上把载重量在 20 万吨以上，30 万吨以下的油轮称为大型油轮（Very Large Crude Carrier，VLCC），把 30 万吨以上的称为超大型油轮（Ultra Large Crude Carrier，ULCC），油轮装卸一般靠带泵的管道系统完成。

液货船（Liquid Cargo Vessel）分为液化天然气船和液化石油气船。液化天然气船（Liquefied Natural Gas Carrier，LNG Carrier）装载的液化天然气主要是甲烷，在常压下极低温（–165℃）冷冻才能使天然气液化，液化后的体积只有气态时的 1/600，因而便于运输，液舱有严格的隔热结构，形状有球场形和矩形。液化石油气船（Liquefied Petroleum Gas Carrier，LPG Carrier）分为全加压式液化石油气船、全冷冻式液化石油气船和半加压半冷冻式液化石油气船三种。液体化学品船（Liquid Chemical Tanker）装载的液体化学品多数是有毒、易燃、腐蚀性强的，且品种多。因此，船舶多为双层底，货舱多且小。

七、船期表

船期表就是船公司对船舶使用的安排计划的时间表。一般情况下，船期表主要包括承运人、班期、始发港、中转港、目的港、航期、船名、航次、预计到达时间和预计离港时间等要素。

表 4-8 中，MON 表示星期一，TUE 表示星期二，以此类推。HKG 为香港的缩写，以此类推。

表 4-8　某船公司船期表

远东/美东周班航线 AWE5 SERVICE												
VESSEL-船名	代码	航次	HKG-香港		YTN-盐田		NYK-纽约		NFK-诺福克		BOS-波士顿	
	CODE	VOY	ETA	ETD	ETA	ETD	ETA	ETD	ETA	ETD	ETA	ETD
			MON	TUE	TUE	WED	SUN	TUE	WED	WED	FRI	SAT
航程所需时间			0		0		26		29		31	
芝加哥韩进 HANJIN CHICAGO	SBS	0054W	31/10	01/11	01/11	02/11	17/11	26/11	28/11	29/11	01/12	03/12
阳明 YM MARCH	SFN	0072A	07/11	08/11	08/11	09/11	24/11	04/12	06/12	07/12	07/12	09/12
台北韩进 HANJIN TAIPEI	SL4	0073W	14/11	15/11	15/11	16/11	01/12	11/12	13/12	14/12	14/12	16/12
大连中远 COSCO DALIAN	CBU	0073A	21/11	22/11	22/11	23/11	08/12	18/12	20/12	21/12	21/12	23/12
日内瓦韩进 HANJIN ENEVA	SS3	0082W	28/11	29/11	29/11	30/11	15/12	25/12	27/12	28/12	28/12	30/12

八、集装箱

1. 集装箱的定义

集装箱，英文名 container，又称为货箱、货柜，是指具有一定的强度、刚度和规格，专供运输过程中周转使用的大型装货容器。使用集装箱转运货物，可直接在发货人的仓库装货，运到收货人的仓库卸货，中途更换车、船时，无须将货物从箱内取出换装。

2. 使用集装箱的作用

（1）集装箱运输能提高装载效率，减轻劳动强度。在我国港口普通码头上装卸单件杂货船舶，其装卸效率一般为 35 吨/小时，并且需要配备装卸工人约 17 人，而在国外集装箱专用码头上装卸集装箱，其效率为 50TEU⊖/小时，按每箱载货 10 吨计算，生产效率已达 400～500 吨/小时，而配备工人数至多只有 4 名，效率提高了几十倍。

（2）集装箱运输能节省包装费用。集装箱作为一种能反复使用的容器，虽然一次性投资较高，但与一次性包装相比，其单位货物运分摊的包装费用反而降低了。例如据有关资料显示，采用集装箱装运电视机可比原先杂货运物方式节省包装费用 50%。

（3）集装箱运输能减少货损货差，节省理货费用。在运输场站，件杂货由于包装单元较

⊖ TEU：1 个 20 英尺柜计作 1 个 TEU。

小，形状各异，理货核对较为困难。而采用标准类装箱，理货时按整箱清点，大大节省了检查时间，同时也节约了理货费用。

3．集装箱种类

（1）通用集装箱。通用集装箱又称为杂货集装箱或者干货集装箱，是应用最广泛的集装箱，占集装箱总数的 70%～80%。这类集装箱常采用封闭防水式结构，在一端或侧面设有箱门，如图 4-9 所示。它可以用来装载除液体货物和需要调节温度的货物外的一般杂货，如装运文化用品、化工用品、电子机械、工艺品、纺织品等。为了防止装载杂货时箱内货物移动和倒塌，在箱底和侧壁上设有系环，以便能系紧货物。

图 4-9　通用集装箱

（2）保温集装箱。对于一些需要冷藏和保温的货物，为了运输和暂时保存需要，集装箱内部装有温度控制设备，箱体也采用隔热保温材料或隔热保温结构。保温集装箱又可分为以下三种：

1）冷藏集装箱。它是以运输冷冻食品为主，能保持所定温度的冷藏集装箱，如图 4-10 所示。

2）隔热集装箱。这种集装箱能保持一定低温，能保证箱内物品在低温下保质、保险而不使其冻结，一般在箱壁采用隔热材料，用于防止温度上升过高，以保持货物的鲜度。通常用干冰作制冷剂，保温时间为 72 小时左右。

3）通风集装箱。这种集装箱在集装箱内设有通风装置（如排风扇、通风孔、通风栅栏等），适用于装运水果、蔬菜等不需要冷冻而具有呼吸作用的货物。图 4-11 为通风集装箱。

图 4-10　冷藏集装箱

图 4-11　通风集装箱

（3）罐式集装箱。它是适用于各种液体、气体及部分颗粒体的特殊形状的集装箱，如酒类、油类或化学品等液体货物。它由罐体和箱体框架两部分组成，装货时货物由罐顶部的装货孔进入，卸货时则由排货孔流出或从顶部装货孔吸出。罐式集装箱有单罐与多罐之分，罐体四角由支柱、撑杆构成整体框架。图 4-12 为罐式集装箱。

（4）散货集装箱。它是一种密闭式集装箱，有玻璃钢制和钢制两种。前者由于侧壁强度较大，故一般装卸麦芽和化学品等相对密度较大的散货，后者则是用于装载相对梅毒较小的谷物。散货集装箱顶部的装货口应设防水性良好的盖，以防雨水浸入箱内。图 4-13 为散货集装箱。

图 4-12　罐式集装箱

图 4-13　散货集装箱

（5）台式集装箱和平台式集装箱。台式集装箱是没有箱顶和侧壁，甚至连端壁也去掉，而只有底板和四个角柱的集装箱。平台式集装箱是在台式集装箱上再简化，只保留底板的一种特殊结构集装箱。此类集装箱的特点是箱底较厚，箱底的强度比普通集装箱大，而其内部高度则比一般集装箱低，适合载装长大件和重货件，如重型机械、钢材、钢管、木材、钢锭等。图 4-14 为平台式集装箱。

图 4-14　平台式集装箱

（6）汽车集装箱。它是一种专门为装运小型轿车而设计制造的集装箱。其特点是在箱内框架内装由简易箱底，无侧壁，其高度与轿车一致，可载运一层或两层。图 4-15 为汽车集装箱。

图 4-15　汽车集装箱

（7）敞顶集装箱。它又称为开顶集装箱，是一种没有刚性箱顶的集装箱，它的箱顶及侧壁和端壁上面的一部分可以分别打开，货物能从上面装卸。为了保持开口部分的水密性，用帆布等覆盖，其他的构件与干货集装箱类似。这种集装箱适合装载大型货物和重货，如钢铁、木材，特别是像玻璃板等易碎的重货。图 4-16 为敞顶集装箱。

（8）动物集装箱。它是用来装运鸡、鸭、鹅等活家禽和牛马等活家畜用的集装箱。为了遮蔽太阳，箱顶采用胶合板露盖，侧面和端面都有用铝丝网制成的窗，以保证有良好的通风。侧壁下方设有清扫口和排水口，并配有上下移动的拉门，可把垃圾清扫出去，还装有喂食口。图 4-17 为动物集装箱。

图 4-16　敞顶集装箱

图 4-17　动物集装箱

（9）服装集装箱。这种集装箱的特点是，在箱内上侧梁上装有许多根横杆，每根横杆上垂下若干条皮带扣、尼龙带扣或绳索，成衣利用衣架上的钩，直接挂在带扣或绳索上。图 4-18 为服装集装箱。

图 4-18　服装集装箱

4. 集装箱尺寸

目前，在国际海运中常见的集装箱有 20 英尺、40 英尺、40 英尺高柜、45 英尺高柜等尺寸，其内长、内宽、内高、门宽、门高、容积、柜重、装载量等参数见表 4-9。

表 4-9　常见集装箱尺寸

箱 型 尺 寸	20GP	40GP	40HQ	45HQ	20FR	40FR	20PF	40PF	20RF	40RF	40HRF
内长/米	5.9	12.04	12.04	13.58	5.62	12.08	6.058	12.18	5.425	11.49	11.56
内宽/米	2.35	2.35	2.35	2.347	2.2	2.438	2.438	2.4	2.275	2.27	2.294
内高/米	2.393	2.392	2.697	2.269	2.233	2.103	2.233	1.95	2.26	2.197	2.5
门宽/米	2.342	2.34	2.338	2.34	/	/	/	/	2.258	2.282	2.294
门高/米	2.28	2.28	2.585	2.585	/	/	/	/	2.216	2.155	2.44
容积/立方米	33.2	67.7	76.3	86	/	/	/	/	28.3	57.8	66.6
柜重/吨	2.23	3.7	3.97	3.8	2.53	5.48	2.75	5.8	3.2	4.9	4.5
装载重/吨	21.77	26.78	26.51	28.7	21.47	39	24	39.2	20.8	25.58	25.98

注：GP=General Purpose（普柜），HQ=High Cube（高柜），FR=Flat Rack（框架柜），PF=Platform（平板柜），RF=Reefer（冷冻柜）

5. 集装箱的配载

海运集装箱运输是国际贸易中最常见的运输方式。为了尽量节省运输成本，就必须精确计算集装箱的最大有效装载量。

【例 4-1】现有一个 20 英尺集装箱，内部尺寸为：长 5.9 米 ×宽 2.35 米×高 2.393 米，最大载重量为 21.77 吨；单个纸箱的尺寸为：长 0.36 米×宽 0.28 米×高 0.12 米，假设该批纸箱不能倒置，且单个纸箱的毛重为 7 千克，请计算该集装箱最多能装载的货物数量。

解：（1）根据货物的体积进行计算。

1）先计算顺装时的最大装箱量。所谓顺装是指将纸箱的长、宽、高分别对着集装箱的长、宽、高摆放。

长度方向能摆放的最大数量=5.9 米/0.36 米=16.388≈16。

宽度方向能摆放的最大数量=2.35 米/0.28 米=8.39≈8。

高度方向能摆放的最大数量=2.393 米/0.12 米=19.94≈19。

在顺装情况下最多能装载的数量为 16×8×19=2 432 箱。

2）然后计算侧装时的最大装箱量。所谓侧装是指将纸箱的长、宽、高分别对着集装箱的宽、长、高摆放。

长度方向能摆放的最大数量=5.9 米/0.28 米=21.07≈21。

宽度方向能摆放的最大数量=2.35 米/0.36 米=6.52≈6。

高度方向能摆放的最大数量=2.393 米/0.12 米=19.94≈19。

在顺装情况下最多能装载的数量为 21×6×19=2 394 个。

因此，根据体积计算，最多能装载的纸箱数量为 2 432 箱。

（2）根据货物的重量进行计算。

最大载重量为 21.77 吨，单个纸箱的毛重为 7 千克，则最多能装载的纸箱数量为：

21.77 吨×1 000/7 千克=3 110 个

（3）综合判断。根据体积和重量两者计算出的结果，取小值，得到该集装箱最多能装载的纸箱数量为 2 432 箱。

6．集装箱的标识

为了便于海关及其他相关方面对在国际流通的集装箱进行监督和管理，每一个集装箱均须在适当和明显的部位涂刷以下永久性标志，通常集装箱的末端门上会印有各种标识，主要包括如下几个方面的信息，以下为图 4-19 为例进行介绍。

集装箱上的标识包括必备标识和自选标识两类，其中必备标识又包括识别标识、作业标识。

（1）识别标记。它包括箱主代号、顺序号和核对数字。

1）箱主代号。根据国际标准化组织规定，箱主代号由四个大写的英文字母表示，前三位由箱主自己规定，第四个字母一律用 U 表示，标示海运集装箱代号。如图 4-19 中 CCLU 就是中国海运的箱主代号。

2）顺序号，又称箱号，由 6 位阿拉伯数字组成。不足 6 位时，则在有效数字前用“0”补足 6 位。如“201020”。

图 4-19　集装箱背面标识

3）核对数字。核对数字是用来对箱主代号和顺序号记录是否准确的依据。它位于箱号后，以一位阿拉伯数字加一方框表示。

（2）作业标记。它包括以下三个内容：额定重量、自重、净重。额定重量即集装箱总重，用“MAX GROSS”表示；自重即集装箱空箱质量（或空箱重量），用“TARE”表示；净重表示该集装箱能装载的最大货物重量，用“NET”表示。国际标准化组织规定，对集装箱的上述三个重量指标，应以“千克（KG）”和“磅（LB）”同时表示。

集装箱的自选标记通常包括国家和地区代号、尺寸和箱型代号及其他作业标识，如图4-19中无国家代号，若为CN，则表示中国，若为US，则表示美国。图4-19中“22G1”中代表 20 英尺的通用集装箱。“CU.CAP”则代表该集装箱的容积，用立方米和立方英尺两种单位表示。

另外，在自选标识中还经常有超高标记，该标记为在黄色底上标出黑色数字和边框，此标记贴在集装箱每侧的左下角，距箱底约 0.6 米处，同时将其贴在集装箱主要标记的下方。凡高度超过 2.6 米的集装箱应贴上此标记。

7．集装箱运输中的当事人

随着集装箱运输的逐步发展、成熟，与之相适应的，有别于传统运输方式的管理方法和工作机构也相应地发展起来，形成一套适应集装箱运输特点的运输体系。

集装箱运输中的当事人主要包括：

（1）经营集装箱货物运输的实际承运人。它包括经营集装箱运输的船公司、联营公司、公路集装箱运输公司、航空集装箱运输公司等。

（2）无船承运人（NVOCC）。在集装箱运输中，经营集装箱货运的揽货、装箱、拆箱、内陆运输及经营中转站或内陆站业务，但不掌握运载工具的专业机构，称为无船承运人。它在承运人与托运人之间起着中间桥梁作用。

（3）集装箱租赁公司。这是随集装箱运输发展而兴起的一种新兴行业。它专门经营集装箱的出租业务。

（4）联运保赔协会。一种由船公司互保的保险组织，对集装箱运输中可能遭受的一切损害进行全面统一的保险。这是集装箱运输发展后所产生的新的保险组织。

（5）集装箱码头（堆场）经营人。它是指具体办理集装箱在码头的装卸、交接、保管的部门，它受托运人或其代理人以及承运人或其代理人的委托提供各种集装箱运输服务。

（6）集装箱货运站（Container Freight Station，CFS）。它是指在内陆交通比较便利的大中城市设立的提供集装箱交接、中转或其他运输服务的专门场所。

（7）货主。货主是指集装箱的实际发货人或实际收货人。

8．集装箱装箱方式

根据集装箱货物装箱数量和方式可分为整箱装箱和拼箱装箱两种。

（1）整箱装箱（Full Container Load，FCL）。它是指由货主自行将货物装满整箱以后，以箱为单位托运的集装箱。这种情况在货主有足够货源装载一个或数个整箱时通常采用，除了有些大的货主自己置备有集装箱之外，一般都是向承运人或集装箱租赁公司租用一定的集装箱。空箱运到工厂或仓库后，在海关人员的监管下，货主把货装入箱内、加锁、铅封后交承运人并取得站场收据，最后凭收据换取提单或运单。一般情况下，整箱装箱时，一个集装箱对应一个发货人和一个收货人。整箱装箱的一般流程如图 4-20 所示。

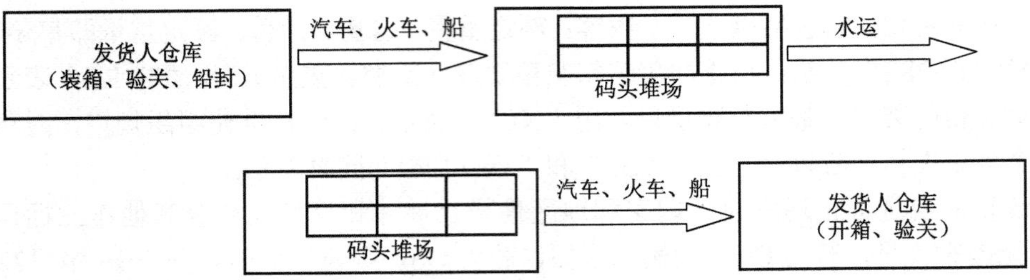

图 4-20　整箱装箱流程

（2）拼箱装箱（Less Than Container Load，LCL）。它是指承运人（或代理人）接受货主托运的数量不足整箱的小票货物后，根据货类性质和目的地进行分类整理，把去往同一目的地的货，集中到一定数量拼装入箱。由于一个箱内有不同货主的货拼装在一起，所以叫拼箱。这种情况在货主托运数量不足以装满整箱时采用。拼箱货的分类、整理、集中、装箱（拆箱）、交货等工作均在承运人码头集装箱货运站或内陆集装箱转运站进行。一般情况下，拼箱时一个集装箱对应多个发货人和多个收货人。拼箱装箱的一般流程如图 4-21 所示。

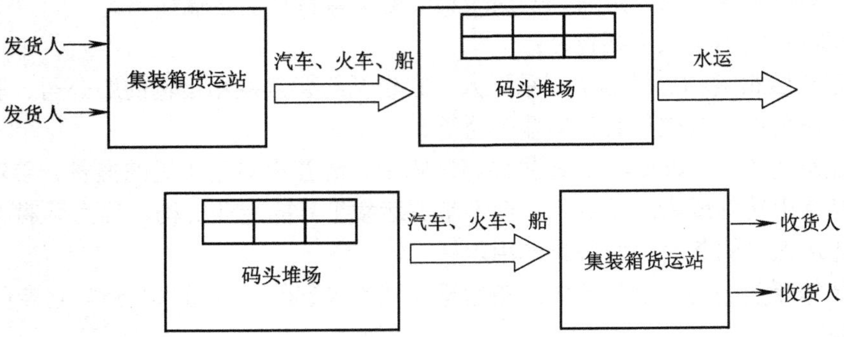

图 4-21　拼箱装箱流程

9．集装箱交接方式及地点

（1）整箱交/整箱接（FCL/FCL）——对应一个实际发货人和一个实际收货人。

1）门到门（Door to Door）。它是指承运人由发货人的工厂或仓库接收货物（已装箱的货物），负责将货物运至收货人的工厂或仓库交付（交接的是整个集装箱）。在这种交付方式下，货物的交接形态都是整箱交接。

2）门到场（Door to CY）。它是指承运人在发货人的工厂或仓库接收货物（已装箱的货物），并负责将货物运至卸货港码头堆场或其内陆堆场，在堆场向收货人交付（交接的是整个集装箱）。在这种交接方式下，货物也都是整箱交接。

3）场到门（CY to Door）。它是指承运人在码头堆场或其内陆堆场接收发货人的货物（已装箱的货物），并负责把货物运至收货人的工厂或仓库，向收货人交付（交接的是整个集装箱）。

4）场到场（CY to CY）。它是指承运人在装货港的码头堆场或其内陆堆场接收货物（已装箱的货物），并负责运至卸货港码头堆场或其内陆堆场，在堆场向收货人交付（交接的是整个集装箱）。

（2）整箱交/拆箱接（FCL/LCL）——对应一个实际发货人和多个实际收货人。

1）门到站（Door to CFS）。它是指承运人在发货人的工厂或仓库接受货物（已装箱的货物），并负责将货物运至卸货港码头的集装箱货运站，或其在内陆地区的货运站（或货代仓库），经拆箱后向各收货人交付。在这种交接方式下，承运人一般是以整箱形态接收货物，以拼箱形态交付货物。

2）场到站（CY to CFS）。它是指承运人在装货港的码头堆场或其内陆堆场接受货物（已装箱的货物），并负责运至卸货港码头集装箱货运站，或其在内陆地区的集装箱货运站（或货代仓库），一般经拆箱后向收货人交付。

（3）拼箱交/整箱接（LCL/FCL）——对应多个实际发货人和一个实际收货人。

1）站到门（CFS to Door）。它是指承运人在装货港码头的集装箱货运站或其内陆的集装箱货运站（或货代仓库）接受货物，由承运人（或委托货代）经拼箱后负责运至收货人的工厂或仓库交付（交接的是整个集装箱）。在这种交接方式下，承运人一般是以拼箱形态接受货物，以整箱形态交付货物。

2）站到场（CFS to CY）。它是指承运人在装货港码头集装箱货运站，或其内陆的集装箱货运站（或货代仓库）接受货物，由承运人（或委托货代）经拼箱后负责运至卸货港码头或内陆地区的堆场交付（交接的是整个集装箱）。在这种方式下，货物的交接形态同站到门交接方式。

（4）拼箱交/拆箱接（LCL/LCL）——对应多个实际发货人和多个实际收货人。

站到站（CFS to CFS）。指承运人在装货港码头集装箱货运站，或内陆地区的集装箱货运站（或货代仓库）接受货物，由承运人（或委托货代）经拼箱后负责运至卸货港码头集装箱货运站，或其内陆地区的集装箱货运站（或货代仓库），经拆箱后向收货人交付。

九、水路运输的定义

水路运输是以船舶为主要的运输工具，以港口为运输基地，以水域包括海洋、河流和湖泊为运输活动范围的一种运输方式。

十、水路运输的特点及适用范围

水路运输与其他运输方式相比，具有如下特点：

（1）运量大。大型船舶的载重量远大于其他运输工具。据了解，一架波音747-400全货机，其最大装载重量也仅仅为110吨，我国于2013年由齐齐哈尔装备公司研发的40吨轴重不锈钢矿石车，其最大单车载重为150吨，一列火车的载重量也不过几千吨。而随着国际航运中船舶朝大型化发展，最大的船舶已经超过30万吨的载重量。

（2）占地少。修筑1千米铁路或公路约占地3公顷多，而水路运输利用海洋或天然河道，占地很少。

（3）运输成本低。据统计，长江航运每千吨公里运输油耗为2.81～4.28千克，而铁路运输为5.61千克，内河大型顶推船队的单位能耗仅为铁路的40%，公路的12%。

（4）受自然条件的限制与影响大。水路运输受海洋与河流的地理分布及其地质、地貌、水文与天气等条件和因素的明显制约与影响。

（5）可达性较差。水路运输无法实现“门到门”运输，如果托运人或收货人不在航道上，就要依靠汽车或铁路运输进行转运。

（6）水路运输的适用范围。根据水路运输的上述特点，在综合运输体系中，水路运输的适用范围是：承担大宗货物，特别是散货的运输；承担国际贸易运输，是国际商品贸易的主要运输方式之一。

十一、水路运输分类

定期船运输（Liner Shipping），又称为班轮运输，是指班轮公司按事先制订的船期表，在特定航线的各挂靠港口之间，为非特定的众多货主提供规则的、反复的货物运输服务，并按运价本或协议运价的规定计收运费的一种营运方式。班轮运输具有固定航线、固定挂靠港、固定船期和相对固定的运价等“四固定”的特点，同时还有“一负责”的特点，即货物由班轮公司负责配载和装卸，运费内已包括装卸费用。班轮运输比较适合于运输小批量的货物。

不定期船运输（Tramp Shipping），也称租船运输（Transport by Chartering），是相对于班轮运输的另一种海上运输方式，既没有固定的船期表，也没有固定的航线和挂靠港，而是根据货源情况，由货主（租船人，又称承租人）和船东（又称出租人）签订租船合同，船东将船舶出租给租船人使用，以完成特定的货运任务，并根据租船市场行情确定运价或租金水平的一种经营方式。租船运输主要用来运输国际贸易中的大宗货物。

十二、租船运输

1. 租船运输种类

租船运输又可以分为航次租船、定期租船、光船租船、包运租船、航次期租等几种类型。

（1）航次租船（Voyage Charter, Trip Charter）。航次租船又称程租船，是指由船舶所有人向承租人提供船舶或船舶的部分舱位，在指定的港口之间进行单向、一个或数个航次地运输由承租人指定的货物，承租人向船东支付相应运费的租船运输方式。它是租船市场上最活跃、最为普遍的一种租船方式。

航次租船的分类：

1）单航次租船。它是指船舶所有人负责把货物从起运港运至目的港卸船这样一个单程次运输，合同即告结束。

2）往返航次租船。它是指船舶所有人与承租人约定，提供船舶完成一个往返航次的租船方式。回程航次的出发港和目的港可以与去程航次不同。此时相当于两个单航次租船。此方式适用于当一个货主只有去程载货，而另一个货主有回程载货时，两个货主联合起来向船舶所有人租船的情况。

3）连续单航次租船。它是指船舶所有人与承租人约定，提供船舶连续完成两个以上的单航次运输的租船方式。此方式适用于单航次很难完成的大批量运输。这种方式下，可以签订一个租船合同，也可以签订若干个单独的租船合同。

4）连续往返航次租船。它是指被租船舶在相同两港之间连续完成两个以上往返航次的运输形式。这种形式很难实现，因为货主很难同时有较大的往返货载。

（2）定期租船（Time Charter）。定期租船又称期租，是指由船东将特定的船舶，按照租船合同的约定，在约定的期间内租给承租人使用的一种租船方式。这种租船方式以约定的使用期限为船舶租期，而不以完成航次数多少来计算。在租期内，承租人利用租赁的船舶既可以进行不定期船货运输，也可以投入班轮运输，还可以在租期内将船舶转租，以取得运费收入或谋取租金差额。租期的长短完全由船东和承租人根据实际需要约定。

（3）光船租船（Bare-boat Charter）。光船租船又称为船壳租船。这种租船方式实质是财产租赁。租期内，船舶人员、物资配备、揽货运营都由承租人负担。这种方式来源于战争时期政府对船舶的征用。现在，随着船舶信贷的发展和方便，光船租船方式被广泛应用，业务量有所增加。有的班轮公司为了提高自身运力，也采用这种方式。

（4）包运租船（Contact of Affreightment, COA）。它是指船舶所有人向承租人提供一定吨位的运力，在确定的港口之间，按事先约定的时间、航次周期和每航次较为均等的运量，完成合同规定的全部货运量的租船方式。这种合同叫做包运租船合同，也称为运量合同。

（5）航次期租（Time Charter on Trip Basis, TCT）。它是介于航次租船和定期租船之间的一种租船方式，也称为日租租船（Daily Charter）。航次期船没有明确的租期期限，而只确定了特定的航次；以完成航次运输为目的，按实际租用天数和约定的日租金率计算租金、费用和风险则按期租方式处理；将船舶各种延误风险，转嫁给承租人。航次期船的船舶所有人不承担航次租船中承运人的最低义务，即派船和管货的义务。

2．各种租船运输的特点

（1）航次租船的特点。

1）船东占有和控制船舶，负责船舶的营运调度工作；负担船员工资、伙食费等。承租人指定装卸港口和货物。

2）承租人向船东支付运费（Freight），不称租金（Hire），运费的确定以货物品种、数量、航线和装卸港条件好坏、租船市场行情等多种因素综合考虑每吨货物的运费率或者采用包干运费方式（也就是不按每吨费率计收运费，而提出一笔总运费，让租船人装足为止）。若租船人装不足该轮，也得支付包干总运费。在承运某些难以精确计算吨位或容积的货物时，船东往往喜欢包干运费，如木材运输等。

3）船东负责营运工作，除装卸费用由谁支付可协商外，其他的营运费用由船东负担。例如，船员工资和伙食、维修保养营运费、物料、供应品及设备、润滑油、燃油费、港口使用费、船舶保险费、淡水费、船舶折旧费、公司管理费、扫舱费、垫舱费、代理费、佣金、货物索赔等。

4）在租船合同中订明货物的装卸费用由船东或承租人负担。

5）航次租船中都规定可用于在港装卸货物的时间（Laytime），装卸时间的计算方法，滞期及规定（Demurrage and Despatch）。这是因为船东要控制该轮在港装卸约需多少天，这与航次的经济效益有关。若装卸时间超过规定的天数，租船人要支付滞期费，反之，船东则要向租船人支付速遣费。但双方也可以同意 CQD（Customary Quick Despatch），即不规定装卸时间而按港口习惯装卸速度，由船东承担时间风险。

（2）定期租船的特点。

1）船东对船舶仍然有占有权和控制权，因为船东通过自己配备的船员来行使对该轮的占有和控制。船东负责配备船员，负责船舶的驾驶和管理责任，并负担其工资和伙食费等。

2）承租人在船舶营运方面拥有包括船长在内的船员指挥权，否则有权要求船东予以撤换。

3）承租人在租期内拥有使用船舶运力的权利，负责船舶的调度和营运。承租人可以运输自己的货物，也可承揽他人的货物并赚取运费。承租人负担船舶营运中的可变费用，包括燃料费、港口使用费、引水费、货物装卸费等。

4）船东负担船舶营运的固定费用，包括船舶资本的有关费用、船用物料费、润滑油费、船舶保险费、船舶维修费、保养费等。

5）船舶租赁以整船出租，租金按船舶的载重吨、租期及商定的租金率计收。

6）租约中往往订有有关交船和还船及停租的规定。

在定期租船方式下，船东和租船人的责任分担见表4-10。

表4-10　定期租船方式下船东与租船人的责任分担

船 东 负 担	租船人负担
船员工资	燃油费
船员伙食	港口使用费
维修保养费	扫舱洗舱费
物料，供应品和设备	货物装卸费
润滑油费	垫舱物料费
淡水△	空航费用
船舶保险费	淡水△
船舶管理费	承运货物产生的经纪费和代理费
船舶折旧费	部分货损差索赔△
经纪费	
部分货损货差索赔	

注：“△”符号表示该项费用视合同规定由谁负责。

（3）光船租船的特点。

1）船舶所有人提供适航空船。

2）承租人配备全部船员，并负有支付工资的责任。

3）承租人以承运人的身份负责船舶运营、调度，并承担租期内的维护修理费用。

4）承租人不承担船舶的资本费用。

5）以整船出租，租金按照船舶的载重吨、租期及商定的租金率计算。

6）船舶占有权从船舶交予承租人使用时起，转移至承租人。

（4）包运租船的特点。

1）船东提供一艘适航空船，不负责船舶的运输。

2）承租人配备全部船员，任命船长，并负担船员的工资及伙食等。

3）承租人负责船舶调度与营运安排，并负责一切营运费用。

4）以整船出租，租金按船舶的载重吨、租期及商定的租金率计算。

5）船舶的占有权从船舶交予承租人使用时起，转移至承租人。

6）在租船合同中订明由船舶所有人或由承租人负担船舶保险费。

3．租船运输合同

（1）杂货租船合同。

1）统一杂货租船合同（Uniform General Charter），简称为金康（GENCON），是波罗的海国际航运公会的前身“波罗的海白海航运公会”于1922年制定的，经英国航运公会采用。经过多次修订，目前采用的是1994年修订后的，共19项条款，更大地保护了船东的利益，不分货种和航线，适用范围较广。

2）斯堪的纳维亚航次租船合同（Scandinavian Voyage Charter），简称斯堪康（SCANCON），是波罗的海国际航运公会于1956年制定的，1962年修订，适用于斯堪的纳维亚地区的杂货航次租船合同。

（2）煤炭运输租船合同。

1）威尔士煤炭租船合同（Chamber of Shipping Walsh Coal Charter Party）是波罗的海航运公会于1869年采用的，1924年最后一次修订，专门用于煤炭运输的租船合同标准格式。该格式中出现了以连续小时（Running Hours）表示装卸时间，且对滞期费规定了特定的算法。

2）美国威尔士煤炭合同（Americanized Walsh Coal Charter）是美国船舶经纪人和代理人于1953年制定的，也是专门运输煤炭的租船合同标准格式。

3）普尔煤炭航次租船合同（Coal Voyage Charter），简称“普尔”（POLCOALVOY），是波罗的海航运公会于1971年制定的，1987年4月修订。

（3）谷物运输租船合同。

1）谷物泊位租船合同（Berth Grain Charter Party），简称“巴尔的摩C式”（BALTIMORE Form C），由北美粮食出口协会、北美托运人协会及纽约土产交易联合会制定，1974年修改，被广泛应用于从北美和加拿大出口谷物的海上运输租船业务中。

2）北美谷物航次租船合同（North American Grain Charter Party，1973），简称“NORGRAIN”，由北美粮食出口协会、波罗的海国际航运公会、英联合王国航运协会、英国船舶经纪人和代理人全国联盟制定，专用于从美国和加拿大出口谷物的海上运输航次租船。

3）澳大利亚谷物租船合同（Australia Grain Charter Party），租船合同代号“AUSTRAL”，适用于从澳大利亚到世界各地的谷物运输。

（4）矿石运输租船合同。C（矿石）7租船合同（C（Core）7 Mediterranean Iron Ore）由英国政府制定，用于进口铁矿石的航次租船合同的标准格式。

（5）液体货物运输租船合同。

1）油轮航次租船合同，1977（Tanker Voyage Chartet Party, 1977）是指由美国船舶经纪和代理人协会于1977年制定的，专门适用于油轮航次租船。

2）油船航次租船合同，1976（INTERTANKVOY，1976）由波罗的海国际航运公会、船经纪人和代理人全国联盟和日本海运集会所联合采用，也被称为国际独立油轮船东协会油船航次租船合同。

3）气体航次租船合同，1972（GASVOY，1972）由波罗的海国际航运公会为液化天然气以外的其他气体的运输租船而制定的航次租船合同标准格式。

4）化学品船航次租船合同（For Transportation of Chemicals in Tank Vessels），简称“BIMOHEMVOY”，由波罗的海国际航运公会为化学品船航次租船合同而制定的标准格式。

（6）北美化肥航次租船合同（North American Fertilizer Charter Party，1978）。它是波罗的海国际航运公会和国际航运委员会制定的用于化肥航次租船的标准合同格式。

任务实施

一、任务实施的环境

小红经过一个多月的刻苦钻研，对海运进出口的相关知识有了一定的掌握。7 月 10 日，师傅决定让小红开始单独负责客户的出口单证操作。

二、任务实施的步骤

海运询价可参考下面的步骤：

第一步：给学生推荐几个大型货代公司。

第二步：学生以外贸公司业务员身份通过 QQ 向货代公司客服人员询价，并对询价过程予以截图留底，要求至少对两家货代公司进行询价。

第三步：对询价结果进行选择，陈述理由。

集装箱配载计算可参考下面的步骤：

第一步：计算货物所需要的集装箱尺寸和数量（需要在多种方案中进行比较）。

第二步：根据运价表选择船期。

第三步：陈述理由。

三、技能训练及相关实践知识

海运询价技能训练

【训练任务 4-1】小李是湖州天明进出口有限公司的外贸业务员。2014 年 7 月，公司要出口到加拿大多伦多一批服装，国外客户要求 7 月 30 日之前必须装船发货，该批服装的尺寸和数量详细情况见表 4-11。

表 4-11　湖州天明进出口有限公司货物情况

服装类型	型　号	包装箱数	毛重/千克	长（米）×宽（米）×高（米）
女式皮夹克	PO 0420-4725	1 400	16 100	0.6×0.46×0.19
女式皮夹克	PO 0420-4726	800	10 000	0.7×0.49×0.19
男式皮夹克	PO 0420-4727	500	6 000	0.75×0.605×0.11
男式皮夹克	PO 0420-4728	1 000	12 000	0.73×0.59×0.11

请帮助小李完成货代出口询价任务。

【训练建议 4-1】个人独立完成。学生可以查找上海、宁波地区相关货代公司的网站，通过

QQ 与在线客服进行联系，要求取得至少 2 家货代公司的报价，并提供询价记录（QQ 截图）。

【评价建议 4-1】可用海运询价技能训练评价表（见表 4-12）对学生操作技能进行评价。

表 4-12 海运询价技能训练评价表

学生姓名					
测评日期		测评地点			
测评内容	海运询价				
考评标准	内容	分值/分	自评	互评	师评
	询价记录完整、详细	40			
	与客服人员沟通方式方法得当	20			
	获得运价表	20			
	选择结果合理，陈述理由正确	20			
合计		100			
最终得分（自评 30%+互评 30%+师评 40%）					

说明：测评满分为 100 分，60～74 分为及格，75～84 分为良好，85 分以上为优秀。60 分以下的学生，需重新进行知识学习、任务训练，直到任务完成达到合格为止。

集装箱配载计算技能训练

【训练任务 4-2】2014 年 7 月 10 日，小李通过网络查询联系上了宁波港兴国际货运代理有限公司的小红，并告知了小红货物的相关信息（见表 4-11）。已知小红所在货代公司的宁波—多伦多航线整箱运价表见表 4-13（暂不考虑其他附加费），请帮助小红为该批货物配载集装箱，并选择船期，使得总运费最低（另外 20 尺柜、40 尺柜、40 高柜、45 高柜尺寸见前面表 4-9）。

表 4-13 宁波至加拿大海运运价表

加拿大	Ex 宁波				加线价格单票确认			
	20 尺柜	40 尺柜	40 高柜	45 高柜	承运人	船期	截关日	
多伦多/蒙特利尔	3 300	4 150	4 200	4 812	ZIM	5 截/7 开	22	中转站
	3 325	4 150	4 250		CSCL	6 截 1 开	28	中转站
	2 950	4 000	4 100		CMA	4 截 5 开	26	中转站
	2 950	4 000	4 100		MSC	7 截/2 开	50	中转站
	2 950	3 600	3 700		COSCO	5 截/7 开	23	中转站
	2 950	4 000	4 100		EMC	4 截 6 开	24	中转站
	3 380	4 300	4 400		HAPL	1 截/3 开	23	中转站

【训练建议 4-2】以小组完成，每组 3 人左右，要求以组为单位陈述理由。

【评价建议 4-2】可用集装箱配载技能训练评价表（见表 4-14）对学生操作技能进行评价。

表 4-14　集装箱配载计算技能训练评价表

学生姓名					
测评日期		测评地点			
测评内容	集装箱配载计算				
考评标准	内　容	分值/分	自　评	互　评	师　评
	集装箱数量和尺寸计算正确	40			
	船公司选择正确	20			
	货物配载方案合理	20			
	陈述理由正确	20			
合　计		100			
最终得分（自评 30%+互评 30%+师评 40%）					

说明：测评满分为 100 分，60～74 分为及格，75～84 分为良好，85 分以上为优秀。60 分以下的学生，需重新进行知识学习、任务训练，直到任务完成达到合格为止。

归纳总结

水路运输作为最古老的运输方式，在我国综合运输体系中始终占据着重要的作用，特别是在国际贸易发展中，更是起着举足轻重的作用。本任务的学习，对将来有志于从事货代操作员、单证员等岗位工作的学生来说，显得尤为重要，因为它是诸多货代公司从业人员上岗培训的学习内容，因此，要认识水路运输，需要了解我国水路运输行业的现状，熟悉国内外著名的船公司，了解货运代理行业的种类，熟悉全球主要集装箱航线，了解各大洲主要的港口，能认识船期表，对集装箱有一个全面的认识，这样才能为以后的工作奠定坚实的基础。

通过本任务内容的学习，作为货代操作员的你应该对水路运输知识有了一定的了解。这一阶段工作需要靠平时的积累，特别是对于本任务中涉及的各种英文术语和单词，更需要不断地深入学习，只有这样，才能掌握这些内容，真正地为己所用。下面提供一组思考问题，请客观地作答，并结合本任务内容，对自己的学习工作进行反思。

思考问题

一、问答题

1. 集装箱的作用有哪些？
2. 请上网查询相关网站，说说全球十大船公司有哪些？
3. 请叙述各种集装箱交接地点下，船公司的责任范围。

二、名词解释

1. 班轮运输
2. 租船运输
3. 集装箱

三、单选题

1. 运量大、速度慢、成本低、污染小的运输方式是（　　）。

A. 铁路运输　　　　B. 道路运输

C. 航空运输　　D. 水路运输

2. 超高货、捆装货适合选用以下哪种类型的集装箱（　　）。

A. 开顶集装箱　　B. 平台集装箱

C. 散货集装箱　　D. 台架式集装箱

3. 下列属于一个发货人发货给几个人收货人收货的货物组织形式是（　　）。

A. 拼箱交，整箱接　　B. 拼箱交，拼箱接

C. 整箱交，整箱接　　D. 整箱交，拼箱接

4. 下列属于几个发货人发货给一个人收货人收货的货物组织形式是（　　）。

A. 拼箱交，整箱接　　B. 拼箱交，拼箱接

C. 整箱交，整箱接　　D. 整箱交，拼箱接

5. 船期表中，ETA 代表（　　）。

A. 预计到达时间　　B. 预计离港时间

C. 预计截关时间　　D. 预计放行时间

四、计算题

现有一个 40 英尺普通集装箱，内部尺寸为：长 12.04 米，宽 2.35 米，高 2.393 米，最大载重量为 26.78 吨；现有一批货物，每件尺寸为：长 0.43 米，宽 0.32 米，高 0..22 米，假设该批纸箱不能倒置，且单个纸箱的毛重为 10 千克，请计算该集装箱最多能装载的货物数量。

拓展提高

BDI 指数

BDI，英文名：Baltic Dry Index，中文全称：波罗的海干散货综合运价指数。BDI 反映的是整个干散货运输市场的指数，由处于伦敦的波罗的海航交所负责发布。

1. BDI 的历史

国际航运指数（Baltic Freight Index，BFI）是波罗的海航交所于 1985 年开始发布的日运价指数，该指数是由若干条传统干散货船航线的运价，按照各自在航运市场上的重要程度和所占比重构成的综合性指数。它成为代表国际干散货运输市场的走势图。1985 年 1 月 4 日指数设立为 1 000 点，由 13 条航线的程租运价构成，其运输货物以谷物、煤、矿砂、磷矿石、铝矾为主，没有期租航线。

多年来，为满足市场多元化的需求，BFI 的构成航线经过数次调整，增设了单独的航次期租航线，各船型航次期租航线的平均值基本可以代表各船型的现货市场水平。尤其是 1999 年 9 月 1 日，波罗的海交易所将原来反映巴拿马极限型船（Panamax）和海岬型船（Capesize）的 BFI 拆解成 BCI（Baltic Capesize Index）和 BPI（Baltic Panamax Index）两个指数，这样与已设立的轻便极限型船运价指数 BHMI（Baltic Handymax Index）共同组成三大船型运价指数，指数构成的航线达到 24 条。1999 年 11 月 1 日，以 BCI、BPI、BHI 各三分之一权重产生的 BDI 取代 BFI，由五国（美、英、挪威、意大利、日本）20 家大型中介商针对数条重要航线，依其每日运价所编制，为目前市场上最具代表性之散装航运运价的晴雨指标。

2. **BDI的组成**

波罗的海海岬型指数（Baltic Capesize Index，BCI），吨位一般在8万吨以上，主要运输货物为焦煤、燃煤、铁矿砂、磷矿石、铝矾土等工业原料，占BDI权重的1/3。

波罗的海巴拿马指数（Baltic Panamax Index，BPI），吨位一般在5万～8万吨，主要运输货物为民生物资及谷物等大宗物资，占BDI权重的1/3。

波罗的海轻便型指数（Baltic Handymax Index，BHMI），吨位一般在5万吨以下，主要运输货物为磷肥、碳酸钾、木屑、水泥，占BDI权重的1/3。

3. **BDI的影响因素**

BDI的影响因素包括：全球GDP成长率、全球铁矿及煤矿运输需求量、全球谷物运输需求量、全球船吨数供给量、国际船用燃油平均油价、战争及天然灾害。

课外阅读

负运价怪象愈演愈烈交通运输部调查中日海运航线

2014年5月开始，我国某三家航运企业一改往日彼此相互竞争的关系，选择了合作的战略，不过，其选择的合作线路，并不是欧洲和北美等目前主要的远洋航线，而是在青岛、上海、宁波等重要港口至日本关东—关西—九州航线上，共同投资集装箱船舶并互换舱位，进行合作经营，拓宽航线覆盖面、增加班期密度。

此次三家航运企业通过结盟增加运力，打破了以往的运输供需平衡。“很多小型航运企业开始恐慌性降价，致使青岛到日本的航运价格一度跌到每标箱-700美元，也就是业内所说的负运价，之后虽有回升，但最新的报价依然是每标箱-500美元左右，即使加上征收的各种附加费，价格都很难转正。”一家中日航线上的航运企业高层透露。

此类中日航线上的恶性竞争，并导致出现负运费的反常现象已经连续三个月之久，导致本来就利润微薄的很多货主、货代、集装箱班轮公司均出现了较大程度的亏损。据有关报道统计，2014年6月以来，各口岸累计每周出口量约4万TEU，以负运价为特点的中日航线已经导致每周近亿元人民币的亏损，由于相关费用结算有一个多月的滞后期，尚未有企业退出市场。

很多集装箱班轮公司在进行苦撑的同时，开始集体上书交通运输部旗下的上海航运交易所，要求出面规范。交通运输部终于坐不住，决定出面调查。根据交通运输部2013年颁布的《关于国际集装箱班轮运价精细化报备实施办法》，如班轮公司备案的运价超出正常、合理的范围，严重偏离同一航线同类规模班轮经营者的平均运价水平，可能对公平竞争造成损害的，交通运输部将依照《国际海运条例》第五章规定实施调查。

其实，《关于国际集装箱班轮运价精细化报备实施办法》中所指的“国际集装箱班轮运价”，包括海运运价和相关附加费（含码头操作费），班轮公司需要向交通运输部指定的上海航运交易所备案运价，如果加上附加费的整体运价仍然为负，则该运价无法录入备案，而当前在中日航线上“负运费”的存在，至少说明很多班轮公司的备案运价与实际执行运价不一致。

（资料来源：第一财经日报，陈姗姗）

任务二　集装箱班轮运输单据填制

知识点：出口货运委托书的内容；订舱单（十联单）各联的作用及流转程序；装货单、配舱回单、集装箱发放通知单、集装箱设备交接单、装箱单、出境货物报检单的内容；报关单、装船通知、提货通知、提货单的内容；提单的种类。

能力点：根据客户需求信息填制上述相关单据。

任务情境

小红的出口代理工作

2014年7月15日，湖州天明进出口有限公司外贸业务员小李联系了宁波港兴国际货运代理有限公司的小红，正式告知小红，湖州天明进出口有限公司要发往加拿大多伦多的一批货物，委托小红所在公司办理出口相关手续。于是小红在经过一系列准备工作之后，又与上海中远集装箱运输有限公司的业务员小赵进行接洽，完成了订舱工作。然后，小红受湖州天明进出口有限公司委托，为该公司办理了有关报关、报检等手续。请代表上述人员分别完成出口货运委托书、订舱单、装货单、配舱回单、集装箱发放通知单、集装箱设备交接单、装箱单、出境货物报检单、报关单、提单、装船通知、提货通知、提货单等单据的制作。

任务分析

该任务是集装箱班轮出口和进口中的主要工作。要正确地完成各种单据的制作，首先需要了解上述单据在出口和进口过程中出现的阶段；其次，要了解制作上述单据的主体；再次，还需要了解上述单据的流转去向；当然，还需要熟练掌握上述各单据本身的制作要领和要求。

任务实施的相关专业知识

一、出口货运委托书

出口贸易过程中，当出口企业（货主、发货人、托运人）与货代公司就运输代理业务基本达成一致后，作为出口企业，应该根据贸易合同和信用证的条款内容填写货运委托书，盖章后交给其委托的货代公司。货代公司接受货主的委托，并以货运委托书为操作指令，完成下一步的订舱、装货、报检、报关、装货、签单和发运等各项操作。货运委托书是货物装运后承运人或其代理签发提单的原始依据。出口货运委托书样本见表4-15。

表 4-15　出口货运委托书样本

Shipper (Complete name & address) 发货人（名称及地址） Attn:　Tel:　Fax:		××国际货运代理有限公司托运单 ××LOGISTICS&FORWARDING LIMITED Shipping Order TEL：×× FAX：×× E-mail：××	
Consignee (complete name & address) 收货人（名称及地址） Tel:　Fax:			
Notify Party (complete name & address) 通知人（名称及地址） Tel:　Fax:		S/O	
Pre-Carrige By（前程运输）	Place of　Receipt（收货地址）	Container Size & quantity（柜型及柜量）： ________×20 GP　________×40 GP ________×40 HQ　________×45 HQ Notice（注明）：	
Ocean Vessel（船名及航次）	Port of Loading（装货港）		
Part of Discharge（卸货港）	Place of　Delivery（目的地）	Service Type （运输条款）： CY-CY □　CFS-CFS □　CY-DOOR □ CY-CFS □　CFS-CY □　DOOR-CY □	
Mark & NO（唛头）	Number of Packages of Goods（包装、件数及品名）	Gross Weight　KGS （毛重　单位：千克）	Measurement CBM （体积　单位：立方米）
请配________船公司________月________日截关的船预定于________月________日拖柜			
Haulage 客户自拖（　　）委托拖车（　）			Custom Clearance（报关方式） 客户自报　（　） 委托报关　（　） 清关　（　） 转关　（　）
Haulage　Time			
Haulage Address			
TEL:　FAX:　ATTN:			
Freight & Charges（海运费及附加）：________ Prepaid 海运费预付（　）　Collect 海运费倒付（　）			
注意事项： 1．托运单将作为结制提单的依据，请托运人按运输条款惯例及有关责任要求正确填写（请打印）。 2．货物经订舱后，由于托运单填写错误或数据不全，或托运人的其他原因造成的货物不能及时出运，运错目的地，提单错误不能结汇，不能提货等而产生的一切责任、风险、纠纷、费用（例如超期箱租，堆存费等）概由托运人承担。 3．托运人必须按要求付清运杂费。如托运人承诺不能按时支付全部费用，将每天按运费总额的 5%缴纳滞纳金，并且承担由于采取任何有效措施收回费用而引起的一切损失。 4．必须在货物装船日之前（含装船日）提供准确的提单数据，否则产生任何责任及费用由托运人承担，请特别注意。 5．提单必须在船开后 48 小时内确认，否则视为默认。 6．提单确认后再需要更改提单数据的客户，须出具正式保函及支付相应的费用。 7．托运人填报本托运单，即表示已接受以上附加条款。			Signature & Chop by Shipper （托运人签名及盖章）： Date（日期）：

二、订舱单

1. 订舱单的定义

订舱单（Booking Note，B/N）又称托运单。货代公司在收到出口企业的货运委托书后，审核货运委托书，据此制作订舱单（通常为十联单），并向船公司订舱。一旦船公司或代理人接受托运并配妥船只舱位后，将通过货代公司退回给出口企业配舱回单（通常为十联单中第九联和第十联），有时会以“定舱确认报文”代替。

表 4-16 为订舱单样本。

表 4-16　订舱单样本

<table>
<tr><td colspan="4">Shipper（发货人）</td><td colspan="3" rowspan="4">委托号：
Forwarding agents:
B/L No.
中国对外贸易运输总公司
集装箱货物托运单
货主留底
第一联</td></tr>
<tr><td colspan="4">Consignee（收货人）</td></tr>
<tr><td colspan="4">Notify Party（通知人）</td></tr>
<tr><td colspan="2">Pre-carriage by（前程运输）</td><td colspan="2">Place of Receipt（收货地点）</td></tr>
<tr><td colspan="2">Ocean Vessel（船名）</td><td>Voy. No. （航次）</td><td colspan="2">Port of Loading （装货港）</td><td colspan="2">Date （日期）</td></tr>
<tr><td colspan="2">Port of Discharge（卸货港）</td><td colspan="2">Place of Delivery （交货地点）</td><td colspan="3">Final Destination （目的地）</td></tr>
<tr><td>Container No.
（集装箱号）</td><td>Seal No.（封志号）
Marks & Nos.
（标记与号码）</td><td>No. of containers or
P'kgs（箱数与件数）</td><td colspan="2">Kind of Packing；
Description of Goods
（包装种类与货名）</td><td>Gross
Weight
（毛重）</td><td>Measurement
[尺码（立方米）]</td></tr>
<tr><td colspan="3">Total Number of Container or Package （in words）
集装箱数或件数合计（大写）</td><td colspan="4"></td></tr>
<tr><td>Container No.（箱号）</td><td>Seal No.（封志号）</td><td>P'kgs（件号）</td><td colspan="2">Container No.（箱号）</td><td>Seal No.（封志号）</td><td>P'kgs（件号）</td></tr>
<tr><td colspan="4">Received（实收）</td><td colspan="3">By Terminal clerk/Tally Clerk
（场站员/理货员签字）</td></tr>
<tr><td rowspan="2">Freight
&
Charges
（运杂费）</td><td>Prepaid at
（预付地点）</td><td colspan="2">Payable at
（到付地点）</td><td colspan="2">Place of Issue
（签发地点）</td><td>Booking Approved by
（定舱确认）</td></tr>
<tr><td>Total Prepaid
（预付总额）</td><td colspan="2">No. of Original Bs/L
（正本提单的份数）</td><td colspan="3">货值金额</td></tr>
<tr><td colspan="2">Service Type on Receiving
□…CY　□…CFS　□…DOOR</td><td colspan="2">Service Type on Delivery
□…CY　□…CFS　□…DOOR</td><td>Reefer Temperature
Required（冷藏温度）</td><td></td><td></td></tr>
<tr><td rowspan="2">Type
of
Goods
（种类）</td><td colspan="3">□Ordinary（普通）　□Reefer（冷藏）　□Dangerous（危险）　□Auto（裸装车辆）</td><td colspan="2" rowspan="2">Dangerous Cargo
（危险品）</td><td>Class:
Property</td></tr>
<tr><td colspan="3">□Liquid（液体）　□Live Animal（活动物）　□Bulk（散装）</td><td>IMDG code Page
UN No.</td></tr>
<tr><td colspan="4">Consigner Address（发货人或代理地址）：</td><td colspan="2">Contact（联系人）：</td><td>Tel.（电话）：</td></tr>
<tr><td>Transshipment
（可否转船）</td><td>Partial Shipment
（可否分批）</td><td colspan="2">Date of Shipment
（装期）</td><td colspan="2" rowspan="3">Remarks
（备注）</td><td rowspan="3">CY（集装场站名称）</td></tr>
<tr><td colspan="2">Validity（有效期）：</td><td colspan="2">Date of Documentation（制单日期）</td></tr>
<tr><td colspan="4">pay（海运费由）　by（支付）
Prepaid by T/T，Bank Account（如预付运费托收承付，请填准银行账号）</td></tr>
</table>

2. 订舱单（十联单）各联作用

第 1 联：集装箱货物托运单（货主留底）（B/N）。

第 2 联：集装箱货物托运单（船代留底）。

第 3 联：运费通知（1）与第 4 联的其中一联向出口单位收取运费，另一联货代自己留底。

第 4 联：运费通知（2）。

第 5 联：装货单（场站收据副本 1）（S/O），也叫关单或下货纸，经船代盖章有效，海关完成验关手续后，在装货单上加盖海关放行章，船方收货装船，并在收货后留底。

第 5 联副本：缴纳出口货物港务费申请书。

第 6 联：大副联（场站收据副本 2），即收货单，又叫大副收据。与收货单一起流转，装货完毕后大副根据理货公司的清单在此单上签字确认，货主凭其换取正本提单。如果理货结果不清洁，大副也会做不清洁批注，正本提单也会做不清洁批注。

第 7 联：场站收据正本（D/R）。

第 8 联：货代留底。

第 9 联：配舱回单（1）（集装箱发放/设备交接单）。

第 10 联：配舱回单（2）。

3. 订舱单（十联单）流转程序

海运中“十联单”的流转较为复杂，具体流程图如图 4-22 所示。

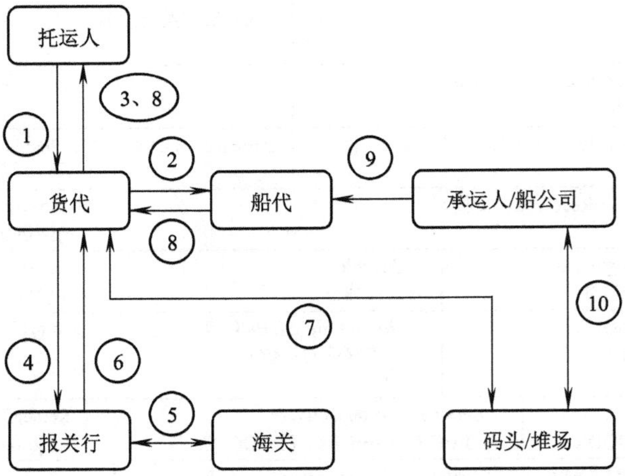

图 4-22　十联单流转程序图

（1）托运人提供一份订舱委托书给货代公司，委托书上的信息一般包括收货人、发货人信息，货物的信息，对运输的要求以及运费的确认（一般托运人会通过电话或邮件，提前与货代公司确认费用，并在订舱委托书上注明起到书面确认的作用）。

（2）货代公司在收到托运人的委托后，将订舱委托书上的信息打印到十联单上，留下第一联退回托运人，持剩余九联向船代或船公司订舱，船代收到剩余九联单后，接受订舱，在第五联即装货单上盖签单章，确认订舱承运货物，并加填船名、航次和提单号，留下第二、

三、四联，并将第五至十联退回货代。

（3）货运代理人留存第八联货代留底，缮制货物流向单以备今后查询；将第九、十联退回托运人作配舱回执。

（4）货代公司在收到货主的全套报关资料后[发票、装箱单、报关委托书、报关单（蓝色）、贸易合同复印件、配额、出口许可证等（配额和许可证是对国家有限制的特殊货物而言，不是每一种货物都需要）]，将全套报关资料、十联单的第五、六、七联一并交委托的报关行向海关申报（有的货代公司有自己的专业报关员，此种情况就不需要委托报关行，而是由货代公司自行向海关申报）。

（5）报关行将全套报关资料提交给海关，海关审核无误，在第五联上加盖海关章，以示放行。实践中，海关会有查验的情况，如果查验发现货物与实际不符，则不放行，与实际相符，则查验后在第五联上加盖海关章。盖章放行后，海关将五、六、七联交退还给报关行。

（6）报关行将经海关加盖放行章的第五、六、七联退还给货代公司。

（7）货代公司将第五、六、七联送交集装箱码头堆场。

当货物送到码头以后，码头将第七联场站收据正本签发后退还给货代公司，并留下第五联及其附页，以备向船公司收取港口装卸费用时使用；留下第六联大副收据，待集装箱装船后，由理货部门送大副签字，证明船舶已接收集装箱货物。

（8）发货人或其货运代理人持场站签收的正本场站收据到船公司或其代理人处，办理换取提单手续，船公司或其代理人收回场站收据，签发提单。船代签发提单后将提单交给货代，货代交给发货人。

（9）船代和船公司凭第三联，第四联费用联结算费用，各留一份。

（10）码头堆场凭第五联附页向船公司收取港口装卸费用。

三、装货单

装货单（Shipping Order，S/O）是接受了托运人提出装运申请的船公司，签发给托运人的用以命令船长将承运的货物装船的单据（十联单中的第五联）。它既能用作装船的依据，又是货主用以向海关办理出口货物申报手续的主要单据之一，所以又叫关单、下货纸。对于托运人来讲，它是办妥货物托运的证明。对船公司或其代理来讲是通知船方接受装运该批货物的指示文件。

四、配舱回单

配舱回单是船公司或船代接受出口企业的托运并配妥船只舱位后退回给出口企业的单据（见表 4-17），有时会以“定舱确认报文”代替。它是船公司给货代的十联单中涉及的单据。它也是场站收据之一，内容与集装箱货物托运单完全相同。出口企业收到配舱回单后，可据此编制有关单证。

表 4-17 配舱回单样本

<table>
<tr><td colspan="4">Shipper（发货人）</td><td colspan="2" rowspan="4">委托号：
Forwarding agents:
B/L No.
中国对外贸易运输总公司
集装箱货物托运单
配舱回单
第十联</td></tr>
<tr><td colspan="4">Consignee（收货人）</td></tr>
<tr><td colspan="4">Notify Party（通知人）</td></tr>
<tr><td colspan="2">Pre-carriage by（前程运输）</td><td colspan="2">Place of Receipt（收货地点）</td></tr>
<tr><td colspan="2">Ocean Vessel（船名）</td><td>Voy. No.（航次）</td><td colspan="2">Port of Loading（装货港）</td><td>Date（日期）</td></tr>
<tr><td colspan="2">Port of Discharge（卸货港）</td><td colspan="2">Place of Delivery （交货地点）</td><td colspan="2">Final Destination （目的地）</td></tr>
<tr><td>Container No.（集装箱号）</td><td>Seal No.（封志号）
Marks & Nos.
（标记与号码）</td><td>No. of containers or P'kgs（箱数与件数）</td><td>Kind of Packing;
Description of Goods
（包装种类与货名）</td><td>Gross Weight
（毛重）</td><td>Measurement
[尺码（立方米）]</td></tr>
<tr><td colspan="3">Total Number of Container or Package (in words)
集装箱数或件数合计（大写）</td><td colspan="3"></td></tr>
<tr><td>Container No.（箱号）</td><td>Seal No.（封志号）</td><td>P'kgs（件号）</td><td>Container No.（箱号）</td><td>Seal No.（封志号）</td><td>P'kgs（件号）</td></tr>
<tr><td colspan="3">Received（实收）</td><td colspan="3">By Terminal clerk/Tally Clerk
（场站员/理货员签字）</td></tr>
<tr><td rowspan="2">Freight
&
Charges
（运杂费）</td><td>Prepaid at
（预付地点）</td><td>Payable at
（到付地点）</td><td colspan="2">Place of Issue
（签发地点）</td><td>Booking Approved by
（定舱确认）</td></tr>
<tr><td>Total Prepaid
（预付总额）</td><td>No. of Original Bs/L
（正本提单的份数）</td><td colspan="3">货值金额</td></tr>
<tr><td colspan="2">Service Type on Receiving
□…CY □…CFS □…DOOR</td><td colspan="2">Service Type on Delivery
□…CY □…CFS □…DOOR</td><td>Reefer Temperature
Required（冷藏温度）</td><td></td></tr>
<tr><td rowspan="2">Type
of
Goods
（种类）</td><td colspan="3">□Ordinary（普通） □Reefer（冷藏） □Dangerous（危险） □Auto（裸装车辆）</td><td rowspan="2">Dangerous Cargo
（危险品）</td><td>Class:
Property</td></tr>
<tr><td colspan="3">□Liquid（液体） □Live Animal（活动物） □Bulk（散装）</td><td>IMDG code Page
UN No.</td></tr>
<tr><td colspan="4">Consigner Address（发货人或代理地址）：</td><td>Contact（联系人）：</td><td>Tel（电话）：</td></tr>
<tr><td>Transshipment
（可否转船）</td><td>Partial Shipment
（可否分批）</td><td colspan="2">Date of Shipment
（装期）</td><td rowspan="3">Remarks
（备注）</td><td rowspan="3">CY（集装场站名称）</td></tr>
<tr><td colspan="2">Validity（有效期）：</td><td colspan="2">Date of Documentation（制单日期）</td></tr>
<tr><td colspan="4">pay（海运费由） by（支付）
Prepaid by T/T，Bank Account（如预付运费托收承付，请填准银行账号）</td></tr>
</table>

五、集装箱发放通知单

集装箱发放通知单（Container Release Order）又称空箱提交单（Equipment Despatch Order），俗称提箱单，是船公司或其代理人指示集装箱堆场将空集装箱及其他设备提交给本单持有人的书面凭证（见表 4-18）。

在集装箱运输中，发货人如使用船公司的集装箱，并为了要把预定的货物装在箱内，就要向集装箱堆场或空箱储存场租借空箱，通常是由船公司提供空集装箱，借给发货人或集装箱货运站。在这种情况下，船公司或其代理人要对集装箱堆场或空箱储存场发出交箱指示，但是由于空集装箱是一个售价较高的设备，因此不能只靠简单的口头指示，还要向发货人或其代理人提交空箱提交单，集装箱堆场或空箱储存场只对持有本单证的人提交空集装箱，以确保交接安全。

集装箱的空箱提交单一式三份，在接受订舱委托后，由船公司或其代理人签发给出口企业或货代公司，除自留一联备查外，出口企业或货代公司和存箱的集装箱堆场或空箱储存场各执一联。

表 4-18 集装箱发放通知单样本

集装箱发放通知单

CONTAINER RELEASE ORDER

请凭签发的集装箱发放通知单办理集装箱及集装箱设备发放手续。

Please release the specified container &container equipment against this container release order.

<table>
<tr><td colspan="3">用箱人/运输人（CONTAINER USER /HAULIER）</td><td colspan="4">提箱地点（PLACCE ORF DELIVERY）</td></tr>
<tr><td colspan="3"></td><td colspan="4"></td></tr>
<tr><td colspan="2">船名/航次（VESSEL/VOYAGE NO.）</td><td>提单号（B/L NO. ）</td><td colspan="2">集装箱经营人（CONTAINER OPERATOR）</td><td colspan="2">集装箱号（CONTAINER NO. ）</td></tr>
<tr><td colspan="2"></td><td></td><td colspan="2"></td><td colspan="2"></td></tr>
<tr><td>铅封号
（SEAL NO. ）</td><td>尺寸
（SIZE）</td><td>类型
（TYPE）</td><td>状态
（STATUS）</td><td colspan="3">运载工具牌号
（TRUCK, WAGON, BARGE NO. ）</td></tr>
<tr><td></td><td></td><td></td><td>□重箱/ □空箱
FULL EMPTY</td><td colspan="3"></td></tr>
<tr><td colspan="2">发往地点
（DELIVERED TO）</td><td colspan="2">返回地点
（PLACE OF RETURN）</td><td colspan="2">免费使用期限
（FREE TIME PERIOD）</td><td>外运签章
（ISSUED BY）</td></tr>
<tr><td colspan="2"></td><td colspan="2"></td><td colspan="2">月 日至 月 日</td><td rowspan="3">年 月 日</td></tr>
<tr><td colspan="6">出场目的（PURPOSE OF GATE -OUT ）</td></tr>
<tr><td colspan="6">□拆箱 DEVANNING　□重箱装船 FULL FOR LOADING　□检验 INSPEC-TION　□起租 ON HIRE　□堆存 STORAGE　□熏蒸 FUMIGATION
□装箱 VAN NING　□空箱装船 EMPTY FOR LOAD-ING　□修理 REPAIRING　□退租 OFFHIRE　□清洗 CLEANING</td></tr>
</table>

六、集装箱设备交接单

集装箱设备交接单（Equipment Interchange Receipt，EIR）是进出港区、场站时，用箱人、运箱人与管箱人或其代理人之间交接集装箱和特殊集装箱及其设备的凭证；是拥有和管理集装箱的船公司或其代理人与利用集装箱运输的陆运人签订有关设备交接基本条件的协议。

集装箱设备交接单分进场和出场两种，各有三联，分别为管箱单位（船公司或其代理人）留底联，码头堆场联，用箱人、运箱人联。交接手续均在码头堆场大门口办理。如图 4-23 为集装箱设备交接单（出场）样本。

出码头堆场时，码头堆场工作人员与用箱人、运箱人就设备交接单上的以下主要内容共同进行审核：用箱人名称和地址，出堆场时间与目的，集装箱箱号、规格、封志号以及是空箱还是重箱，有关机械设备的情况，正常还是异常等。

进码头堆场时，码头堆场的工作人员与用箱人、运箱人就设备交接单上的下列内容共同进行审核：集装箱、机械设备归还日期、具体时间及归还时的外表状况，集装箱、机械设备归还人的名称与地址，进堆场的目的，整箱货交箱货主的名称和地址，拟装船的船次、航线、卸箱港等。

设备交接单的流转过程是：

（1）由管箱单位填制设备交接单的用箱人、运箱人、船名、航次等。

（2）由用箱人、运箱人到码头、堆场提箱送收箱地（或到发箱地提箱送码头、堆场），经办人员对照设备交接单，检查集装箱的箱体后，双方签字，码头、堆场留下管箱单位联和码头堆场联（共两联），将用箱人、运箱人联退还给用箱人、运箱人。

（3）码头、堆场将留下的管箱人联退还给管箱单位。

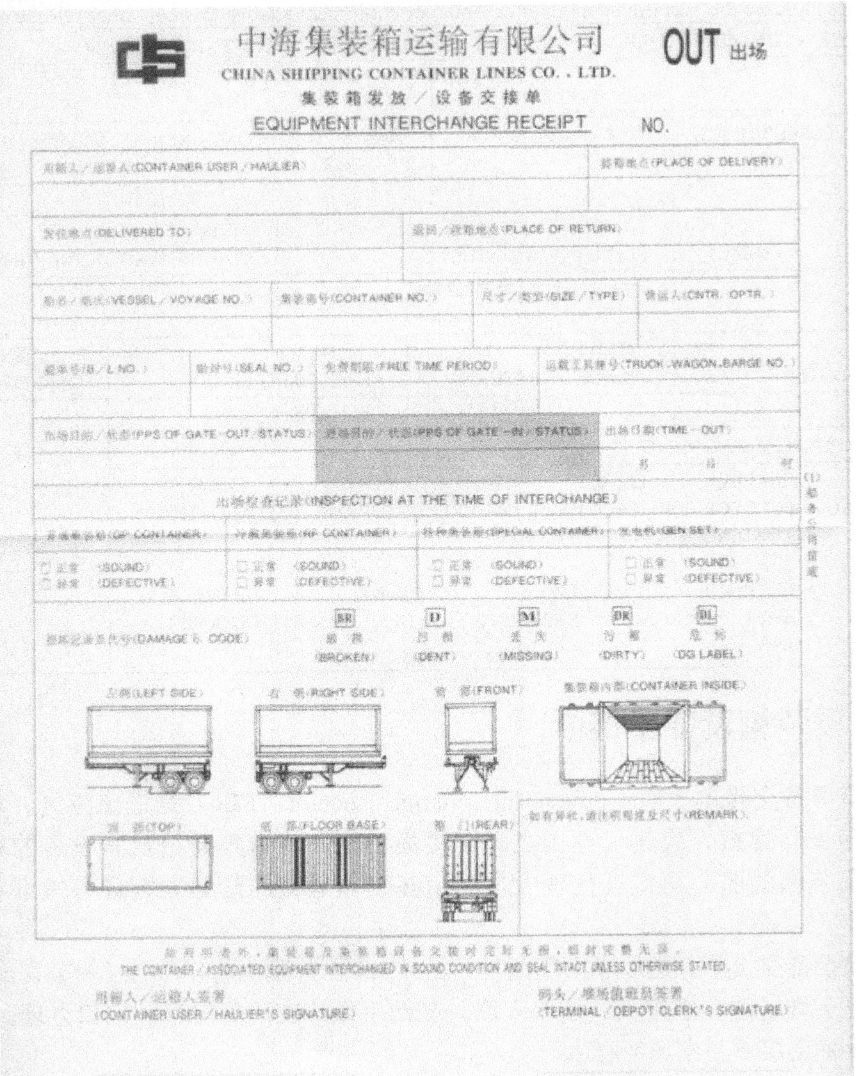

图 4-23　集装箱设备交接单（出场）样本

七、装箱单

装箱单（Packing List）是详细记载集装箱内货物内容的格式化报文，包括货物名称、件数、毛重、体积、集装箱箱型、集装箱自重、预配船名、航次、关单号、装运港、中转港、卸货港等内容。图 4-24 为装箱单样本。

在以集装箱为运输单元的作业模式中，集装箱装箱单是一张唯一记载每一集装箱内装货细节的单据，因此，它具有极其重要的作用。

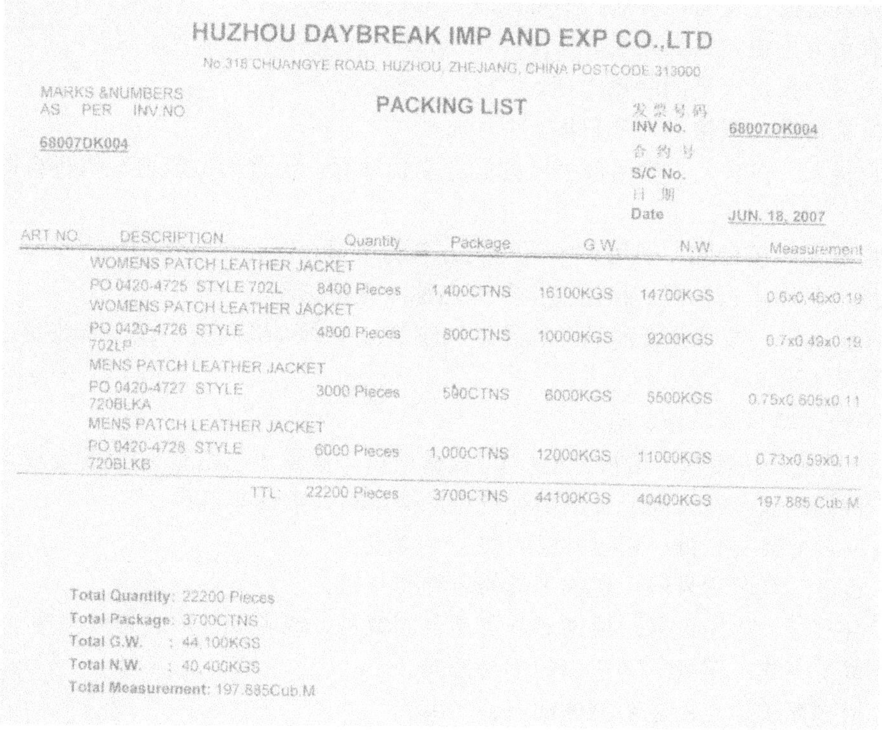

HUZHOU DAYBREAK IMP AND EXP CO.,LTD

No.318 CHUANGYE ROAD, HUZHOU, ZHEJIANG, CHINA POSTCODE 313000

MARKS &NUMBERS
AS PER INV.NO
68007DK004

PACKING LIST

发票号码
INV No. 68007DK004
合约号
S/C No.
日期
Date JUN. 18, 2007

ART NO.	DESCRIPTION	Quantity	Package	G.W.	N.W.	Measurement
	WOMENS PATCH LEATHER JACKET					
	PO 0420-4725 STYLE 702L	8400 Pieces	1,400CTNS	16100KGS	14700KGS	0.6x0.46x0.19
	WOMENS PATCH LEATHER JACKET					
	PO 0420-4726 STYLE 702LP	4800 Pieces	800CTNS	10000KGS	9200KGS	0.7x0.49x0.19
	MENS PATCH LEATHER JACKET					
	PO 0420-4727 STYLE 720BLKA	3000 Pieces	500CTNS	6000KGS	5500KGS	0.75x0.605x0.11
	MENS PATCH LEATHER JACKET					
	PO 0420-4728 STYLE 720BLKB	6000 Pieces	1,000CTNS	12000KGS	11000KGS	0.73x0.59x0.11
	TTL:	22200 Pieces	3700CTNS	44100KGS	40400KGS	197.885 Cub.M

Total Quantity: 22200 Pieces
Total Package: 3700CTNS
Total G.W. : 44,100KGS
Total N.W. : 40,400KGS
Total Measurement: 197.885Cub.M

图 4-24　装箱单样本

集装箱装箱单每一个集装箱一份，一式五联，其中码头、船代、承运人各一联，发货人、装箱人两联。集装箱货运站装箱时由装箱的货运站缮制；由发货人装箱时，由发货人缮制。

发货人或货运站将货物装箱，缮制装箱单一式五联后，连同装箱货物一起送至集装箱堆场。集装箱堆场的业务人员在五联单上签收后，留下码头联、船代联和承运人联，将发货人、装箱人联退还给送交集装箱的发货人或集装箱货运站。发货人或集装箱货运站联除自留一份备查外，将另一份寄交给收货人或卸箱港的集装箱货运站，供拆箱时使用。

对于集装箱堆场留下的三联装箱单，除集装箱堆场自留码头联，据此编制装船计划外，还须将船代联及承运人联分送船舶代理人和船公司，据此缮制积载计划和处理货运事故。

八、出境货物报检单

出境货物报检单是国家检验检疫部门根据检验检疫、鉴定工作的需要，为保证检验检疫工作规范化和程序化而设置的。它是报检人根据有关法律、行政法规或合同约定申请检验检疫机构对其某种货物实施检验检疫、鉴定意愿的书面凭证，它表明了申请人正式向检验检疫机构申请检验检疫、鉴定，以取得该批货物合法出口的合法凭证。报检单同时也是检验检疫机构对出入境货物实施检验检疫启动检验检疫程序的依据。表 4-20 为报检单样本。表 4-21 为办理报检时所需要的通关单样本。

在办理报检之前，报检单位应加盖公章，并准确填写本单位在检验检疫机构登记的代码。所列各项必须完整、准确、清晰、不得涂改（见表 4-19）。

（1）联系人：报检人员姓名。

（2）电话：报检人员的联系电话。

（3）报检日期：报检当天的日期。

（4）发货人：按合同、信用证中所列卖方名称填写。经营单位应填写执行合同的经营单位名称。

（5）收货人：按合同、信用证中所列买方名称填写。

（6）货物名称：按合同、信用证上所列名称及规格填写。

（7）H.S 编码：按《协调商品名称及编码制度》中所列编码填写以当年海关公布的商品税则编码分类为准。

（8）产地：填写省、市、县名。

（9）数/重量：按实际申请检验检疫数/重量填写。重量还应填写毛/净重及皮重。

（10）货物总值：按合同或发票所列货物总值填写，需注明币种。

（11）包装种类及数量：包装材料的种类\包数量。

（12）运输工具名称号码：运输工具的名称和号码。

（13）合同号、信用证号：根据对外贸易合同填写，或者填订单、形式发票的号码。

（14）贸易方式：该批货物出口的贸易方式。

（15）货物存放地点：注明具体地点、厂库。

（16）发货日期：实际发货日期。

（17）输往国家（地区）：出口货物的最终销售国。

（18）许可证/审批号：须办理出境许可证或审批的货物应填写有关许可证号或审批号。

（19）生产单位注册号：出入境检验检疫机构签发的卫生注册证书号或加工厂库注册号码等。

（20）启运地：货物最后离境的口岸及所在地。

（21）到达口岸：货物的入境口岸。

（22）集装箱规格、数量及号码：货物若以集装箱运输应填写集装箱的规格，数量及号码。

（23）合同订立的检验检疫条款或特殊要求：在合同中订立的有关检验检疫的特殊条款及其他要求应则填入此栏。

（24）标记及号码：货物的标记号码，应与合同、发票等有关外贸单据保持一致。若没有标记或号码，则填写“N/M”。

（25）用途：从以下 9 个选项中选择：①种用或繁殖；②食用；③奶用；④观赏或演艺；⑤伴侣动物；⑥试验；⑦药用；⑧饲用；⑨其他。

（26）随附单据：报检时，根据报检货物需要的随附单据在随附单据种类中划“ √ ”或补填。

（27）需要证单名称：报检时，根据报检货物需要的证单在备选选项中划“ √ ”或补填。

（28）签名：由持有“报检员证”的报检人员手签。

（29）检验检疫费：由检验检疫机构计费人员核定费用后填写。

（30）领取证单：报检人在领取证单时填写领证日期及领证人姓名。

表 4-19　报检单样本

中华人民共和国出入境检验检疫
出境货物报检单

报检单位（加盖公章）：　　　　　　　　　　　　＊编号＿＿＿＿＿＿＿＿

报检单位登记号：　　联系人：　　电话：　　报检日期：　年　　月　　日

<table>
<tr><td rowspan="2">发货人</td><td colspan="6">（中文）</td></tr>
<tr><td colspan="6">（外文）</td></tr>
<tr><td rowspan="2">收货人</td><td colspan="6">（中文）</td></tr>
<tr><td colspan="6">（外文）</td></tr>
<tr><td>货物名称（中/外文）</td><td>H．S．编码</td><td>产地</td><td>数/重量</td><td>货物总值</td><td colspan="2">包装种类及数量</td></tr>
<tr><td></td><td></td><td></td><td></td><td></td><td colspan="2"></td></tr>
<tr><td>运输工具名称号码</td><td colspan="2"></td><td>贸易方式</td><td></td><td>货物存放地点</td><td></td></tr>
<tr><td>合同号</td><td colspan="2"></td><td>信用证号</td><td></td><td>用途</td><td></td></tr>
<tr><td>发货日期</td><td></td><td>输往国家（地区）</td><td></td><td>许可证/审批号</td><td colspan="2"></td></tr>
<tr><td>启运地</td><td></td><td>到达口岸</td><td></td><td>生产单位注册号</td><td colspan="2"></td></tr>
<tr><td colspan="2">集装箱规格、数量及号码</td><td colspan="5"></td></tr>
<tr><td colspan="2">合同订立的检验
检疫条款或特殊要求</td><td colspan="3">标 记 及 号 码</td><td colspan="2">随附单据（划“√”或补填）</td></tr>
<tr><td colspan="2"></td><td colspan="3"></td><td>□合同
□信用证
□发票
□换证凭单
□装箱单
□厂检单</td><td>□包装性能结果单
□许可/审批文件
□
□
□
□</td></tr>
<tr><td colspan="5">需要证单名称（划“√”或补填）</td><td colspan="2">＊检验检疫费</td></tr>
<tr><td colspan="2" rowspan="3">□品质证书　_正_副
□重量证书　_正_副
□数量证书　_正_副
□兽医卫生证书　_正_副
□健康证书　_正_副
□卫生证书　_正_副
□动物卫生证书　_正_副</td><td colspan="3" rowspan="3">□植物检疫证书　_正_副
□熏蒸/消毒证书　_正_副
□出境货物换证凭单
□出境货物通关单
□
□</td><td>总金额
（人民币元）</td><td></td></tr>
<tr><td>计费人</td><td></td></tr>
<tr><td>收费人</td><td></td></tr>
<tr><td colspan="5" rowspan="3">报检人郑重声明：
1．本人被授权报检。
2．上列填写内容正确属实，货物无伪造或冒用他人的厂名、标志、认证标志，并承担货物质量责任。
签名：＿＿＿＿＿＿</td><td colspan="2">领 取 证 单</td></tr>
<tr><td>日　期</td><td></td></tr>
<tr><td>签　名</td><td></td></tr>
</table>

注：有“*”号栏由出入境检验检疫机关　　　　◆国家出入境检验检疫局制

表 4-20　通关单样本

中华人民共和国出入境检验检疫
出境货物通关单

编号：

1. 发货人			5. 标记及号码
2. 收货人			
3. 合同/信用证号	4. 输往国家或地区		
6. 运输工具名称及号码	7. 发货日期		8. 集装箱规格及数量
9. 货物名称及规格	10. H.S.编码	11. 申报总值	12. 数/重量、包装数量及种类
上述货物业经检验检疫，请海关予以放行。 本通关单有效期至　年　月　日 签字：　　日期：　年　月　日			
13. 备注			

九、报关单

进出口货物报关单是指进出口货物收货人、发货人或其代理人，按照海关规定的格式对进出口货物的实际情况做出书面申明，以此要求海关对其货物按适用的海关制度办理通关手续的法律文书。表 4-21 为出口报关单样本。报关单在对外经济贸易活动中具有十分重要的法律地位。它既是海关监管、征税、统计以及开展稽查和调查的重要依据，又是加工贸易进出口货物核销，以及出口退税和外汇管理的重要凭证，也是海关处理走私、违规案件，以及税务、外汇管理部门查处骗税和套汇犯罪活动的重要证书。报关单的填制规范和要求比较复杂，在此不再赘述。

表 4-21　出口报关单样本

中华人民共和国海关出口货物报关单

预录入编号：　　　　海关编号：

出口口岸 大连海关	备案号	出口日期 2005 年 6 月 11 日	申报日期（1） 2005 年 5 月 31 日	
经营单位（2）(210291****) 大连石凯化工贸易公司	运输方式 江海运输	运输工具名称 CSCL YANTIAN 0042S	提运单号（3）	
收货单位（4）(210291****) 大连石凯化工贸易公司	贸易方式 一般贸易	征免性质（5） 一般征税	结汇方式（6） T/T	
许可证号（7）	运抵国（地区）（8） 新加坡	指运港（9） 新加坡	境内货源地	
批准文号	成交方式（10） FOB	运费（11）	保费（12）	杂费（13）
合同协议号 XM2004NA266	件数 680	包装种类 DRUM	毛重（千克）(14) 294.00	净重（千克） 270.00
集装箱号	随附单据（15） 商业发票、装箱单		生产厂家	
标记唛码及备注 SINGAPORE 183.6MT CHLOROPICRIN 99.5% MIN.				

（续）

<table>
<tr><td>项号</td><td>商品编号</td><td>商品名称、规格型号</td><td>数量及单位（16）</td><td>最终目的国（17）</td><td>单价（18）</td><td>总价（19）</td><td>币制</td><td>征免（20）</td></tr>
<tr><td>1</td><td>02/3314</td><td>CHITTANGONG
ACIDITY: TOPPM MAX
WATER: 150PPM MAX
DENSITY: 1.654-1.663
TOXOCITY: HIGH POISONOUS</td><td>680 DRUMS</td><td>新加坡</td><td>459.00</td><td>265 302.00</td><td>USD</td><td>照章征税　BANGLADESH</td></tr>
<tr><td colspan="9">税费征收情况</td></tr>
<tr><td colspan="3">录入员　　录入单位</td><td colspan="3" rowspan="2">兹声明以上申报无讹并承担法律责任

申报单位（盖章）
大连万凯化工贸易公司
填制日期 2005 年 5 月 31 日</td><td colspan="3">海关审单批注及放行日期（盖章）

审单　　审价
征税　　统计
查验　　放行</td></tr>
<tr><td colspan="3">报关员

单位地址

邮编　　电话</td><td colspan="3"></td></tr>
</table>

十、提单

1．提单的定义

提单（Bill of Lading），是用以证明海上货物运输合同和货物已由承运人接收或装船，以及承运人保证据以交付货物的单证。根据提单中载明的向记名人交付货物，或者按照指示人的指示交付货物，或者向提单持有人交付货物的条款，构成承运人据以交付货物的保证。表 4-22 为海运提单样本。

在国际货物运输中，提单是最具特色、最完整的运输单据。在国际贸易中，提单是一种有价证券，同时代表物权和债权；在各国有关运输法律中，提单都被认定是一份非常重要的法律文件，提单上权利的实现必须以交还提单为要件。

表 4-22　海运提单样本（一）

<table>
<tr><td colspan="4">Shipper Insert Name, Address and Phone</td><td rowspan="2"></td><td>B/L No.</td></tr>
<tr><td colspan="4"></td><td></td></tr>
<tr><td colspan="4">Consignee Insert Name, Address and Phone</td><td rowspan="2">COSCO</td><td rowspan="2">中远集装箱运输有限公司
COSCO CONTAINER LINES

TLX: 33057 COSCO CN
FAX: +86(021) 6545 8984
ORIGINAL</td></tr>
<tr><td colspan="4"></td></tr>
<tr><td colspan="4">Notify Party Insert Name, Address and Phone
(It is agreed that no responsibility shall attach to the Carrier or his agents for failure to notify)</td><td colspan="2" rowspan="9">Port-to-Port or Combined Transport
Bill of Loading
RECEIVED in external apparent good order and condition except as otherwise noted. The total number of packages or unites stuffed in the container, The description of the goods and the weights shown in this Bill of Lading are furnished by the Merchants, and which the carrier has no reasonable means of checking and is not a part of this Bill of Lading contract. The carrier has issued the number of Bills of Lading stated below, all of this tenor and date, one of the original Bills of Lading must be surrendered and endorsed or signed against the delivery of the shipment and whereupon any other original Bills of Lading shall be void. The Merchants agree to be bound by the terms and conditions of this Bill of Lading as if each had personally signed this Bill of Lading.
SEE clause 4 on the back of this Bill of Lading (Terms continued on the back Hereof, please read carefully).
*Applicable Only When Document Used as a Combined Transport Bill of Lading.</td></tr>
<tr><td colspan="4"></td></tr>
<tr><td colspan="2">Combined Transport</td><td colspan="2">Combined Transport</td></tr>
<tr><td>Pre - carriage by</td><td></td><td>Place of Receipt</td><td></td></tr>
<tr><td colspan="2">Ocean Vessel Voy. No.</td><td colspan="2">Port of Loading</td></tr>
<tr><td colspan="2"></td><td colspan="2"></td></tr>
<tr><td colspan="2">Port of Discharge</td><td colspan="2">Combined Transport</td></tr>
<tr><td colspan="2" rowspan="2"></td><td>Place of Delivery</td><td></td></tr>
</table>

（续）

Container / Seal No.	Marks & Nos.	No. of Containers or Packages	Description of Goods	Gross Weight (kgs)	Measurement(m^3)
Total Number of containers and/or packages (in words)					
Freight & Charges	Revenue Tons	Rate	Per	Prepaid	Collect
Ex. Rate	Prepaid at	Payable at	Place and date of issue		
	Total Prepaid	No. of Original B(s)/L	Signed for the Carrier, COSCO CONTAINER LINES		
LADEN ON BOARD THE VESSEL					
DATE		BY			

2. 提单的分类

目前，提单的种类非常多，根据不同的分类方式，提单可以分为多种类型，具体情况见表 4-23。

表 4-23　提单分类一览表

分类方法	提单种类	英文名称
按表现形式分类	纸质提单	Bill of Lading
	电子报文提单	Electronics Bill of Lading
按货物是否已装船分类	已装船提单	On Board B/L
	收货待运提单	Received of Bill of Lading
按对货物外包装有无承运人批注分类	清洁提单	Clean B/L
	清洁提单	Unclean B/L
按提单“收货人”一栏记载分类	记名提单	Straight B/L
	指示提单	Order B/L
	不记名提单	Blank B/L 或 Open B/L
按不同运输方式分类	直达提单	Direct B/L
	港到港提单	Port to Port B/L
	转船提单	Transhipment B/L
	多式联运提单	Combined Transport B/L
按提单签发人分类	船东提单（主单、海单、M 单）	Master B/L
	货代提单（分提单、H 单）	House B/L
	无船承运人提单	NVOCC B/L
按提单签发时间不同分类	倒签提单	Anti-date B/L
	预借提单	Advanced B/L
	顺签提单	Post-date B/L

十一、装船通知

装船通知（Shipping Advice）也叫装运通知，主要指的是出口商在货物装船后发给进口方的包括货物详细装运情况的通知，其目的在于让进口商做好筹措资金、付款和接货的准备。如成交条件为 FOB/FCA、CFR/CPT 等还需要向进口国保险公司发出该通知以便其为进口商办理货物保险手续，出口装船通知应按合同或信用证规定的时间发出，该通知副本（Copy of Telex/Fax）常作为向银行交单议付的单据之一；在进口方派船接货的交易条件下，进口商为了使船、货衔接得当也会向出口方发出有关通知；通知以英文制作，无统一格式，内容一定要符合信用证的规定，一般只提供一份。

图 4-25 为装船通知样本。

Contract No.:

L/C No.:

SHIPPING ADVICE

To　××　Co., Ltd.　××　Road　××District

From××××××

Commodity: ××

Packing Conditions: ××

Quantity: ××

Gross Weight: ××

Net Weight: ××

Total Value: ××

Ocean Vessel: ××

Please be informed that these goods have been shipped from××to　××　with××

Shipment date: ××

B/L No.: ××

We herewith certify this message to be true and correct.

图 4-25　装船通知样本

十二、提货通知书

提货通知书（Delivery Notice，D/N）是船公司在卸货港的代理人向收货人或通知人（往往是收货人的货运代理人）发出的船舶预计到港时间的通知。它是船公司在卸货港的代理人根据掌握的船舶动态和装箱港的代理人寄来的提单副本或其他货运单证、资料编制的。船公司在卸货港的代理人向收货人或通知人发出提货通知书的目的在于要求收货人事先做好提货准备，以便集装箱货物抵港后能尽快疏运出港，避免货物在港口、堆场积压。提货通知书只是船公司或其代理人为使货运程序能顺利进行而发出的单证，对于这个通知发出得是否及时，以及收货人或其代理人是否能收到，承运人并不对此通知承担责任风险。作为进口商的货运代理人，为了保证进口货物代理的服务质量，应主动与船公司的代理人联系，及早获取进口货物提货通知书，便于提前做好接卸进口货物的准备。图 4-26 为提货通知书样本。

提货通知书

（Delivery Notice，D/N）

尊敬的　　　　贵公司（货运代理人）：

我方为您承运的＿＿＿＿＿＿＿＿＿＿＿＿＿＿＿＿＿＿＿＿＿＿＿＿＿＿＿＿＿＿

＿＿＿＿＿＿＿＿＿＿＿＿＿＿＿＿＿＿＿＿＿＿＿＿＿＿＿＿＿＿＿＿＿＿＿＿＿＿

将于＿＿＿＿＿＿＿＿＿＿＿＿＿＿＿＿＿＿＿＿＿＿＿＿＿＿＿＿＿＿＿＿＿＿＿＿

请贵方备好各种有效单证于＿＿＿＿＿＿＿＿＿＿＿＿＿＿＿＿＿＿＿＿＿＿＿＿＿

前来领取货物。致谢!

签　章　××船公司（代理人）

签　字：

制单　　月　　日

图 4-26　提货通知书样本

十三、提货单

提货单（Delivery Order， D/O）又称小提单。它是收货人凭正本提单或副本提单随同有效的担保向承运人或其代理人换取的，可向港口装卸部门提取货物的凭证。表 4-24 为提货单样本。

表 4-24　提货单样本

××××船舶代理有限公司

×××× Co., Ltd.

地址：××

Address: ××

Tel: ×× Fax: ××　　E-mail: ××

提　货　单

Delivery Order

制单日期：

<table>
<tr><td colspan="4" rowspan="2">收货人或代理人（中文）：</td><td colspan="3">地址/电话：</td></tr>
<tr><td colspan="3">开户行/账号：</td></tr>
<tr><td>船名：</td><td></td><td>航次：</td><td colspan="1">呼号：</td><td colspan="3">到港日期：</td></tr>
<tr><td>提单号：</td><td colspan="2">起运港：</td><td>卸货条款：F.I.O</td><td colspan="2">停靠泊位：　泊位</td><td>货物存放库（场）：</td></tr>
<tr><td>标志或唛头</td><td>货　名</td><td>件　数</td><td>包　装</td><td>重量（千克）</td><td>体积（立方米）</td><td rowspan="2">备注：中文港名</td></tr>
<tr><td>/</td><td></td><td></td><td></td><td></td><td></td></tr>
<tr><td colspan="7">收货人（代理）签收处：</td></tr>
</table>

船代公司声明：

（1）本提货单中有关船、货内容按照提单的相关显示填制。

（2）若船舶卸货于货主码头或类似的监督点，本提货单不作为放货指示，仅供报关使用。

（3）请港务公司核查本提货单内容，如发现错误之处，请及时反馈，否则本公司不承担由此生产的责任和损失。

（4）本提货单仅为向承运或承运人委托的雇佣人或替承运人保管货物订立合同的人提货的。

（5）在本提货单项下，承运人代理人和雇佣人的任何行为均应被视为代表承运人的行为，均应享受承运人享有的免责、责任限制和其他任何抗辩理由。

（6）货物不按时提取造成的损失、费用自负。

船代盖章： 签发人：

任务实施

一、任务实施的环境

2014 年 7 月 15 日，湖州天明进出口有限公司正式委托宁波港兴国际货运代理有限公司的办理货物出口相关手续。小红作为货代操作员，需要完成订舱、报关、报检等相关业务操作。

二、任务实施的步骤

集装箱班轮运输单据的完成可参考下面的步骤：

第一步：教师先介绍各单据的填制方法。

第二步：给学生一个实例，实例中尽可能包含完整的信息，并给学生提供各种空白单据。

第三步：学生根据实例完成所有单据的制作。

第四步：教师提供范例，对学生制作的单据进行点评。

三、技能训练及相关实践知识

集装箱班轮运输单据制作技能训练

【训练任务 4-3】2014 年 7 月 15 日，小李委托宁波港兴国际货运代理有限公司办理货物出口手续。国外客户要求 7 月 30 日之前必须装船发货，该批服装的尺寸和数量详细情况见表 4-25。

表 4-25 托运货物一览表

服装类型	型号	包装箱数	毛重/千克	长（米）×宽（米）×高（米）
女式皮夹克	PO 0420-4725	1 400	16 100	0.6×0.46×0.19
女式皮夹克	PO 0420-4726	800	10 000	0.7×0.49×0.19
男式皮夹克	PO 0420-4727	500	6 000	0.75×0.605×0.11
男式皮夹克	PO 0420-4728	1 000	12 000	0.73×0.59×0.11

国外客户为 World Import Co.，Inc，收货地址为 8105 Cobb Center Drive NW Kennesaw, GA，Toronto Ontario Canada，联系电话为 30152-7681。发货人为湖州天明进出口有限公司，地址为浙江湖州市创业路 318 号。于是小红在经过一系列准备工作之后，又与上海中远集装箱运输有限公司的业务员小赵进行接洽，完成了订舱工作。然后小红受湖州天明进出口有限公司委托，为该公司办理了有关报关、报检等手续。请代表上述人员分别完成出口货运委托书、订舱单、装货单、配舱回单、集装箱发放通知单、集装箱设备交接单、装箱单、出境货物报检单、报关单、提单、装船通知、提货通知、提货单等单据的制作。

【训练建议 4-3】个人独立完成。每位学生分别制作出口货运委托书、订舱单、装货单、配舱回单、集装箱发放通知单、集装箱设备交接单、装箱单、出境货物报检单、报关单、提单、装船通知、提货通知、提货单，要求必须使用英文制作。相关单据参考本单元举例图表。

【评价建议 4-3】可用集装箱班轮运输单据制作技能训练评价表（见表 4-26）对学生操作技能进行评价。

表 4-26　集装箱班轮运输单据制作技能训练评价表

学生姓名					
测评日期			测评地点		
测评内容	集装箱班轮运输单据制作				
考评标准	内　容	分值/分	自　评	互　评	师　评
	单据内容完整、无遗漏项目	50			
	中英文使用得当、必须使用英文的单据英文正确	30			
	有关缩略语使用得当	20			
合　计		100			
最终得分（自评 30%+互评 30%+师评 40%）					
说明：测评满分为 100 分，60～74 分为及格，75～84 分为良好，85 分以上为优秀。60 分以下的学生，需重新进行知识学习、任务训练，直到任务完成达到合格为止。					

归纳总结

集装箱班轮运输单据种类非常多，出现在从出口到进口的不同阶段，单据的流转也不同，因此，要完成本任务的学习，需要结合集装箱班轮出口业务流程和进口业务流程，梳理单据出现的阶段，了解制作单据的主体，了解单据的流转去向。

集装箱班轮运输单据的制作相对于铁路运输和公路运输来说要更为复杂，其原因为部分单据必须采用英文方式填写，而英文单据往往令高职学生头疼，因此，要较好地完成集装箱班轮运输单据的制作，需要加强有关英文术语的学习。

通过本任务内容的学习，作为货代操作员的你应该对集装箱班轮运输单据的制作有了一定的掌握。单据的制作正确与否，关系到出口企业、货代公司、船公司、收货人的切身利益，要真正掌握这些知识和操作技能，还要不断地思考与总结。下面提供一组思考问题，请客观地作答，并结合本任务内容，对自己的学习工作进行反思。

思考问题

一、问答题

1. 十联单通常包括哪些？每一联的作用是什么？
2. 提单的种类有哪些？什么时候使用已装船提单？什么时候使用收货待运提单？
3. 集装箱设备交接单分为几联，分别有什么用途？

二、名词解释

1. 订舱单
2. 提单
3. 装箱单

三、单选题

1. (　　) 是船舶大副编制船舶积载图的主要依据。
A. 装货联单　B. 装货清单　C. 载货清单　D. 码头收据
2. 海运提单 "收货人" 栏内显示 "TO ORDER" 表示该提单 (　　)。
A. 不可转让　B. 经背书后，可以转让
C. 不经背书即可转让　D. 可以由持有人提货
3. 按收货人抬头，提单可分为记名提单、不记名提单、指示提单。可以背书转让的提单是 (　　)。
A. 记名提单　B. 不记名提单　C. 空白提单　D. 指示提单
4. 提单记载装船港、卸船港、接货地、交货地，该提单是 (　　)。
A. 直达海运提单　B. 海海转运提单
C. 海海联运提单　D. 多式联运提单
5. 十联单中的第五联为 (　　)。
A. 集装箱货物托运单　B. 运费通知
C. 装货单　D. 配舱回单

四、单据制作题

2014 年 7 月中旬，宁波五环股份有限公司 (Ning Bo Five Rings Co., Ltd，地址为宁波市中山东路 105 号) 现有一批全棉坯布要从宁波港发往韩国釜山，收货人为奥论特克罗恩亚洲有限公司 (Orient Crown Asia Limited Corp，地址为韩国釜山市首尔路 200 号)，货物采用木质包装，共 50 包，每包重量 123.50 千克，货物总价值为 USD60730.00。现在宁波五环股份有限公司委托宁波港兴国际货运代理有限公司办理海运出口相关手续，包括订舱、报关、报检、保险等，由于该批货物数量较少，宁波港兴国际货运代理有限公司建议发货人采用拼箱方式。已知发货人和收货人所签的外贸合同中规定 CIF 交易条件，L/C 支付。请根据上述资料和宁波港兴国际货运代理有限公司所提供的运价表 (见表 4-27)、目的港收费标准 (见表 4-28) 为发货人选择目的港同行或目的港直客方式，制作出口货运委托书、订舱单、货代提单、报关单、出境货物报检单等单据，并计算运费。

表 4-27　釜山航线拼箱运价表

目的港	特别要求	港口/国家	运价	报关日/开航日	船公司	航程	仓库
BUSAN＞3RT	目的港同行	釜山/韩国	(42)	一/三，四/六	SINKO/SINOLINE	3	佳洋
BUSAN≤3RT	目的港同行	釜山/韩国	(52)	一/三，四/六	SINKO/SINOLINE	3	佳洋
BUSAN＞3RT	目的港直客	釜山/韩国	(47)	一/三，四/六	SINKO/SINOLINE	3	佳洋
BUSAN≤3RT	目的港直客	釜山/韩国	(57)	一/三，四/六	SINKO/SINOLINE	3	佳洋
BUSAN≤1RT	目的港直客	釜山/韩国	(62)	一/三，四/六	SINKO/SINOLINE	3	佳洋

表 4-28　釜山航线目的港收费标准

收费标准（DEST. LOCAL CHARGE）：DIRECT CNEE（目的港直客收货）			收费标准（DEST. LOCAL CHARGE）：CO-LOADER（目的港同行收货）		
CFS 拆箱费	6 500	KRW/RT	CFS 拆箱费	6 500	KRW/RT
THC 码头操作费	6 500	KRW/RT	THC 码头操作费	6 500	KRW/RT
WHARFAGE 港口费	335	KRW/RT	WHARFAGE 港口费	335	KRW/RT
CNTR CLEANING CHARGE 洗箱费	2 000	KRW/RT	CNTR CLEANING CHARGE 洗箱费	2 000	KRW/RT
DRAYAGE 拖车费	7 500	KRW/RT	DRAYAGE 拖车费	5 000	KRW/RT
DOC 文件费	35 000	KRW/BL	DOC 文件费	35 000	KRW/BL
BAF	16	USD/RT	BAF	16	USD/RT
CAF	2	USD/RT	CAF	2	USD/RT
SYSTEM CHARGE	5	USD/RT	D/O	20	USD/BL
D/O	70	USD/BL			

拓展提高

提单的注意事项

提单背面印定的条款规定了承运人与货方之间的权利、义务和责任豁免，是双方当事人处理争议时的主要法律依据。各航运公司的提单大都规定按承运人所在国家的法律处理。

在全式（LONGTERM）正本提单的背面，列有许多条款，其中主要有：

（1）定义条款（DEFINITION CLAUSE）——主要对“承运人”“托运人”等关系人加以限定。前者包括与托运人定有运输合同的船舶所有人，后者包括提货人、收货人、提单持有人和货物所有人。

（2）管辖权条款（JURISDICTION CLAUSE）——指出当提单发生争执时，按照法律，某法院有审理和解决案件的权利。

（3）责任期限条款（DURATION OF LIABILLITY）——规定承运人对货物灭失或损害承担赔偿责任的期间的条款。一般海运提单规定承运人的责任期限从货物装上船舶起至卸离船舶为止。集装箱提单则从承运人接受货物至交付指定收货人为止。

（4）包装和标志（PACKAGES AND MARKS）——要求托运人对货物提供妥善包装和正确清晰的标志。如因标志不清或包装不良所产生的一切费用由货方负责。

（5）运费和其他费用（FREIGHT AND OTHER CHARGES）——运费规定为预付的，应在装船时一并支付，到付的应在交货时一并支付。当船舶和货物遭受任何灭失或损失时，运费仍应照付，否则，承运人可对货物及单证行使留置权。

（6）自由转船条款（TRANSHIPMENT CLAUSE）——承运人虽签发了直达提单，但由于客观需要仍可自由转船，并不须经托运人的同意。转船费由承运人负担，但风险由托运人承担，而承运人的责任也仅限于其本身经营的船舶所完成的那段运输。

（7）错误申报（INACCURACY IN PARTICULARS FURNISHED BY SHIPPER）——承

运人有权在装运港和目的港查核托运人申报的货物数量、重量、尺码与内容，如发现与实际不符，承运人可收取运费罚款。各航运公司对罚款的规定不同。

（8）承运人责任限额（LIMIT OF LIABILITY）——规定承运人对货物灭失或损坏所造成的损失所负的赔偿限额，即每一件或每计算单位货物赔偿金额最多不超过若干金额。各航运公司规定的限额不同。

（9）共同海损（GENERAL AVERAGE-G.A.）——规定若发生共同海损，按照什么规则理算。国际上一般采用 1974 年越克—安特卫普规则理算。在我国，一些提单常规定按照 1975 年北京理算规则理算。

（10）美国条款（AMERICAN CLAUSE）——规定来往美国港口的货物运输只能适用美国 1936 年海上货运（CARRIAGE OF GOOD BY SEA ACT）运费按联邦海事委员会（FMC）登记的费率本执行，如提单条款与上述法则有抵触时，则以美国法为准。此条款也称“地区条款”（LOCAL CLAUSE）。

（11）舱面货，活动物和植物（ON DECK CARGO，LIVE ANIMALS AND PLANTS）——对这三种货物的接受、搬运、运输、保管和卸货规定，由托运人和托运人承担风险，承运人对其灭失或损坏不负责任。

（资料来源：互联网）

课外阅读

警惕货代业务中多套提单的陷阱

某贸易商从 A 工厂购进一批不锈钢材料，准备出售给非洲的一个公司。该贸易商通过一家进出口公司向 B 货代完成订舱手续，规划的运输方案为：货物先从上海海运到香港，再从香港转运至非洲，从上海至香港的一程运输由船公司签发提单，提单上的托运人是 A 工厂，收货通知人是 B 货代香港代理，从香港转运至非洲的二程运输由 B 货代香港代理出货代提单，提单上的托运人是贸易商，收货人是非洲公司。正常情况下是收回一程提单后，办理转运，并签发二程提单，但是贸易商提出由于提单在银行流转时间长，恐耽误二程转运，故请 B 货代出具一程 HOUSE 提单，去银行流转，B 货代香港代理凭船公司提单提货并办理转运。初步看来，贸易商的这一要求合情合理，为了加速货物流转，一程出一总单，再出一分单，但是这种情况下会存在风险：因为 B 货代香港代理凭船公司提单提货办理转运后，就应该出具二程提单给贸易商，此时针对一批货物同时有两套提单流在外面：一套是托运人为 A 工厂、收货人为 B 货代香港代理的一程 B 货代提单，第二套是托运人为贸易商、收货人为非洲公司的二程 B 货代香港代理提单。众所周知，提单是物权凭证，假设贸易商从国外收到钱后不去赎回一程 B 货代提单，那么 A 工厂就是一程 B 货代提单的合法持有人，他有权向 B 货代索要货物，而非洲公司因已付款赎单成为二程 B 货代香港代理提单的合法持有人，同样有权提取货物，一批货物，二张物权凭证，B 货代此时已经处于危险境地了。

（资料来源：商务培训网）

任务三　集装箱班轮运输费用的计算

知识点：集装箱班轮运输费用的构成；集装箱不同交接方式下的运费构成；拼箱货运费计算方法；包箱费的种类。

能力点：能正确地分析不同交接方式下的运费构成；能正确地计算拼箱货运费；能正确地计算整箱货运费。

任务情境

小红的出口代理工作

2014 年 7 月 16 日，经过小红仔细测算，湖州天明进出口有限公司的四种型号的服装需要装 3 个 40 英尺的集装箱。小红经过比较，选择了中远集团的班轮，请计算 CY to CY 条件下，湖州天明进出口有限公司需要支付的海运费。

任务分析

该任务是集装箱出口订舱阶段的主要工作。完成此任务需要了解集装箱班轮运输费用的构成、集装箱在不同交接方式下的运费构成；掌握拼箱货和整箱货的海运运费的共同点和区别；掌握拼箱货海运运费的计算步骤；了解包箱费的种类；掌握整箱货海运运费的计算方法。

任务实施的相关专业知识

集装箱运输费用的单位价格称为集装箱运价。国际集装箱运价不是一个简单的价格金额，而是包括费率标准、计收办法、承托双方责任、费用、风险划分等的一个综合价格体系。

由于集装箱运输打破了传统的“港口到港口”交接的传统，可以实现“门到门”的运输，使得承运人的运输路线增长，运输环节增多，运输过程中花费的成本构成也与传统运输有很大区别，而且由于以集装箱为运输单元，其计费方式也有了很大变化。

集装箱货物海运运价计算办法与普通件杂货班轮运费的计算办法一样，也是根据运价本规定的费率和计费办法计算运费，并同样也有基本运费和附加费之分。

目前集装箱货物运价基本上分为两大类：一类沿用件杂货运费计算方法，以每运吨（W/M）为计算单位，加上相应的附加费；另一类是以箱为计算单位，按航线包箱费率计算。前一类计算方法对拼箱货运输较为合适，后一类对整箱货运输较为合适。

一、集装箱班轮运输费用的构成

集装箱班轮运输费用通常有以下几种。

1. 海运运费

集装箱海运运费是指海上运输区段的费用，包括海运基本运费及各类海运附加费，是集装箱运费收入的最主要部分。它一般由集装箱运输承运人根据班轮公会或班轮公司运价本的规定，向托运人或收货人计收。

2. 港区服务费

港区服务费包括集装箱码头堆场服务费和货运站服务费。

（1）堆场服务费。堆场服务费即装船港堆场接收出口的整箱货，以及堆存和搬运至装卸桥下的费用；同样在卸船港包括在装卸桥下接收进口箱，以及将箱子搬运至堆场和堆存的费用，并包括在装卸港的单证等费用。

（2）货运站服务费。货运站服务费是指拼箱货物（LCL）经由货运站作业时的各种操作费用，包括提还空箱、装箱、拆箱、封箱、做标记，在货运站内货物的正常搬运与堆存，签发场站收据、装箱单，必要的分票、理货与积载等费用。

3. 集散运费

集装箱集散运输又称为支线运输，是对集装箱远洋干线运输而言，是国际集装箱运输的一种运输组织方式。干线集装箱船舶停靠集装箱枢纽港，通过内河和沿海支线以及公路、铁路支线网络系统集中集装箱货物，以及通过这个支线网络系统疏散干线集装箱船的集装箱货物。

经由水路和陆路集散运费分别称为水路支线运费和内陆运输费。

（1）水路支线运费。水路支线运费是指将集装箱货物由收货地经水路（内河、沿海）集散港运往集装箱堆场的集装箱运费，或由集装箱堆场经水路（内河、沿海） 集散港运往交货地的集装箱运费。

（2）内陆运输费：指经陆路（公路或铁路）将集装箱货物运往装货港口的运输费用或从卸货港将集装箱货物经陆路（公路或铁路）运往交货地之间的运输费用。

二、集装箱不同交接方式下的运费构成

1. LCL/LCL 交接方式下

FCS to FCS 运费：拼箱服务费+装船港堆场服务费+海运运费+卸船港堆场服务费+拆箱服务费。

2. FCL/FCL 交接方式下

Door to Door 运费：出口地集散运输费+装船港堆场服务费+海运运费+卸船港堆场服务费+进口地集散运输费。

Door to CY 运费：出口地集散运输费+装船港堆场服务费+海运运费+卸船港堆场服务费。

CY to CY 运费：装船港堆场服务费+海运运费+卸船港堆场服务费。

CY to Door 运费：装船港堆场服务费+海运运费+卸船港堆场服务费+进口地集散运输费。

3. LCL/FCL 交接方式下

CFS to CY 运费：拼箱服务费+装船港堆场服务费+海运运费+卸船港堆场服务费。

CFS to Door 运费：拼箱服务费+装船港堆场服务费+海运运费+卸船港堆场服务费+进口

地集散运输费。

4．FCL/LCL 交接方式下

Door to CFS 运费：出口地集散运输费+装船港堆场服务费+海运运费+卸船港堆场服务费+拆箱服务费。

CY to CFS 运费：装船港堆场服务费+海运运费+卸船港拼箱服务费+拆箱服务费。

表 4-29 表明了集装箱班轮运输中不同交接方式下费用构成。

表 4-29　集装箱班轮不同交接方式下费用结构表

交接方式	交接形态	费用结构						
		发货地集散运费	内陆或装货港货运站拼箱服务费	装货港堆场服务费	海运运费	卸货港堆场服务费	卸货港或内陆货运站拆箱服务费	收货地集散运费
Door to Door	FCL/FCL	√		√	√	√		√
Door to CY	FCL/FCL	√		√	√	√		
CY to CY	FCL/FCL			√	√	√		
CY to Door	FCL/FCL			√	√	√		√
Door to CFS	FCL/LCL	√		√	√	√	√	
CY to CFS	FCL/LCL			√	√	√	√	
CFS to CY	LCL/FCL		√	√	√	√		
CFS to Door	LCL/FCL		√	√	√	√		√
FCS to FCS	LCL/LCL		√	√	√	√	√	

三、拼箱货海运运费计算

目前，各船公司对集装箱运输的拼箱货海运运费的计算，基本上是沿用以前件杂货班轮海运运费的计算方法，其海运运费由基本运费和附加费组成。另外，在拼箱货海运运费中还要加收与集装箱货运站作业有关的费用，如拼箱服务费、困难作业费、超重或超大件作业费等。

1．基本运费

基本运费是指在正常条件之下，船公司将普通货物从装运港运至卸货港所收取的运费。

2．附加费

国际集装箱海运运费除了计收基本运费之外，也要加收各种类型的附加费。附加费是在基本运费的基础上另外加收的费用，如对一些需要特殊处理的货物所加收的费用，或者是由于应对油价上涨、政局不稳、货主需要转船或直航、集装箱不平衡、航运旺季及码头操作本身等多个原因而征收的费用。常见的附加费用包括如下一些：

（1）燃油附加费（Bunker Adjustment Factor，BAF)。它是指在燃油价格突然上涨时加收的费用。

（2）货币贬值附加费（Currency Adjustment Factor，C.A.F.)。它是指在货币贬值时，船方为实际收入不致减少，按基本运价的一定百分比加收的附加费。

（3）转船附加费（Transhipment Surcharge)。凡运往非基本港的货物，需转船运往目的港，船方收取的附加费，其中包括转船费和二程运费。

（4）直航附加费（Direct Additional）。它是指当运往非基本港的货物达到一定的货量，船公司可安排直航该港而不转船时所加收的附加费。

（5）超重附加费（Over Weight Surcharge）超长附加费（Over Length Surcharge）和超大附加费（Surcharge of Bulky Cargo）。它是指当一件货物的毛重或长度或体积超过或达到运价本规定的数值时加收的附加费。

（6）港口拥挤附加费（Port Congestion Surcharge）。它是指有些港口由于拥挤，船舶停泊时间增加而加收的附加费。

（7）选港附加费（Optional Surcharge）。它是指货方托运时尚不能确定具体卸货港，要求在预先提出的两个或两个以上港口中选择一港卸货，船方加收的附加费一般适用于整组货。

（8）变更卸货港附加费（Alternational of Destination Charge）。它是指货主要求改变货物原来的卸货港，在有关当局（如海关）准许，船方又同意的情况下所加收的附加费，一般适用于整箱货。

（9）绕航附加费（Deviation Surcharge）。它是指由于正常航道受阻不能通行，船舶必须绕道才能将货物运至目的港时，船方所加收的附加费。

（10）码头操作费（Terminal Handling Charge，THC）。THC是付给船公司的，在签单或电放时付，有的船公司自己收，有的由外代代收，货代只是代付代收。THC按起运港和目的港不同可划分为起运港码头操作费（Origin Terminal Handling Charge，OTHC）和目的港码头操作费（Destination Terminal Handling Charge，DTHC）两种。出口到美国的货物没有DTHC。

（11）旺季附加费（Peak Season Surcharge，PSS）。7、8、9月为传统旺季，因此大多数航线在旺季到来的时候会有此费用，中东航线7、8、9月都会出现爆仓的情况。

（12）战争附加费（War Risk Surcharge，WRS）。中东航线一般都有此类附加费。

（13）紧急风险附加费（Emergency Risk Surcharge，ERS）。中东和红海航线征收此类附加费，主要原因是亚丁湾海盗猖獗和中东政局不稳。

（14）紧急燃油附加费（Emergency Burker Sarcharge，EBS）。因国际原油价格上涨所以船公司会加收这个费用，属于临时性的附加费，以上海—台湾航线为例，目前的行情是RMB 1200/20GP，RMB2400/40GP，RMB40/吨。

（15）集装箱不平衡附加费（Container Inbalance Charge，CIC）。该费用产生因素如下：①世界各班轮航线货物运输的季节性变化导致货流量不平衡。西方国家通常在年初是货物运输的淡季，四五月份箱量逐渐上升，贸易额数量开始增多，到圣诞节前又会引来贸易额增多的一个小高潮。②航线两端国家或地区的贸易额不平衡。中国等东亚国家出口到欧洲的货物远多于从欧洲进口到中国等东亚地区的货物，远东北美航线也同样存在类似显著的问题。③进出口货物种类和性质的差异以及运费、装卸费标准的不同，也造成了进出口集装箱不平衡。

最近，船公司已相继开始对东南亚线征收CIC费用，但各船公司执行和启用征收CIC费用的日期不尽相同。目前一般CIC费用的征收标准为RMB 300/20GP，RMB 600/40GP。

（16）中国进口服务费（China Import Service Fee，CISF）。它是专门针对从中国出口的货物收取一定的费用。其主要是中国产品出口到欧洲的一笔附加费用，是货代在目的港代理所收的费用，这个费用可以由买方支付，也可以由卖方支付，具体还是需要进口商和出口商的协商确定，一般如果知道有这个附加费用的，都会在合同中说明。这个费用取决于目的港国家具体的政策：①欧洲国家，现在有政策规定，收取进口费，整柜的费用是固定的；②对于拼箱费用，这个费用也是固定的，但是存在加收现象；③这个费用，通常是目的港收货人支付的，由发货人支付，只适用于特别申明的情况。

（17）美国仓单系统录入费（America Manifest System，AMS）。美国海关要求启程运往美国港口的集装箱货物，其承运人必须在国外港口装货前至少 24 小时以电子方式通过美国设置的“自动舱单系统”，向美国海关提交准确完整的货物申报单。现在所收的 AMS，即自动舱单系统录入费。

3. 拼箱货海运运费计算标准

拼箱货海运运费计算标准主要包括如下六种。

（1）按货物的毛重计收，即以重量吨计收，在货物等级表中以“W”表示。

（2）按货物的体积计收，即以尺码吨计收，在货物等级表中以“M”表示。

（3）按货物的价格计收，又称从价运费。在货物等级表中以“AV”或“Ad Val”表示。一般按货物 FOB 价格的一定百分比收取。

（4）按货物的件数计收，如车辆按辆，活牲畜按头。

（5）由船、货双方议定。在货物等级表中，注有“open”字样。临时议定运价的办法，适用于运量较大、货价较低、装卸方便而快速的诸如粮食、矿石等货物的运输。临时议定的运费一般比较低。

（6）按收费高者计收，选择较高的一种作为计算运费的标准。例如，在货物等级表上注有“W/M”的，指在重量吨、尺码两种标准中，选择高的收费。表 4-30 中即为常见的货物等级表。

表 4-30　海运货物等级表

货　名	Commodities	级别（Class）	计费标准（Basis）
草，柳，薄制品	STRAW，WILLOW，RUSH PRODUCTS	5	M
各种豆	BEANS，ALL KINDS	5	W/M
麻，纸，塑料包装袋	BAGS GUNNY，PAPER，POLYPROPYLENE	5	M
塑料编织袋	PLOYPROPYIENE WOVEN BAGS	5	M
化肥	FERTILIZERS	6	W
蜡烛	CANDLE	6	M
瓷砖	TILES，　PROCELAIN	7	W
地砖	TILES，　MOSAIC	7	W
轮胎及内胎	TYRES & TUBES	7	M
洗衣粉，洗洁净	DETERGENT，LIQUID	7	M
茶叶	TEA	8	M
厨具	KITCHENWARE	8	W/M
帆布箱及格子布箱	SUITCASES，CANVAS & CHECK CLOTH	8	M
干菜，脱水蔬菜	VEGETABLE，DEHTDRATED，DRIED	8	W/M
各种罐头	CANNED GOODS，ALL KINDS	8	W/M
农具	AGRICULTURAL IMPLEMENT	8	W/M
热水袋	VACUUM FLASKS (THERMOS)	8	M

（续）

货　名	Commodities	级别（Class）	计费标准（Basis）
伞及伞骨	UMBRELLA & UMBRELLA RIBS	8	M
陶瓷器	PORCELAIN & POTTERY WARE	8	M
推车	BARROW	8	W/M
玩具（木制、铁制、长毛绒制）	TOY (WOODEN，METAL，PLUSH)	8	M
卫生洁具	SANITARY WARE	8	M
未列名玻璃器皿	GLASSWEAR，N.O.E.	8	M
洗衣皂（包括药皂）	SOAP，LAUNDRY，MIDICATED	8	M
纸制品	PAPER GOODS	8	M
竹制品	BAMAOO PRODUCTS	8	M
缝纫机及零件	MACHINE SEWING & PARTS	9	W/M
各种毛巾	COTTON TOWELS，ALL KINDS	9	M
棉布，劳动布手套	GLOVES，COTTON WORKING	9	M
棉线及棉纱	COTTON THREAD & YARN	9	M
农机及零件（包括拖拉机）	MACHINES.PARTS &ACCESORIES (INCL.TRACTORS)	9	W/M
塑料制品	PLASTIC MANUFACTURES	9	M
搪瓷器皿	ENAMEL WARE	9	W/M
童车	TRICYCLES，CHILDREN VEHICLES	9	M
未列名箱	SUITCASES，N.O.E.	9	M
未列名鞋	FOOTWEAR，N.O.E.	9	M
牙刷	TOOTH BRUSH	9	M
自行车及零件	BICYCLES & PARTS	9	W/M
灯	LAMPS，LANTERNS，N.O.E.	10	M
电冰箱	REFERIGERATOR	10	W/M
电动玩具	TOYS，ELECTRICALLY OPERATED	10	M
电缆	CABLE	10	W/M
电器，电料	ELECTRIC GOODS & MATERIALS	10	W/M
机器及零件	MACHINERY & PARTS	10	W/M
棉布及棉纱	COTTON GOOODS & PIECE GOODS	10	M
木器	WOODEN WARE	10	M
汽车及零件	MOTOR CARS，TRUCKS & PARTS，ACCESSORIES	10	W/M
千斤顶	HOISTING JACK	10	W
染料，颜料（非危险）	DYESTUFFS，PIGMENTS (N.H.)	10	M
未列名家具	FURNITURES，N.O.E.	10	M
未列名食品	PROVISIONS，N.O.E.	10	W/M
未列名手套	GLOVES，N.O.E.	10	M
文具及办公用品	SATATIONERY & OFFICE APPLIANCE	10	W/M
橡塑制品	RUBBER MARUFACTURES	10	M
小五金及工具	HARDWARE & TOOLS，N.O.E.	10	W/M
医疗设备	HOSPITAL EQUIPMENT，N.O.E.	10	W/M
油漆	PAINT	10	W/M

（续）

货　名	Commodities	级别（Class）	计费标准（Basis）
钟及零件	CLOCKS & SPARE PAPTS	10	M
人革及制品	ARTIFICIAL LEATHER &GOODS	11	M
体育及娱乐用品	SPORTS GOODS & AMUSEMENT，N.O.E.	11	W/M
洗头膏	TOILET SHAMPOO	11	M
香皂	SOAP，TOILET	11	M
牙膏	TOOTH PASTE	11	M
中药成药	MEDICINES，CHINESE PATENT (IN CASES)	11	M
半导体及零件	SEMI-CONDUCTOR & PARTS	12	W/M
绸丝，落棉	SILK NOIL TRAN，SILK NOIL	12	M
非危险化学品	CHEMICALS，NON-HAZARDOUS	12	W/M
计算机和复印机	COMPUTER & DUPLICATOR	12	W/M
计算器及打字机	MACHINES CALCULATING & TYPEWRITERS	12	M
乐器，未列名	MUSICAL INSTRUMENTS，N.O.E.	12	M
录音机、录音带	TAPE RECORDER & MAGNETIC TAPE	12	M
毛织品及呢绒	WOOLEN GOODS & PIECE GOODS	12	M
皮革及制品	LEATHER & LEATHER GOODS	12	M
皮手套	GLOVES LEATHER	12	M
皮箱	SUITCASES，LEATHER	12	M
皮鞋	FOOTWEAR LEATHER	12	M
收音机，电视机，收录机	RADIO，TELEVISION SET，RECORDER	12	W/M
铜管	COPPER PIPES	12	W/M
未列名货	CARGO，N.O.E.	12	W/M
药品（包括蜂皇精）	MEDICINES & DRUGS	12	W/M
医疗器械	MEDICAL & SURGICAL APPARATUS	12	W/M
纸（捆，卷）	PAPER，(IN BALES & REELD)	12	W
光学仪器	INSTRUMENTS OPTICAL	13	M
手表	WATCHES	15	M
羽绒及制品	FEATHER DOWN & PRODUCTS	15	M
半危险化学品	CHEMICALS，SEMI-HAZARDOUS	17	W/M
丝织品及绸缎	SILK GOODS & PIECE GOODS	17	M
危险化学品	CHEMICALS，HAZARDOUS	20	W/M

4．拼箱货海运运费计算步骤

（1）选择相关的运价本。

（2）根据货物名称，在货物分级表中查到运费计算标准（BASIS）和等级（CLASS）。

（3）在等级费率表的基本费率部分，找到相应的航线、启运港、目的港，按等级查到基本运价。

（4）再从附加费部分查出所有应收（付）的附加费项目和数额（或百分比）及货币种类。

（5）根据基本运价和附加费费率算出基本运费和附加费。

【例 4-2】某轮从上海港装运 5 吨，共计 7 立方米的文具去新加坡，已知运价表（见表 4-31），货物等级表（见表 4-30），求全部运费。

表 4-31 上海至各港口拼箱货运价表

费率 等级	香港（USD/FT）	大阪（USD/FT）	新加坡（USD/FT）	巴生港（USD/FT）	曼谷（USD/FT）	雅加达（USD/FT）
8	19	45.5	28	29	28	25
9	19.5	46	29	30	29	26
10	20	47	30	31	30	27
11	20.5	47.5	30.5	32	30.5	29
12	21	48.5	31.5	33	31	30
13	21.5	49	32.5	34	32	31
14	22	50	33.5	36	33	32
15	22.5	50.5	34	37	34	33
附加费 EBS	3	3	3	3	3	3
附加费 CIC		4	4	4	4	3

解：

1）查货物等级表得知蛋制品为 10 级，计算标准为 W/M。

2）再从上述运价表表查出 10 级货物的基本费率为 30 美元/吨。

3）因该货物体积大于重量，所以运费吨应为 7 吨。

4）另从附加费率表中查知去往新加坡 EBS 附加费每运费吨为 3 美元/吨，CIC 附加费为 4 美元/吨。

5）基本运费=30 元/吨×7 吨=210 美元。

6）附加费=3 元/吨×7 吨+4 元/吨×7 吨=49 美元。

7）总运费为 259 美元。

5．拼箱货运费计收注意要点

（1）拼箱货运费计算与船公司或其他类型的承运人承担的责任和成本费用是一致的。由于拼箱货是由货运站负责装、拆箱，承运人的责任从装箱的货运站开始到拆箱的货运站为止，接收货物前和交付货物后的责任不应包括在运费之内。装拆箱的货运站应为承运人所拥有或接受承运人委托来办理有关业务。

（2）由于拼箱货涉及不同的收货人，因而拼箱货不能接受货主提出的有关选港或变更目的港的要求，所以，在拼箱货海运运费中没有选港附加费和变更目的港附加费。

（3）拼箱货起码运费按每份提单收取，或计费时不足 1 吨或 1 立方米时按 1W/M 收费。在拼箱运输下，一个集装箱中一般装有多票货物。为保证承运人的利益，各船公司每票（提单）货物规定最低运费吨。

（4）对符合运价本中有关成组货物的规定和要求并按拼箱货托运的成组货物，一般给予运价优惠，计费时应扣除托盘本身的重量或尺码。

【例 4-3】某轮从上海港装运 6 吨，共计 4 立方米的货物去美国火奴鲁鲁，已知某货代公司提供的实际运价表见表 4-32，求全部运费。

表 4-32　上海至各港口运价表

目的港	中　文	海运费（USD）体积价/重量价	EBS+CIC（RT）	中转港	船期	船　东	航程	到付	注意事项
Busan	釜山（韩国）	（65）/电议	8	直拼	3/5/7	外运/达通/达通	3	Y	MIN2CBM
Akita△	秋田（日本）	45/50	8	Busan	3/5/7	外运/达通/达通	15	Y	MIN2CBM
Chiba△	千叶（日本）	40/50	8	Busan	3/5/7	外运/达通/达通	15	Y	MIN2CBM
Hiroshima△	广岛（日本）	25/30	8	KOBE	3/5/7	外运/达通/达通	15	Y	MIN2CBM
Honolulu (Via Bus)	火奴鲁鲁（美国）	230/235	8	Busan	3/5/7	外运/达通/达通	35	Y	
←目的港	中　文	海运费（USD）	CISF（RT）	中转港	船期	船　东	航程	到付	注意事项
London＞3RT	伦敦（英国）	（134）/（129）	70	FLX	5/7	CSCL/MSK	34	Y	
London≤3RT	伦敦（英国）	（144）/（139）	70	FLX	5/7	CSCL/MSK	34	Y	
Birmingham＞3RT	伯明翰（英国）	（134）/（129）	70	FLX	5/7	CSCL/MSK	36	Y	
Birmingham≤3RT	伯明翰（英国）	（144）/（139）	70	FLX	5/7	CSCL/MSK	36	Y	

备注：

按货物实际体积（立方米）×体积单价，或者按货物重量（吨）× 重量单价，两者以大计算。

RT：英文全称 REVENUE TON，是拼箱的一种计费单位，为立方和吨取大值。

日本偏港直拼增收文件费、装箱费和 THC。

韩国线釜山、仁川自开航日 2010 年 10 月 27 日起货物唛头需有“MADE IN CHINA”字样。

火奴鲁鲁经釜山中转需另加收 AMS＄25/BL 和 DDC＄70/BL。

日基港中转的日本偏港重量＞1TON OR 体积＞5CMB 运费 CASE BY CASE。

MIN2CBM 表示货物起码超过 2 立方米。

解：该运价表为某货代公司提供的实际运价表，在该运价表中所显示的运价并不考虑货物等级，而是所有货物的运价一样，因此：

（1）在上述运价表中，由于存在体积价和重量价，先根据体积算出基本运费=230 美元/立方米×4 立方米=920 美元，根据重量算出基本运费=235 美元/吨×6 吨=1 410 美元，根据备注，取大值为 1 410 美元。

（2）根据上述运价表得知，货物需要经釜山中转加收 AMS＄25/BL 和 DDC＄70/BL，共计 95 美元。附加费 EBS 和 CIC 共计 6 吨×8 美元/吨=48 美元。

（3）总运费为 1 553 美元。

四、整箱货海运运费计算

对于整箱托运的集装箱货物运费的计收：一种方法是同拼箱货一样，按实际运费吨计费；另一种方法，也是目前采用较为普遍的方法，根据集装箱的类型按箱计收运费。

包箱费率（Commodity Box Rates，CBR）是各公司根据自身情况，按集装箱的类型制订的不同航线的包干运价，既包括集装箱海上运输费用，也包括在装、卸船港码头的费用。

包箱费率可分为两类，货物（或商品）包箱费率和均一包箱费率。前者是按货物的类别、级别和不同箱型规定的包箱费率，后者则不论货物的类别（危险品、冷藏货除外），只按箱型规定的包箱费率。后者费率定得较低，体现了船公司对货主托运整箱货的优惠，是各公司吸引集装箱货源的重要手段之一。

1．FAK 包箱费率（Freight for All Kinds）

这种包箱费率是对每一集装箱内所装的货物，不细分其箱内货物的货类级别和货量，只按箱型统一规定的费率计费。它的原则是集装箱内装运什么货物与应收的运费无关，是承运人将预计的总成本分摊到每个所要运送的集装箱上所得出的基本的平均费率。

采用这种运价形式，对于低价值商品的货主来讲可能难以接受。例如，对托运啤酒和洋酒的货主统一收取同样的运价，尽管洋酒的货主对此并不在意，但啤酒的货主则会拒绝接受这种状况。尽管如此，目前我们在互联网上查找到的海运集装箱运价基本还是属于这种类型的运价。表 4-33 即为宁波港口某货代公司 FAK 包箱费率表。

表 4-33　宁波港口某货代公司整箱货价格表

近洋	Ex Ningbo						
	20'	40'	40'HC	承运人	操作的频率	预计航程	路线
Kobe	80/160/160			宁波远洋	2 截 3 开	3	直运
	10/20/20			海丰	2/3 5/6	3	
	40/80/80			中海	5 截 6 开	4	直运
Osaka	35/70/70			宁波远洋	2 截 3 开/5 截 6 开	4	直运
	15/30/30			山东海丰	5 截 6 开	4	直运
	40/80/80			中海	5 截 6 开	4	
	100/200/200			cosco	5 截 6 开	4	直运
	20/40/40			中外运	5 截 6 开	3	直运
Moji	50/100/100			海丰	6 截 7 开	3	直运
	30/60/60			达通	2/3 4/5 6/1	5	釜山转
	50/100/100			CK	5 截 6 开	3	直运
nagoya	30/60/60			中海	7 截 1 开		
	40/80/80			山东海丰	6 截 1 开	6	直运
Yokohama	80/160/160			中外运	3 截 4 开/5/6 6 截 1 开		
	30/60/60			中海	7 截 1 开	5/4	直运
	25/50/50			中海	3 截 4 开		
Tokyo	80/160/160			宁波远洋	4 截 52 期　5/6/6 截 1 开	4/5	直运
	100/200/200			COSCO	4/5 和 5/6	6	直运
				中外运	3 截 4 开　6/1	5/4	直运
	30/60/6040/80/80			CSCL	7/1 3 截 4 开	5/4	直运
	120/240/240			山东海丰	4/5 5/7	5	直运

以上日本港口需另加 BAF：USD240/480，YAS: USD30/45，EBS: USD60/120

2. FCS 包箱费率（Freight for Class）

这种费率是按不同货物种类和等级制订的包箱费率。在这种费率下，一般将货物分为普通货物、非危险化学品、半危险货物、危险货物和冷藏货物等几大类，其中普通货物与件杂货一样为 1～20 个等级，各公司运价本中按货物种类、级别和箱型规定包箱费率。但集装箱货的费率级差要大大小于件杂货费率级差。一般来讲，等级低的低价货费率要高于传统件杂货费率，等级高的高价货费率要低于传统费率，同等级的货物按重量吨计费的运价高于按体积吨计费的运价。这也反映了船公司鼓励货主托运高价货和体积货。

使用这种费率计算运费时，先要根据货名查到等级，然后按货物大类等级、交接方式和集装箱尺度查表，即可得到每只集装箱相应的运费。

这种费率属于货物（或商品）包箱费率。中远运价本中，在中国一澳大利亚和中国一新西兰航线上采用这种费率形式。

3. FCB 包箱费率（Freight for Class and Basis）

FCB 包箱费率是指按不同货物的类别、等级（Class）及计算标准（Basis）制订的包箱费率。在这种费率下，即使是装有同种货物的整箱货，当用“重量吨”或“体积吨”为计算单位（或标准）时，其包箱费率也是不同的。这是 FCB 包箱费率与 FCS 包箱费率的主要区别之处。

使用这种费率计算运费时，首先不仅要查清货物的类别等级，还要查明货物应按体积还是重量作为计算单位，然后按等级、计算标准及交接方式、集装箱类别查到每只集装箱的运费。这种费率也属于货物（或商品）的包箱费率。中远运价本中在中国一卡拉奇等航线上采用这种费率形式。

任务实施

一、任务实施的环境

2014 年 7 月 16 日，经过小红仔细测算，湖州天明进出口有限公司的四种型号的服装需要装 3 个 40 英尺的集装箱，目的港为加拿大多伦多。2014 年 7 月 17 日，杭州亮丽展示设备有限公司又委托宁波港兴国际货运代理有限公司出口 100 箱线钩标签，总体积为 3.45 立方米，总毛重为 2.02 吨，货物目的地为越南胡志明市，该货物由于量少，需要拼箱。

二、任务实施的步骤

工作任务的班轮运输费用的核算完成可参考下面的步骤：

第一步：区分整箱货还是拼箱货。

第二步：对整箱货，按每箱计算基本运费和附加费；对拼箱货，按每运费吨基本运费和附加费。

三、技能训练及相关实践知识

集装箱班轮运输费用技能训练

【训练任务 4-4】 2014 年 7 月 16 日，经过小红仔细测算，湖州天明进出口有限公司的四种型号的服装需要装 3 个 40 英尺的集装箱。小红经过比较，选择了中远集团的班轮，请计算 CY-CY 条件下，湖州天明进出口有限公司需要支付的海运费是多少，代理费是多少。已知宁波至多伦多整箱货海运运价及海运代理费见表 4-34 和表 4-35。

表 4-34　宁波至多伦多整箱货海运运价表

	20 英尺普通箱 20'GP	40 英尺普通箱 40'GP	40 英尺高柜 40'HQ	45 英尺高柜 45' HQ	承运人 Carrier	船期 Frequency	截关日 T/T Days	航线 Routing
多伦多/蒙特利尔（Toronto/Montreal）	3 300	4 150	4 200	4 812	ZIM	5 截/7 开	22	（经温哥华中转）Via Van
	3 325	4 150	4 250		CSCL	6 截 1 开	28	Via Van
	2 950	4 000	4 100		CMA	4 截 5 开	26	Via Van
	2 950	4 000	4 100		MSC	7 截/2 开	50	Via Van
	2 950	3 600	3 700		COSCO	5 截/7 开	23	Via Van
	2 950	4 000	4 100		EMC	4 截 6 开	24	Via Van
	3 380	4 300	4 400		HAPL	1 截/3 开	23	Via Van
注（Remarks）：	1．费用包含目的地交货费（DDC），燃油附加费（BC），巴拿马通行费（Panama Channel Surcharge） Rates are inclusive of DDC,BC,Panama Channel Surcharge							
	2．针对纺织品和服装，20 英尺每箱加收 75 美元，40 英尺每箱加收 100 美元 For shpt of Garments&Textiles, additional$75/20'$100/40'HC							
	3．每单 25 美元自动舱单系统录入费 Rates are subject to AMS Fee $25/BL							
	4．除 MSC,CSCL,LYKES 船公司外，其他船公司需支付 115 元人民币的本地文件费 Rates are subject to local DOC Fee RMB115 except MSC,CSCL,LYKES							
	执行起始时间：2014 年 3 月 13 日零时起-码头重箱进场时间							

表 4-35　海运代理费一览表

代理费类别	20GP（RMB）	40GP/HQ（RMB）
港务港建费（THC）	470	760
定　舱　费	260	350
报　关　费	100	100
安　保　费	20	30
单证综合费	20	40
文　件　费	200	200
EDI 信息费	20	20
拖　车　费	另计	另计

【训练任务 4-5】2014 年 7 月 17 日，杭州亮丽展示设备有限公司委托宁波港兴国际货运代理有限公司出口 100 箱线钩标签，每箱尺寸为 0.46 米×0.25 米×0.30 米，每箱毛重为 20.2 千克，货物目的地为越南胡志明市，该货物由于量少，需要拼箱。宁波港兴国际货运代理有限公司的拼箱货运价和目的港附加费见表 4-36 和表 4-37。

表 4-36　宁波至胡志明拼箱货海运运价表

目的港	特别要求	港口/国家	中转港	运价（体积价/重量价）	报关日/开航日	船公司	航程	仓库
HO CHI MINH (NEW)	同行收货人，不固定直拼	胡志明（新港）/越南	***	15	五/三	MCC	14	大港
HO CHI MINH (NEW)	直客收货人，不固定直拼	胡志明（新港）/越南	***	17	五/三	MCC	14	大港
HO CHI MINH (CAT LAI)	同行收货人	胡志明（老港）/越南	***	18/23	一/四，五/二	SITC/ZIM	7	大港
HO CHI MINH (CAT LAI)	直客收货人	胡志明（老港）/越南	***	23/28	一/四，五/二	SITC/ZIM	7	大港

另外还征收目的港附加费如下：

表 4-37　宁波至胡志明目的港附加费一览表

	收费标准（目的港直客收货）			收费标准（目的港同行收货）		
胡志明港	THC 码头操作费	8	USD/RT	THC 码头操作费	5	USD/RT
	CFS 拆箱费	22	USD/RT	CFS 拆箱费	15	USD/RT
	CIC 集装箱平衡附加费	5	USD/RT	CIC 集装箱平衡附加费	2	USD/RT
	D/O 换单费	25	USD/BL	D/O 换单费	25	USD/BL
	H/F 代理费	25	USD/BL			

请计算杭州亮丽展示设备有限公司作为直客，应支付给宁波港兴国际货运代理有限公司的总费用，并根据总费用选出所对应的最优航线、船期。

【训练建议 4-5】个人独立完成。

【评价建议 4-5】可用集装箱班轮运输费用计算技能训练评价表（见表 4-38）对学生操作技能进行评价。

表 4-38　集装箱班轮运输费用计算技能训练评价表

学生姓名					
测评日期		测评地点			
测评内容	集装箱班轮运输费用计算				
考评标准	内　容	分值/分	自　评	互　评	师　评
	计费重量计算正确	20			
	运费计算正确	40			
	附加费计算正确	40			
合　计		100			
最终得分（自评 30%+互评 30%+师评 40%）					

说明：测评满分为 100 分，60～74 分为及格，75～84 分为良好，85 分以上为优秀。60 分以下的学生，需重新进行知识学习、任务训练，直到任务完成达到合格为止。

归纳总结

集装箱班轮运输费用的计算是国际海运中最关键的环节之一，关系到船公司、货代公司的经济效益，同时也关系到发货人、收货人的运输成本。集装箱班轮运输费用的计算首先要了解集装箱班轮运输费用的构成，掌握集装箱在不同交接方式下运费的组成；其次，要区分拼箱货和整箱货在运费计算的共同点和区别。也就是说，整箱货和拼箱货的运费都是由基本运费和附加费组成，附加费的种类无太大区别，但是拼箱货是以“吨”为单位进行计算的，而整箱货是以“箱”为单位进行计算的。

通过本任务内容的学习，作为货代操作员的你应该对整箱货和拼箱货的海运运费计算有了一定的了解。要真正掌握这些知识和操作技能，还要不断地思考与总结。下面提供一组思考问题，请认真地作答，并结合本任务内容，对自己的学习工作进行反思。

思考问题

一、问答题

1. 请描述集装箱不同交接方式下的运费构成。
2. 拼箱货和整箱货在海运运费计算上有哪些相同点、哪些不同点？
3. 请描述拼箱货海运运费的计算步骤。

二、名词解释

1. 燃油附加费
2. FAK 包箱费率
3. 集装箱不平衡附加费

三、单选题

1. (　　) 的“租金”常称为运费，运费按货物的数量及双方商定的费率计收。

A. 光船租船　　B. 包运租船
C. 航次租船　　D. 定期租船

2. 班轮运费包括(　　)。

A. 港口费和海运费　　B. 基本运费和附加费
C. 运价指数和包干运费　　D. 海运费和运杂费

3. 用班轮运输货物，在规定运费计收标准时，如果采用“A.V”的规定办法，则表示(　　)。

A. 按货物的毛重　　B. 按货物的体积
C. 按货物的件数计收　　D. 按货物的价值计收

4. 拼箱货运费中的计算标准“W/M”是指(　　)。

A. 仅指重量吨　　B. 仅指指尺码吨
C. 重量吨与尺码吨之大者　　D. 重量吨与尺码吨之和

5. 不细分其箱内货物的货类级别和货量，只按箱型统一规定的费率计费的包箱费为（　　）。

A. FAK 包箱费率　　B. FCS 包箱费率

C. FCB 包箱费率

四、计算题

1. 某轮从上海港装运 10 吨，共计 11 立方米的蛋制品去英国普利茅斯港，要求直航，已知从货物分级表知蛋制品为 12 级，计算标准为 W/M，12 级货物的基本费率为 116 元/吨；直航附加费每运费吨为 18 元，燃油附加费 35%。求全部运费。

2. 某出口企业委托货代公司出口 2 个 20 英尺的集装箱货物从宁波至日本东京，请计算全部运费。（已知该货代公司的运价表见表 4-34 所示）

拓展提高

租船运输费用的规定

根据本单元前面介绍的内容，租船运输包括航次租船、定期租船、光船租船、包运租船、航次期租等几种类型。航次租船的租船人向船东支付的是“运费”，不称租金。而定期租船中租船人为使用船舶而付给船舶所有人的费用称为租金。

1. 航次租船的运费

在航次租船合同中，经常使用以下两种计算运费的方法。

（1）确定一个运费费率，即每吨或每立方米货物××金额。如果有两个以上的装货港或卸货港，则按港口分别列出费率，或者规定某一基本费率，然后列出每增加一个装港或卸港再加一个附加费率。用运费费率乘以货物数量即为运费的数额。

货物数量的计算标准有两个：一种是按装入量计算；另一种是按卸出量计算。多数情况下，装入量比卸出量大。这种情况可能是由于货物运输途中的自然损耗所致或者是由于某些散装货残存舱底不易卸出所致。但有些货物的卸出量可能比装入量大，如磷灰石和木材等。

（2）整船包价运费（包干运费），即合同中不规定运费费率，而仅规定一整额运费，不论实际装货数量多少，租船人都得按包价照付。

另外，在航次租船中，对货物装卸费用的划分，也有如下几种不同类型：

（1）班轮条件（Liner Terms，or Gross Terms），指由船东负担货物的装卸费用。

（2）船东不负责装卸费用（Free In and Out-F.I.O.），指由租船人负担货物的装卸费用。为了明确理舱，平舱费用的承担，在 F.I.O.后面加上 Stowed and trimmed（F.I.O.S.T.）表示理舱、平舱费用亦由租船人承担。

（3）船东不负担装货费用（Free in-F.I.），有时更明确地表达为船东不负担装货费用，但负担卸货费用（Free ln.Liner Out）。

（4）船东不负担卸货费用（Free Out-F.O.），有时更明确地表达为船东负担装货费用，但不负担卸货费用（Liner In，Free Out）。

2. 定期租船的租金

在定期租船中，租金的支付方式也有两种：一是租船人按每天××金额支付租金；二是按照××米夏季干舷时的船舶总载重量以每吨××金额支付。租金率取决于船舶的装载能力和租期的长短。

课外阅读

煤炭海运商：停船等死跑船找死

（2013年7月）随着我国煤炭行业产能过剩需求低迷、价格不断触底等因素的影响，煤炭行业的低迷一直在持续，煤炭市场由卖方市场转变为买方市场，煤炭的交易日益变得冷清，整个行业的不景气也连累到了专门从事煤炭运输的海运商。

据了解，煤炭商的总成本中，运输成本会占一半。在煤炭行业红火的年代，煤炭运输价格一直居高不下。有人曾经形象地描述称，“煤炭行业红火时，1万吨的煤炭船跑一趟能挣一辆保时捷，5 000吨的船跑一趟能挣一辆奥迪。”在浙江某地区，2007年跑煤炭运输曾经是当地的黄金行业，在财富效应的感召下，许多农民、教师甚至做服装、鞋子、螺钉螺母的企业都开始造船，某企业负责人说道：“造价高达6 000万元的船，跑一年就能回本，造的船越大，拉的货越多，赚钱的速度就越快，钱从没这么好赚过。”

如今，整个煤炭行业不景气，致使专门从事煤炭运输的海运商也没了生意，煤炭运输的主动权也转移到了煤炭商的手中，运费也从最高时的160元/吨降到了30元/吨，30元/吨的运价使得众多的海运商根本无法赚回成本，如此低廉的运价成为海运商不得不面对的难题，“停船等死、跑船找死。”这就是煤炭运输行业当下的真实写照。

（资料来源：新华网）

任务四　集装箱班轮运输流程操作

知识点：货代公司向船公司订舱要领；出口报检作业流程；出口报关作业流程；集装箱提单与普通提单的区别；集装箱班轮进口业务流程。

能力点：根据集装箱班轮出口业务流程和进口流程，按照不同的角色，分别进行模拟。

任务情境

湖州天明进出口有限公司的国际海运业务

2014年7月15日，湖州天明进出口有限公司外贸业务员小李联系了宁波港兴国际货运代理有限公司的小红，正式告知小红，湖州天明进出口有限公司要发往加拿大多伦多的一批服装，委托小红所在公司办理出口相关手续。2014 年 8 月 1 日，货物装船完毕，8 月 2 日，船舶驶离宁波港口。8 月 20 日，宁波港兴国际货运代理有限公司加拿大分公司收到中远集装箱船公司发来的船舶即将抵达多伦多港的到货通知。

任务分析

该任务是集装箱班轮运输的整个业务环节的学习。完成此任务需要首先仔细梳理出口和进口中的每一个环节；了解每一个环节中的角色和出现的单据；熟悉相关单据的填制。

任务实施的相关专业知识

一、集装箱班轮出口业务流程模拟

1. 出口企业委托

出口企业在办理货物出口时，一般委托货代公司订舱（在 CIF 或 CFR 交易条件下，需要由出口方负责订舱，FOB 交易条件下由进口方负责订舱）。在货、证齐备后，出口企业填制出口货运委托书，随附商业发票、装箱单等其他必要单据，委托货代代为订舱，有时还委托其代理报关及货物储运等事宜。

2. 货代公司接受委托并制作订舱单向船公司订舱

接到出口企业委托后，货代公司首先应以下几方面确认，包括：该单位在出口地海关备案（年审）情况；报关单据是否齐备（全套报关单据有委托报关协议、出口货物报关单、装箱单、商业发票、合同、预录入单、出口收汇核销单及海关监管条件涉及的各种证件）；海关监管条件中所要求的各种证件是否齐备；该票货物配哪种集装箱；有无特殊要求等内容。

然后，货代公司缮制集装箱货物订舱单，随同商业发票、装箱单等其他必要单证一同向船公司或船代办理订舱，取得船名、航次、提单号、装箱点、集港时间、地点等信息。为了便于查阅及备案，通常采用书面形式订舱，订舱单包括发货人（Shipper）、收货人（Consignee）、通知人（Notify）、装港、卸港、目的地、货名、唛头、件数、重量、尺码、运费付款方式、箱型箱量等内容，也可称为托运单（通常为十联单）。

3. 船公司或船代确认订舱

船公司或船舶代理人在接受订舱后，即给出预配的船名、航次、提单号，并在装货单（Shipping Order，S/O，第 5 联）上签字盖章以示确认，并将装货单、配舱回单（第 10 联）等与出口企业有关的单据（第 5 联至第 10 联）退还货代公司，货代公司再将第 8 联自己留底，第 5、6、7 联留作报关之用，将第 9 联、第 10 联配舱回单退回给出口企业。船公司或船舶代理人留下第 2、3、4 联，根据第 2 联船代留底缮制装货清单、预配清单、预配船图、货物舱单等送到码头供收货和装船之用。

4. 报检

发货人或其货运代理人依照国家有关法规并根据商品特性，在规定的期限之内填好申报单，分别向商检、卫生检验、动植物检验等口岸监管检验部门申报检验。经监管检验部门审核或查验，视不同情况分别予以免检放行或经查验、处理后出具有关证书放行。如果托运危险品，还需凭危险品清单、危险品性能说明书、危险品包装证书、危险品装箱说明书、危险品准装申报单等文件向港务监督办理申报手续。

出口报检的作业流程如下：

（1）接单。报检操作人员接到客户或内部转来的单据后，在专门的登记簿上登记，有特殊要求的应注明，并询问出口的大致日期，出口运输方式是否需要出具检疫部门的证书等。

（2）审单。报检操作人员首先要核对出口报检单据是否齐全。单据有：发票（见图 4-27）、装箱单、合同、报检委托书及有特殊要求的其他单据。例如，使用信用证结汇的须提供信用证复印件；货物外包装是纸箱、塑编袋、网袋、桶包装的涉及食品安全卫生标示的，必须提供“出境货物运输包装性能检验结果单”正本；出口换证商品必须提供“出境货物换证凭单”正本；出口安全质量许可、食品卫生监督等管理范围之内的商品，必须提供生产厂家的两证管理编号以及厂检合格单等；出口熏蒸货物必须提供场站入货通知书，并且确认货物存放于场站熏蒸区。部分货物还需要提供原产地证书（见图 4-28）。

HUZHOU DAYBREAK IMP AND EXP CO.,LTD

No.318 CHUANGYE ROAD, HUZHOU, ZHEJIANG, CHINA POSTCODE:313000

COMMERCIAL INVOICE

TO:

WORLD IMPORT CO INC.
8105 COBB CENTER DRIVE NW KENNESAW,GA
30152-7681

发票号码
Invoice No. 68007DK004
售货合约号
Contract No
发票日期
Date JUN. 18, 2007

From SHANGHAI SEAPORT,CHINA　To TORONTO,ONTARIO,CANADA　L/C No C883946

Issued By SUNTRUST BANK,ATLANTA(FORMERLY TRUST COMPANY BANK,ATLANTA)

唛头及号码 Marks & Numbers	数量及品名 Quantities and Descriptions		单价 Unit Price	总价 Amount
PO#			FOB SHANGHAI SEAPORT,CHINA	
DESC: QTY: GW:KGS/NW:KGS MEAS: MADE IN CHINA	WOMENS PATCH LEATHER JACKET PO 0420-4725 STYLE 702L	8,400 Pieces	USD7.05	USD59,220.00
	WOMENS PATCH LEATHER JACKET PO 0420-4726 STYLE 702LP	4,800 Pieces	USD7.75	USD37,200.00
	MENS PATCH LEATHER JACKET PO 0420-4727 STYLE 720BLKA	3,000 Pieces	USD7.35	USD22,050.00
	MENS PATCH LEATHER JACKET PO 0420-4728 STYLE 720BLKB	6,000 Pieces	USD7.35	USD44,100.00
			TOTAL:	USD162,570.00
	Total Quantity: 22200 Pieces		Total Value:	USD162,570.00

图 4-27　商业发票样本

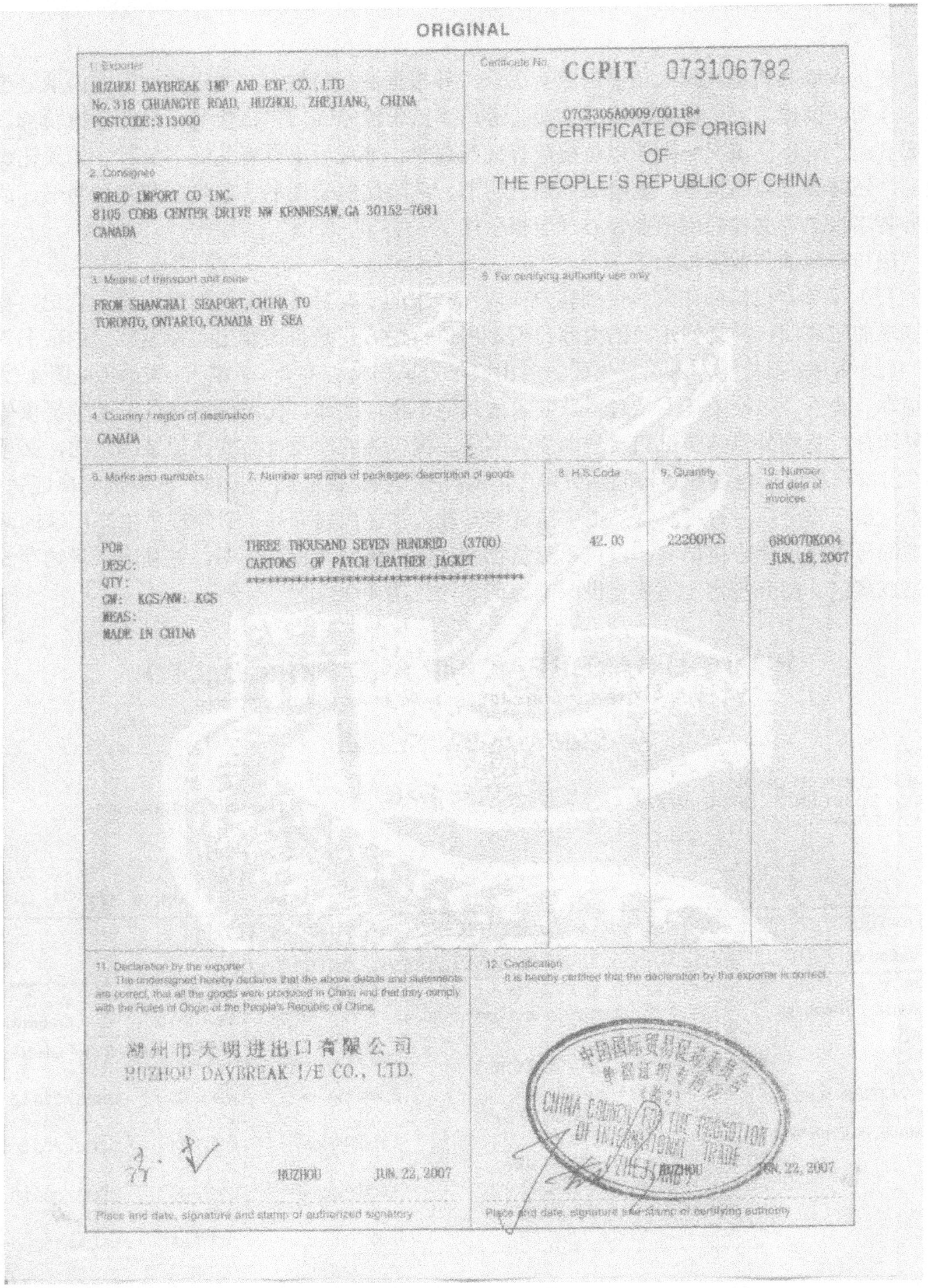

ORIGINAL

1. Exporter HUZHOU DAYBREAK IMP AND EXP CO., LTD No.318 CHUANGYE ROAD, HUZHOU, ZHEJIANG, CHINA POSTCODE:313000	Certificate No. CCPIT 073106782 07C3305A0009/00118* CERTIFICATE OF ORIGIN OF THE PEOPLE' S REPUBLIC OF CHINA
2. Consignee WORLD IMPORT CO INC. 8105 COBB CENTER DRIVE NW KENNESAW, GA 30152-7681 CANADA	
3. Means of transport and route FROM SHANGHAI SEAPORT, CHINA TO TORONTO, ONTARIO, CANADA BY SEA	5. For certifying authority use only
4. Country / region of destination CANADA	

6. Marks and numbers	7. Number and kind of packages; description of goods	8. H.S.Code	9. Quantity	10. Number and date of invoices
POR DESC: QTY: GW: KGS/NW: KGS MEAS: MADE IN CHINA	THREE THOUSAND SEVEN HUNDRED (3700) CARTONS OF PATCH LEATHER JACKET **************************************	42.03	22200PCS	680070K004 JUN. 18, 2007

11. Declaration by the exporter The undersigned hereby declares that the above details and statements are correct, that all the goods were produced in China and that they comply with the Rules of Origin of the People's Republic of China. 湖州市大明进出口有限公司 HUZHOU DAYBREAK I/E CO., LTD. HUZHOU JUN. 22, 2007 Place and date, signature and stamp of authorized signatory	12. Certification It is hereby certified that the declaration by the exporter is correct. HUZHOU JUN. 22, 2007 Place and date, signature and stamp of certifying authority

图 4-28 原产地证书样本

（3）预录入。出口单据审核完毕后，货代操作员使用相关单证系统对单据进行预录入。预录入过程中，可以根据系统提示制单，并且可以根据系统对商品编码的要求最终确认所需单据是否齐全。

在制单过程中出现计量单位与海关的计量单位冲突时，第一计量单位按商检规定的计量单位输入，第二计量单位按海关的规定输入。

在制单预录入的过程中如果出现问题，货代操作员应及时与客户或报检操作人员联系。

一般在预录入后台系统自动生成预录入报检编号后，货代操作员打印报检出境货物报检单，交给报检员。

（4）申报。报检员在接到全套申报单据发票、装箱单、合同、报检委托书、有特殊要求的其他单据后，在报验申请单上填写随附单据并注明，报检员签名。

到报检前台申报，随时解答商检官员对商品的提问，报检员必须对所申报商品及客户情况有所了解。

申报完成，报检员根据申报货物的不同，将申报单据转往各个科室，并且根据各个科室的不同要求对单据进行登记。

（5）验货。申报完毕的单据，报检员要及时联系客户验货，到检疫局科室预约验货时间并告知客户，验货完毕后将单据转回各科室。

（6）放行。出口验货后，报检员到科室将验货单据找出，根据科室要求不同填写验货单据交科室主管人员签字，并在计算机中过机放行。

1）货代操作员到计费处计费，然后到商检财务缴纳检疫费。

2）货代操作员打印“出口货物通关单”，如果需要出具检疫部门证书的，还需在单据中注明，以便日后出具检疫证书。

3）放行后，货代操作员将通关单交给报检操作人员或报关人员签收。

（7）下账。报检员将出口通关单及商检发票交给报检操作人员，报检操作人员将其复印登记留底，并注明公司编号；正本通关单交给报关员报关使用。

5. 提取空箱

对于整箱货所需的空箱，通常在船公司或船舶代理人接受订舱委托后，船公司或船舶代理人会向出口企业或其货运代理人，发放空箱提箱单（又称为集装箱发放通知单，Container Release Order）和集装箱设备交接单（Equipment Interchange Receipt，EIR）。出口企业或其货运代理人凭提箱单和集装箱设备交接单到集装箱堆场或内陆集装箱站提取空箱，以备装货。对于拼箱货所需的空箱，一般是由货代公司负责领取空箱。不论由哪一方提取空箱，都必须事先缮制出场设备交接单。提取空箱时，出口企业或其货运代理人必须向集装箱堆场或内陆集装箱站提交空箱提交单，并在集装箱堆场或内陆集装箱站的检查桥或门卫处，由双方在集装箱设备交接单上签字交接，并各执一份。

6. 装箱

集装箱的装箱地点根据整箱货和拼箱货的不同，主要有以下两种。

（1）拖装（产地装箱）。由车队派车将空箱运至出口企业指定的地点，出口企业将货物装箱后，再由车队将集装箱运至码头堆场。这种方式一般适合于整箱货出口。

（2）内装（货代仓库装箱）。出口企业用自己的车，把货物送到货代公司指定的仓库（也就是集装箱货运站），由货代公司安排装箱，称为内装，装箱完毕后，货代公司联系车队将集装箱运至码头堆场。

货物装箱完毕即刻封箱，同时制作装箱单，拖装一般由货主制作装箱单，内装一般由货代仓库制作装箱单。

7．集装箱集港

在装箱完毕后，对于整箱货，可以由出口企业自行将集装箱送至装货港集装箱码头堆场，也可以由货代公司安排运输车队送至装货港集装箱码头堆场；对于拼箱货，一般由货代公司安排运输车队送至装货港集装箱码头堆场。

在将集装箱送至装货港集装箱码头堆场时，车队应该凭场站收据、装箱单和集装箱设备交接单到指定码头堆场交付重箱并办理进场集装箱交接。码头堆场凭场站收据、装箱单和集装箱设备交接单收取重箱并办理进场集装箱交接，交接时，交接双方应当检查箱号、箱体和封志。交接双方检查箱号、箱体和封志后，应作记录，并共同签字确认。同时，在场站收据正本（第7联）上签字盖章，返还给车队，由车队转交给出口企业或货代公司。

8．报关

报关程序是指进出口货物收货人、发货人、运输工具负责人、物品所有人或其代理人按照海关的规定，办理货物、物品、运输工具进出境及相关海关事务的手续和步骤。一般报关程序：委托申报→接受申报→审核单证及查验货物→办理征税→结关放行。

（1）委托申报。在办理报关手续前，先由出口企业给货代公司提供报关所需单据，包括合同、装箱单、商业发票、预录入单、核销单、报关委托书以及其他根据货物出口所受海关监管条件限制必须提供的证件（如出口许可证、配额证、商检通关单等）。然后由货代公司报关员制作报关单，随附装货单等（10联单中第5、6、7联）向海关申报或再委托专业报关行进行申报。

（2）接受申报。报关行到海关预录入中心预录入货物信息，进行电子申报。电子申报的货物信息会通过海关内部系统传输给海关审单中心，审单中心审核通过后（人工审单/电子审单），报关行再将报关单及随附单证递交给海关书面审核。

（3）审核单证及查验货物。如在海关审单过程中发现有问题，将送查验科查验。现场查验后，决定是否放行。审核通过后，海关在出口货物装货单上签盖海关“放行章”，同时海关也将计算机中确认放行，使该货物可以通过电子闸门。

（4）办理征税。海关审完单后，核对计算机系统计算的税费，开具税款缴费书和收费票据，出口企业或其代理人在规定时间内，持缴款书或收费票据向指定银行办理税费交付手续；在试行中国电子口岸网上缴税和付费的海关，出口企业或其代理人可以通过电子口岸接收海关发出的税款缴款书和收费票据，在网上向签有协议的银行进行电子支付税费。一旦收到银行缴款成功的信息，即可报请海关办理货物放行手续。

9．装船

报关完成后，船公司即可按照事先制订的装货清单制订装船计划，然后根据装船计划进行装船。

10．换取提单

在集装箱运输中，集装箱送至集装箱码头堆场后，由集装箱码头堆场签发场站收据以后，将装货单联留下作结算费用和今后查询之用，而将大副收据联交理货人员送船上大副留存。货运代理人收到签署后的场站收据正本，到船公司或其代理人处，交付预付运费，要求换取提单。船公司还要确认在场站收据上是否有批注，然后在已编制好的提单上签字。

集装箱提单（Combined Transport Bill of Lading）内容上与传统海运提单略有不同，应分别注明收货地点、交货地点、集装箱号和铅封号。因为集装箱运输有其特殊性，那就是货物的交接一般不在船边，故场站收据换来的提单大多是备运（待装）提单。根据《跟单信用证统一惯例》，除信用证另有规定外，备运（待装）提单银行可以接受，若要将备运（待装）提单转化为已装船提单，必须在提单上打上船名及“已装船”批注，并经承运人或其代理人签章和加注日期。因此，目前常见的用于集装箱运输的提单，除正面明确表示“Received in apparent good order and condition…”外，还在正面下端设有“Laden on Board the Vessel”装船备忘录栏，以便根据信用证要求，在必要时将备运提单转化为已装船提单。

另外，在实际业务中，常常出现由货代公司出具货代提单（又称为分提单，House Bill of Lading）的情况，此时，船公司还必须向货代公司出具船公司提单（又称为主单、海单、M单，Master Bill of Lading）。

11．办理保险

若进出口双方的贸易合同中使用的是 CFR 条款或 CIF 条款，则必须由出口企业办理海上运输保险。海运货物保险常见操作方法是在货物装箱后，有了发票、装箱单之后就可以先做预保，等船舶启运后船公司出了提单确认件之后，再出保单正本。有时根据航程的远近，如果航程在 10 天以上的 ，一般开船 3 天内还可以投保，超过 3 天需要提供倒签保函。

常见的海运保险条款所承保的险别，分为基本险别和附加险别两类。

（1）基本险别包括平安险、水渍险和一切险三种。平安险的责任范围包括：由于海上自然灾害引起的货物全损；货物在装卸和转船过程中的整体灭失；由于共同海损引起的牺牲、分担和救助费用；由于运输船只触礁、搁浅、沉没、碰撞、水灾、爆炸引起的货物全损和部分损失。

水渍险是海洋运输保险的基本险之一。按中国人民保险公司的保险条款，其责任范围除了承担平安险所列各项风险外，还承担恶劣气候、雷电、海啸、洪水等自然灾害的引起的单独海损。

一切险的承保责任范围相当于水渍险和一般附加险的总和。

（2）附加险别。附加险别有一般附加险和特别附加险两种类型。一般附加险有偷窃提货不着险、淡水雨淋险、抽窃短量险、渗漏险、破损破碎险、钩损险、混杂沾污险、包装破裂险、霉变险、受潮受热险、串味险等。特别附加险有战争险、罢工险等。

12．银行议付结汇

货代公司在收到船公司签发的船公司提单后，和出口企业进行费用结算，并把全套提单转给出口企业，使其有充足时间办理结汇手续。

出口企业根据信用证的有关规定，在规定的期限内，凭提单、装箱单、商业发票、报关单、外贸合同、出口收汇核销单、保险单等单据，到指定的出口地银行递交单据，办理议付结汇手续。

除采用信用证结汇外，其他付款的汇款方式还包括电汇、票汇、信汇等方式。

二、集装箱班轮进口业务流程模拟

1. 进口卸船

在船舶离开装货港之后，船公司需及时将货物舱单（包括超重、超长货物和危险品清单）、提单副本、货物积载图及时寄达卸货港船舶代理人，卸货港船舶代理人接到船公司送来的相关资料后，在船舶抵港前，及时为卸船接货工作做好准备，制订好卸船计划。

2. 通知提货

一旦货物被卸下船舶且做好交货准备后，卸货港船舶代理人即向收货人发出提货通知。

3. 收货人预备进口单据

在信用证条件下，收货人首先要向进口地银行付款赎单；在付款赎单之后，向进口地货代公司提供进口全套单据（包括带背书的正本提单或电放副本、装箱单、商业发票、贸易合同等），进口地货代公司查清此货物由哪家船公司承运、哪家船代操作、在何处可以换取提货单（小提单）；然后由货代提前联系好集装箱码头堆场并与收货人对提箱费、掏箱费、装车费、回空费进行确认。

4. 换取提货单

收货人在向银行付款赎单后，即可凭正本提单和到货通知书到卸货港船舶代理人处换取提货单。船舶代理人根据收货人提供的正本提单，经与舱单核对无误后，签发提货单，并制作交货记录。

5. 报检

在换取提货单后，收货人可以委托进口地货代公司办理货物报检手续，检验检疫局根据“商品编码”中的监管条件，确认此票货是否要做商检。

6. 报关

收货人可以委托进口地货代公司或其他有实力的报关行清关。所需的报关资料包括带背书正本提单/电放副本、装箱单、发票、合同、小提单等。对于普通货物，其通关时间通常为一个工作日以内，而对于特殊货物，则需要2～3个工作日。

7. 办理设备交接单

进口地货代公司凭带背书的正本提单（电放放货的传真件和保函）去船公司或船代的箱管部办理设备交接单。

注：拼箱货（CFS条款交货），凭船代业务部进口科的通知单到箱管部缴纳进口单证费，然后可凭“小提单”和分单到码头直接提取货物，无须办理设备交接单。

8. 提箱

进口地货代公司凭小提单和拖车公司的“提箱申请书”到箱管部办理进口集装箱超期使用费、卸箱费、进口单证费等费用的押款手续。

若押款人不是提单上所注明的收货人，押款人必须出具同意为收货人押款并支付相应费用的保证函（保函）。

押款完毕经船代箱管部授权后，收货人到进口放箱岗办理提箱手续，领取集装箱设备交接单，并核对其内容是否正确。

收货人拆空进口货物后，将空箱返回指定的回箱地点。

空箱返回指定堆场后，收货人要及时凭押款凭证，到箱管部办理集装箱费用的结算手续。

9. 提货

货代或收货人凭小提单，联系拖车去船代指定的码头、场站提取货物。

押款人到箱管部办理集装箱押款结算手续。

注：拼箱货需要到船公司或船代理签取散货分提单（分单），提货时用小提单和分单到码头提取货物。

10. 支付相关费用

收货人向进口地货代公司支付换单费、报检费、报关费等相关费用。

任务实施

一、任务实施的环境

2014 年 7 月 15 日，湖州天明进出口有限公司外贸业务员小李联系了宁波港兴国际货运代理有限公司的小红，正式告知小红，湖州天明进出口有限公司要发往加拿大多伦多的一批服装，委托小红所在公司办理出口相关手续。2014 年 8 月 1 日，货物装船完毕，8 月 2 日，船舶驶离宁波港口。8 月 20 日，宁波港兴国际货运代理有限公司加拿大分公司收到中远集装箱船公司发来的船舶即将抵达多伦多港的到货通知。

二、任务实施的步骤

1. 集装箱班轮出口业务流程操作

集装箱班轮出口业务流程操作可参考下面的步骤：

第一步：先将学生进行分组，每组 12 人。分别扮演不同的角色，其中出口企业 1 人（小李），货代操作员 1 人（小红），船代业务员 1 人，船公司业务员 1 人，出口地报检人员 1 人，拖车司机 1 人，装箱人员 1 人，堆场人员 1 人，出口地海关工作人员 1 人，保险人员 1 人，出口地银行人员 1 人，进口企业 1 人。

第二步：准备相关空白单证，包括出口货运委托书、订舱单（10 联单）、集装箱发放通知单、集装箱设备交接单、出境货物报检单、出口货物报关单、装箱单、提单、保险单、商业发票、合同、出口收汇核销单、出口许可证等。

第三步：准备相关尺寸货物、笼车（模拟集装箱）。

第四步：模拟集装箱班轮出口，具体操作流程如下。

1）出口企业填写出口货运委托书。

2）货代操作员接受委托，并根据出口货运委托书制作订舱单，向船代业务员订舱。

3）船代业务员确认订舱，给出预配的船名、航次、提单号，将 10 联单相关联退还货代操作员。

4）货代操作员填写出境货物报检单，向报检人员进行货物报检。

5）船代业务员制作集装箱发放通知单和集装箱设备交接单，交由货代操作员，货代操作员转交拖车驾驶员，拖车驾驶员去港口堆场向堆场人员提取空箱。

6）装箱人员进行货物装箱，填写装箱单。

7）拖车驾驶员将集装箱集港。

8）货代操作员填写出口货物报关单，代表货主向海关人员办理出口报关。

9）船公司业务员根据计划装船。

10）货代操作员凭场站收据向船代业务员换取提单，并转交给出口企业。

11）货代操作员受出口企业委托向保险公司人员办理货物保险。

12）出口企业凭提单、装箱单、商业发票、报关单、外贸合同、出口收汇核销单、保险单等单据到出口地银行议付结汇。

13）出口企业向进口企业发装船通知。

14）出口地银行人员将相关单据转交进口地银行人员。

2. 集装箱班轮进口业务流程操作

集装箱班轮进口业务流程操作技能训练可参考下面的步骤：

第一步：先将学生进行分组，每组 8 人。分别扮演不同的角色，其中船公司业务员 1 人，卸货港船舶代理人 1 人，进口企业 1 人（代表进口企业 World Import Co.，Inc），进口地银行人员 1 人，目的地货代操作员 1 人，进口地报检人员 1 人，进口地海关人员 1 人，目的港堆场人员 1 人。

第二步：准备相关单证，包括提货通知、提货单、入境货物报检单、进口货物报关单等。

第三步：准备相关尺寸货物。

第四步：模拟集装箱班轮进口，具体操作流程如下。

1）船公司业务员将货物舱单、提单副本、货物积载图转交卸货港船舶代理人。

2）卸货港船舶代理人制作提货通知给目的地货代操作员，目的地货代操作员转交进口企业。

3）进口企业首先要向进口地银行人员付款赎单。

4）卸货港船舶代理人制作提货单，进口企业凭正本提单和到货通知书向卸货港船舶代理人处换取提货单。

5）目的地货代操作员制作入境货物报检单向进口地报检人员报检。

6）目的地货代操作员制作进口货物报关单向进口地海关人员报关。

7）目的地货代操作员凭正本提单向船公司业务员办理设备交接单，并转交给进口企业。

8）进口企业凭设备交接单向目的港堆场人员提箱。

三、技能训练及相关实践知识

集装箱班轮运输流程操作技能训练

【训练任务】2014 年 7 月 15 日，湖州天明进出口有限公司外贸业务员小李联系了宁波港兴国际货运代理有限公司的小红，正式告知小红，湖州天明进出口有限公司要发往加拿大多伦多的一批服装，委托小红所在宁波港兴国际货运代理有限公司办理出口相关手续。该批服装的尺寸和数量详细情况见表4-39。

表4-39　托运货物一览表

服装类型	型　号	包装箱数	毛重/千克	长（米）×宽（米）×高（米）
女式皮夹克	PO 0420-4725	1 400	16 100	0.6×0.46×0.19
女式皮夹克	PO 0420-4726	800	10 000	0.7×0.49×0.19
男式皮夹克	PO 0420-4727	500	6 000	0.75×0.605×0.11
男式皮夹克	PO 0420-4728	1 000	12 000	0.73×0.59×0.11

国外客户为World Import Co.，Inc，收货地址为8105 Cobb Center Drive NW Kennesaw, GA，Toronto Ontario Canada，联系电话为30152-××××。

2014年8月1日，货物装船完毕，8月2日，船舶驶离宁波港口。8月20日，宁波港兴国际货运代理有限公司加拿大分公司收到中远集装箱船公司发来的船舶即将抵达多伦多港的到货通知。请以小组形式分别扮演不同角色，完成该批货物的集装箱出口和进口操作。

【训练建议】分组完成。学生根据所担任的角色进行模拟操作，要求团队协作良好、单据流转正确，货物操作规范。

【评价建议】可用集装箱班轮运输流程操作技能训练评价表（见表4-40）对学生操作技能进行评价。

表4-40　集装箱班轮运输流程操作技能训练评价表

学生姓名					
测评日期		测评地点			
测评内容	集装箱班轮运输流程操作				
考评标准	内　容	分值/分	自　评	互　评	师　评
	单据填写正确	30			
	单据流转正确	20			
	货物操作规范	30			
	体现团队协作	20			
合　计		100			
最终得分（自评30%+互评30%+师评40%）					

说明：测评满分为100分，60～74分为及格，75～84分为良好，85分以上为优秀。60分以下的学生，需重新进行知识学习、任务训练，直到任务完成达到合格为止。

归纳总结

集装箱班轮运输的出口和进口流程是四种运输方式中最为复杂的流程，因为在整个业务流程中，涉及出口企业、出口地货代公司、船代、船公司、进出口地货代公司、海关、检验检疫局、集装箱堆场、集装箱货运站、进口企业等，时间长（少则几天、多则一两个月）、跨国境、单据多、操作复杂，要掌握集装箱班轮运输的整个流程，需要仔细梳理每个环节，思考每个环节涉及的角色、单据，才能真正了然于胸。

通过本任务内容的学习，作为货代操作员的你应该对集装箱出口和进口的流程有了一定的了解，要真正掌握这些知识和操作技能，还要不断地思考与总结。下面提供一组思考问题，请客观地作答，并结合本任务内容，对自己的学习工作进行反思。

思考问题

一、问答题

1. 请叙述集装箱班轮出口业务流程。
2. 请叙述集装箱班轮进口业务流程。
3. 请说明集装箱提单与传统海运提单的区别。

二、名词解释

1. 订舱
2. 平安险
3. 提货单

三、单选题

1. 出口企业或其货运代理人凭（　　）到集装箱堆场或内陆集装箱站提取空箱。

   A. 提箱单和集装箱设备交接单　　B. 订舱单

   C. 配舱回单　　D. 装箱单

2. 出口报关时需要使用十联单中的哪几联（　　）。

   A. 一、二、三联　　B. 八、九、十联

   C. 四、五、六联　　D. 五、六、七联

3. 班轮公司运输的集装箱货物的交接方式通常是（　　）。

   A. CY/CFS　　B. CFS/CFS　　C. CY/CY　　D. CFS/CY

4. 整箱货的装箱工作一般由（　　）负责完成。

   A. 出口企业　　B. 货代公司　　C. 码头堆场　　D. 船公司

5. 拼箱货的装箱工作一般由（　　）负责完成。

   A. 出口企业　　B. 货代公司　　C. 码头堆场　　D. 船公司

四、案例分析题

2013 年 2 月，某轻工进出口公司（以下简称 A 公司）从智利进口 1 000 吨纸板。进口港为天津新港，共计 52 个 20 尺柜集装箱。具体操作：2013 年 2 月 8 日，A 公司接到出口方全套单据，其中包括正本海运提单（三正三副）、正本箱单发票、合同等。通过提单中的装货港（圣安东尼奥）、卸货港（釜山）及提单签发人可以了解到以下信息：

（1）此票货物为转船运输，必须凭一程正本提单换取二程提单传真件。

（2）提单签发人表明此票货物由 B 船公司负责承运。知道上述信息，A 公司就及时与 B 公司天津代表处取得联系，并了解到船舶动态，该票货物于 2 月 9 日在釜山上二程船（PUSAN—TIANJIN VESSEL/VOY：LING QUAN HE V. 0520W），并获悉，天津外轮代理公司作为该船的船舶代理，还要用二程提单的传真件去外代换取真正用于提货的提货单。

2 月 10 日，A 公司在 B 公司天津代表处交纳换单费、押箱费后，换取了二程提单传真件与一份开与塘沽外代的保函（保函内容：B 公司正本提单已收回，请凭此保函放货；请协助放箱给收货人，并安排将空集装箱回运到指定堆场；押箱费用已向收货人收取，箱体追踪与外代无关）。2 月 11 日，A 公司携带二程传真件与保函到塘沽外代交纳换单费后换取了提货单，并马上将提货单 1、3 联与全套报关单据文于报关行报关，之后报关行通知 A 公司：

（1）纸板需要做商检，要先去做商检登记。

（2）舱单没有传送到海关计算机系统中，因此无法预录报关单。

由于上述两点失误耽误了一些时间，以致报关员将报关单据递交海关申报后，直到海关下班还没有打印出税单，影响了通关速度。

2 月 12 日上午，海关审单完毕并打印出税单交于 A 公司去开户行交税。完税后将税单中海关留存联交于海关审核。下午，海关开出验货通知单。要求提 16 个 20 尺柜集装箱到指定地点开箱验货，并要求报关行出具保函放货，即打保放行（保函内容：由于海关验货需要先将集装箱从港内提至验货地点验货，因此要求报关行保证先验货，如无任何问题再放行）。

2 月 13 日上午，A 公司携带有海关放行的提货单白联（打保放行）及相关报验单据办理行三检，一般情况下，将所有单据（即报验单据，包括箱单、发票、合同、报关单）提交结报验行，由它办理代报验，交纳一定费用后，由三检机构在提货单白联上盖商检、动植检、卫检放行章，三检手续办理完毕后，即可去所有货物的港区办理港务港杂，交纳港杂费用后，就可凭提货单白联提货。下午，A 公司及时与港区有关部门联系摆箱事宜，将海关指定开验的 16 个 20 尺柜集装箱调至海关指定的地点依次摆开以便海关验货。海关验货放行后，A 公司即将提货单白联交与事先联系好的仓库，预计 2 月 14 日上午就可将 52 个 20 尺柜集装箱全部提回仓库。

2 月 14 日早晨，仓库来电，由于没有准备交接单，提箱车队不允许出港区。上午 A 公司马上到塘沽外代换取设备交接单并交于仓库车队。一直到 2 月 19 日，经过校对更正才将该箱提出。之后 A 公司及时安排汽车、铁路车皮将货物发往目的地。至此该票进口操作基本结束。

请分析以上案例，列出在该案例中相关人员操作过程中存在的问题，并说明可能引起的后果。

拓展提高

关于国际海上货物运输公约与中国海商法的区别

目前，关于海上运输的国际公约有《海牙规则》《维斯比规则》和《汉堡规则》。其中《海牙规则》是《统一提单的若干法律规定的国际公约》的简称，是关于提单法律规定的第一部国际公约，该规则于 1924 年 8 月 25 日在比利时首都布鲁塞尔签订，1931 年 6 月 2 日起生效；《维斯比规则》是《修改统一提单若干法律规定的国际公约议定书》的简称，该规则于 1968 年 2 月 23 日在布鲁塞尔外交会议上通过，自 1977 年 6 月 23 日生效；《汉堡规则》是《联合国海上货物运输公约》的简称，该规则于 1978 年 3 月 6 日至 31 日在德国汉堡通过，于 1992 年 11 月 1 日生效。

另外，我国还有《中国海商法》这一法律规范，上述四个法律的区别见表 4-41。

表 4-41 关于海上运输四个规则的区别

	《海牙规则》	《维斯比规则》的补充	《汉堡规则》的补充	中国海商法的规定
提单的证明力	承运人收到货物的初步证据	对托运人是初步证据，对提单受让人是最终证据	—	—
承运人的基本义务	（1）船舶适航的义务 （2）管货义务	—	增加：管船义务（取消了航行过失免责）	（1）适航义务 （2）管货义务（航行过失可以免责）
责任基础	不完全过失责任（航行过失免责）	—	完全过失责任、推定过失责任	不完全过失责任，同海牙
承运人的免责	包括承运人的驾船管船过失（共 17 项）	—	（1）取消了航行过失免责 （2）取消了火灾的免责（但是需要索赔人证明承运人、雇佣人、代理人的过失，可行性不强）	航行过失免责+无过失免责，不包括火灾过失免责（少于海牙，多于汉堡）
责任期间	“钩至钩”	—	收到交	（1）散货，装到卸 （2）集装箱运输，接到交
赔偿限额	每件或每单位不超过 100 英镑	每件或每单位 1 万金法郎，毛重每千克 30 金法郎，高者为准（在《海牙-维斯比议定书》中将单位改为特别提款权，即每件或每单位 666.67 特别提款权，或毛重每千克 2 特别提款权）	每件或每千克 835 特别提款权，毛重每千克 2.5 特别提款权，高者为准	每件或每单位 666.67 特别提款权，或每千克 2 特别提款权。（同 1968《维斯比规则》）
索赔时效	（1）提货时发现，当时提出 （2）损害不明显，3 日内提出	—	（1）提货时发现，次日提出 （2）损害不明显，15 日内提出 （3）迟延交付应在收到货后连续 60 天内提出	（1）提货时发现，当时提出 （2）损害不明显 7 日内提出，集装箱 15 日内提出 （3）迟延交付应在收到货后连续 60 天内提出
诉讼时效	1 年，自货物交付或应当交付之日起算	1 年，双方协商可延长。对第三者的索赔期限，还有 3 个月的宽限期	2 年，双方协商可延长。对第三者索赔 90 日宽限期	1 年
货物的适用范围	不适用于舱面货和活牲畜	—	（1）可以依约定、惯例、法律在舱面装货，若擅自则应承担损失赔偿责任 （2）对于活牲畜承运人可以免责，但须证明已按托运人的特别指示行事	同《汉堡规则》
公约适用范围	（1）适用于缔约国签发的一切提单 （2）租船合同项下的提单（注意不适用于租船合同）	（1）任何缔约国签发的提单 （2）从缔约国港口起运 （3）提单中列有首要条款（即当事人选择适用该公约）	（1）任何缔约国签发的提单 （2）当事人合意选择该公约 （3）装货港、卸货港、备选卸货港位于缔约国 （4）租船合同项下的提单	—
其他（重要）	—	承运人责任限制，同样适用于其代理人、雇佣人	（1）首次承认了善意保函的相对效力（在托运人和承运人之间有效） （2）迟延交货的责任	（1）承运人责任限制，同样适用于其代理人、雇佣人 （2）过失造成迟延交货的责任

课外阅读

出口货物因运输原因退运事件频发

（2014 年 2 月）2013 年宁波口岸先后发生了近 70 批、累计价值高达 430 万美元的货物因运输过程中受损而导致出口退货的事件，相关的企业因为此类事件蒙受了巨大的损失。其中受到关注比较大的两件事情分别为：宁波市江北区某企业连续 2 批总价值达 11 万美元的蜡烛被退运，经查为集装箱破漏导致部分产品在运输过程中熔化；某企业一批价值 3.8 万美元的电动自行车经由宁波口岸被退运入境，据查是由于运输过程中产品外包装破损严重造成车架外观擦伤。

为什么会类似事件会连续发生？据记者了解，主要是以下几个方面的原因引起：

一是目前大多数出口产品采用海运集装箱的运输方式，运输过程中时间长、昼夜温差大、集装箱装卸次数多、装箱过程中野蛮装卸等原因都会引起货物受潮变质、表面摩擦、挤压变形等损伤，致使产品的外观、品质受影响。

二是部分企业为了节省成本，有的企业缺乏货物风险意识等原因未投保货物运输险，在评估风险时没有考虑货物的种类、性质和特点以及包装情况，以及发生在港口和装卸过程中的损耗情况等。

三是在退运事件发生后，部分出口企业不熟悉退运程序，不能及时向检验检疫机构提供相关的材料，包括买卖双方退货协议、提单、发票、往来函电、外汇管理部门出具的已核销或未核销证明、税务部门出具的未退税证明或出口货物退税已补税证明等。

上述原因均会给出口企业带来额外的损失。针对此类出口货物因运输原因而被退运的现象，出口企业需要从以下几个方面着手，降低运输过程中的风险：首先要重视集装箱的壳体质量，尽量选择实力强、信誉好的船公司，同时在装货前一定要仔细检查空的集装箱，看看是否存在破漏、柜门封条不完好等情况；其次，企业在出口前需要充分考虑到海上运输过程中货物可能遭受的各类风险，如恶劣天气、货物本身的属性带来的变质等。此外，还有其他一些特殊风险，如由于军事、政治及行政法令等原因造成的风险，如战争、拒收等。

（资料来源：商务部网站）

参考文献

[1] 季永青，李佑珍．运输管理实务[M]．北京：高等教育出版社，2008．

[2] 陈晔，张琦．国际货运代理实务[M]．北京：北京大学出版社，2013．

[3] 盖宇仙．铁路货运组织[M]．北京：中国铁道出版社，2012．

[4] 戴实．铁路货运组织[M]．北京：中国铁道出版社，2008．

[5] 彭秀兰．道路运输管理实务[M]．北京：机械工业出版社，2010．

[6] 邓汝春．物流运输管理实务[M]．广州：广东高等教育出版社，2008．

[7] 李庆，吴理门．运输管理实务[M]．大连：大连理工大学出版社，2009．

[8] 朱强．运输管理实务[M]．北京：中国人民大学出版社，2014．

[9] 关善勇．运输管理实务[M]．北京：北京师范大学出版社，2011．

[10] 刘艳霞，杨丽．物流运输管理[M]．北京：机械工业出版社，2008．

[11] 王金妍，史亮．物流运输管理实务[M]．北京：清华大学出版社，2013．

[12] 王海兰．运输管理实务[M]．上海：上海财经大学出版社，2012．

[13] 代承霞，胡顺芳．运输管理实务[M]．武汉：武汉大学出版社，2013．